江蘇高校優勢學科建設工程(PAPD)資助項目

古文獻研究集刊

GU WEN XIAN YAN JIU JI KAN

（第七輯）

趙生群　方向東　主編

鳳凰出版社

圖書在版編目（CIP）數據

古文獻研究集刊. 第7輯 / 趙生群, 方向東主編. --
南京 : 鳳凰出版社, 2013.11
ISBN 978-7-5506-1923-4

Ⅰ. ①古… Ⅱ. ①趙… ②方… Ⅲ. ①古文獻學-中國-文集
Ⅳ. ①G256.1-53

中國版本圖書館CIP數據核字(2013)第279861號

書　　名	古文獻研究集刊（第七輯）
主　　編	趙生群　方向東
責任編輯	郭馨馨
出版發行	鳳凰出版傳媒股份有限公司 鳳凰出版社（原江蘇古籍出版社） 發行部電話025-83223462
出版社地址	南京市中央路165號，郵編:210009
出版社網址	http://www.fhcbs.com
經　　銷	鳳凰出版傳媒股份有限公司
照　　排	南京凱建圖文製作有限公司
印　　刷	南京大衆新科技印刷有限公司 南京浦口大橋北路京新村546號，郵編:210031
開　　本	890×1240毫米　1/32
印　　張	10.375
字　　數	269千字
版　　次	2013年11月第1版　2013年11月第1次印刷
標準書號	ISBN 978-7-5506-1923-4
定　　價	42.00圓

（本書凡印裝錯誤可向承印廠調換，電話:025-58849828）

海屋添籌

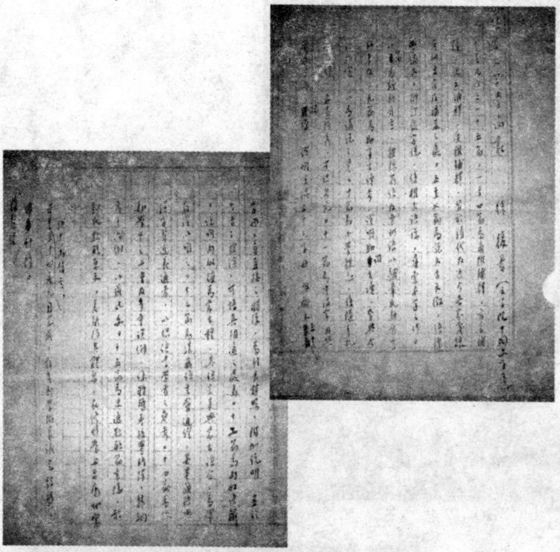

南京师范大学

前　言

二〇一二年一月八日，是徐復先生誕辰一百周年紀念日。

徐復先生(1912—2006)，字士復，一九三三年金陵大學畢業，師從章太炎、黄季剛先生，深造於“章氏國學講習班”，先後任職於南京匯文女子中學、九江同文中學、中央政治大學研究部、巴縣國立邊疆學校、金陵大學、南京師範大學。徐復先生是中國語言文字學家、訓詁學家、文獻學家、辭書學家和教育家，享受國家特殊津貼的資深教授；曾任中國訓詁學會副會長、會長、名譽會長，江蘇語言學會會長、名譽會長，中國語言學會理事，中國音韻學會顧問；南京師範大學古文獻專業开創者，漢語史和古文獻碩士點創始人，曾兼任古文獻研究所名譽所長。擔任過《辭海》的編委、分科主編，《漢語大詞典》副主編，《廣雅詁林》主編，《傳世藏書》主編，《中華大典・語言文字典》顧問等，代表性著作有《秦會要訂補》、《後讀書雜誌》、《〈説文〉五百四十部首正解》、《語言文字學叢稿》、《語言文字學論稿》、《語言文字學晚稿》、《訄書詳注》等，為章黄學派的傳承和中國學術做出了重大貢獻。

為紀念徐復先生誕辰一百周年，87 級古文獻專業學生為徐復先生鑄造了塑像，以志紀念。4 月 10 日，南京師範大學古文獻專業為徐復先生誕辰一百周年舉辦了紀念會，全國高校古委會、中國訓詁學研究會、江蘇省語言學會和北京大學、北京師範大學、復旦大學、浙江大學、南京大學、武漢大學等高校古籍所的代表以及南京師範大學文學院暨古文獻專業的師生、徐復先生的家屬 150 多人參加了會議，并舉行了塑像揭幕典禮。全國高校古籍整理研究工作委員會秘書長、北京大學教授、博士生導師楊忠先生為徐復先生塑像揭幕並致辭。有些因故不能出席的專家學者特地來信來電,以表緬懷之情。原人大常委會副委員長、中國訓詁學會會長許嘉璐先生在信中說:"自士復夫子西去,璐時時念其耳提面命景況,尊古獎後,澹泊謙和,誠可謂其學可仿而其人難學也。"

為紀念前輩,鼓勵後學,會後我們編輯了紀念文集,作為古文獻研究集刊的專輯。本專輯可分為兩大部分:一是紀念文章,旨在緬懷徐復先生高尚品格和學術成就;一是各种专题论文。

薪盡火傳。徐復先生的形象、章黃學派的精神將永遠活在我們心中!

編者

2013 年 2 月

目　録

許嘉璐先生致辭

金陵盛會，早定無特殊事故必當附驥，叵耐殘體為腰椎之“特殊事故”所困，且兩會期間“會外活動”甚繁，此皆所未料者，不得已只得告罪。自士復夫子西去，璐時時念其耳提面命景況，尊古獎後，澹泊謙和，誠可謂其學可仿而其人難學也。與會諸君必於夫子之學之操多有高見，設若形之以文，則望賜閱，聊補未得親臨之憾焉。

2012年3月8日

章黃學派的一面旗幟

——紀念徐復先生百年誕辰

李建國

徐復先生(1912—2006)是我國著名的語言文字學家、古典文獻學家、教育家、中國訓詁學研究會第二任會長和名譽會長。六年前,他以九十五歲高齡辭世,可算是中國學界鮮有其匹的享年近百的長壽老人。今年是徐先生誕辰一百周年,我們大家——徐復先生的弟子門生、私淑友朋,以及衆多景慕先生道德文章的學界同仁,在先生曾經學習、工作和生活了大半生的南京師範大學舉行學術研討會,以紀念徐老先生,這是一件非常有意義的事。《易》曰:“君子以多識前言往行,以蓄其德。”《論語》曰:“百工居肆以成其事,君子學以致其道。”我們紀念前輩學者,就是要從先哲的前言往行,亦即歷史的資糧中汲取營養,鑒古用今,繼往開來,使中華文化血脈貫通,發揚光大。就我看來,徐復先生的一生,始於帝制終結、民國肇基之初,學於外憂内亂、風雨如晦之時,有成於抵禦外侮、政權更迭之秋,恢宏於國學復興、傳統接續之日。他的一生,見證了百年中國的興衰,親歷了現代學術的更替,擇善而固執地守望著傳統文化家園。他情系中華學術文化,秉承師説而因端發揮,是大陸章黃學派的一面旗幟。

一、章黃學術的守護者

近代以來的中國,無疑是中外文化劇烈碰撞、意識形態驟變、社會轉型迅捷的國度。自鴉片戰爭開始,中國國門被西方列强的堅艦利兵打開,外來文化洶湧而至,强烈地衝擊著中國本土文化。而 1905 年晚清政府廢除科舉之舉,則是傳統中國自我閹割性的致命一刀。科舉既廢,朝廷失去了官僚體制自身的再造功能,朝野官民之間制度化的流通與平衡機制被破壞,社會失序,價值失衡,道德失範,信仰失守,人心離散。當時,擺在知識分子面前的出路,若為一己之利,可以辦學教書,下海經商,或從軍為政客;若為國計民生,救亡圖存,尋求强國富民之術,只有出國留學,向西方學習,庶幾能為中國帶來福音。正是在這種背景下,對民族文化具有天然自覺意識的章太炎、黄侃先生為避清廷迫害,像當時許多有志之士一樣,東渡扶桑,參與孫中山創建的同盟會,進行反清革命。太炎先生為崛起國學,發揚國光,開設國學講習會,聚徒講學,“用國粹激動種姓,增進愛國的熱腸”①,培養社會精英,為反清革命準備人才資源。黄侃先生因鵬膺章氏的道德文章,遂折節拜師受學,並與之結下了終生不渝的師生情誼。其後,太炎先生將傳統小學命名為語言文字之學,精研覃思,多所發明。黄侃先生則師承章氏小學,轉相發明,獨自名家。師徒二人,以傳統小學為根基,於經史百家之學無所不究,並有創獲,形成獨具風格、自成家法的章黄學派。

20 世紀初葉,中外文化交匯,傳統向現代過渡,是一個思想自由,學術獨立,流派紛呈,大師輩出的時期。章黄以語言文字、歷史文化和精英事蹟為國粹的主要内容,樹起葆愛舊貫、無忘故常、弘揚國學的大纛,與斷絶歷史、崇洋媚外、全盤西化、數典忘祖的新派學者相對壘,成為當時學界公認的國學大師。所謂學術大師,一般而言,應當具備三個基本條件:一要行為世範,道德操守和人格風範為世所景仰;二要學為人師,學術底藴和理念方法為人所師法;三要著作垂世,學有傳人,學術生命不絶如縷。魯迅稱太炎先生是“有學問的革命家”,可以説是對太炎先生“立德”“立功”“立言”的不朽事業的高度概括②。既為革命家,又兼國學大師,中國現代史上並世無第二人。太炎先生的道德操守、革命功勳、學術成就,“巍

① 章太炎《東京留學生歡迎會演説辭》。

② 《左傳·襄公二十四年》:“太上有立德,其次有立功,其次有立言。雖久不廢,此之謂不朽。”

巍乎其有成功也,煥乎其有文章"[①],為世所公認。單就學有傳人而言,以章氏早期弟子為例,到1918年,僅在北大任教的就有十位:朱希祖、馬幼漁、陳大齊、康寶忠、黄侃、錢玄同、周作人、朱宗萊、沈兼士、劉文典。另外,還有向來被視為太炎弟子的沈尹默,以及1920年開始在北大兼課的入室弟子魯迅。這樣,在中國學界最高學府——北京大學,形成了以太炎弟子為核心的强大學術陣容,再加上北大之外的吴承仕、許壽裳等人,影響所及,形成了中國現代史上的一個重要學術群體和學術流派。章太炎先生曾把他的五位最得意的弟子戲封為"五王"[②],黄侃獨佔鰲頭。錢穆先生説過:"章氏去日本,從學者甚衆,然皆務專門,鮮通學,惟黄侃一人,最為章氏門人所敬。"[③]黄侃先生不僅向章太炎問學,還以老師的為人和操守為楷模,關心國是民瘼,不阿權貴,憎愛分明,同屬於有學問的革命家。

和太炎先生一樣,黄侃先生博學而有專守。他主張"治學第一當恪守師承,第二當博學多聞"。所治文字、聲韻、訓詁之學,雖得太炎先生小學真傳,但不墨守師説,故能遠紹漢唐,近承乾嘉,多有創見。此外,舉凡經、史、子、集、儒學、玄學、《文選》、文論(《文心雕龍》),或義理、考據、詞章,莫不涉獵,且多有發明。他"惟以觀天下書未遍,不得妄下雌黄",批閲古籍無數,但不輕著書。他以"刻苦為人,殷勤傳學"自警,重視培養學生。他曾説:"死而不亡者壽。學有傳人,亦屬死而不亡。"[④]在他的殷勤培育下,其門弟子多得其學問之一體,並以專門名家。如劉賾之治音韻,駱鴻凱之治《文選》,殷孟倫之治《爾雅》,范文瀾之治《文心雕龍》,孫世揚之治古典文學,洪誠之治《三禮》,黄焯之治《詩經》,楊伯峻之治語法,潘重規、林尹之治敦煌學、佛學和語言學。

黄門弟子中,徐復先生學歷頗為奇特。1929年至1933年,他

---

① 《論語·泰伯》。

② 天王黄侃,東王汪東,南王錢玄同,西王朱希祖,北王吴承仕。

③ 劉宜慶《浪淘盡:百年中國的名師高徒》,華文出版社2010年9月版。

④ 引文並見《蘄春黄先生雅言劄記》,《制言》第41期。

在金陵大學從黄侃先生受業問道,登門入室,醉心於文字、聲韻、訓詁之學,並嶄露頭角。1935年秋復入金陵大學國學研究班深造,時不一月,值黄氏病逝,遂往蘇州章氏國學講習會,從學於太老師章太炎。就這樣,他親炙於兩位國學大師,並採章黄學術英華,畢生致力於"文獻訓詁,典章制度"的研究,尤長於文獻考據之學。上世紀80年代之後,黄門弟子漸次老成凋謝,獨有徐復先生坐鎮金陵,教學育人,著書立説,傳授章黄之學。他親自創建了南京師範大學古文獻專業,兼任名譽所長,為國家培養了大批學有專長的古籍整理研究人才。晚年更是將主要精力粹於太炎先生的代表作——《訄書》的注釋工作之中。《訄書》是章太炎先生的一部思想學術自選集,系統地考察了中國古代各種學説,涉及哲學、宗教、社會學、語言文字學、歷史學等諸多學科,並對當時中國的現實問題包括政治制度、立法司法、教育改革、民族宗教問題等,對西方的各種社會科學與自然科學等,均有論述。這部縱貫古今、學兼中西、文辭簡奥、被魯迅稱為"讀不斷,當然也看不懂"的學術著作,經徐復先生20年的苦心鑽研,運用傳統的考據訓詁方法,"以章注章",比較互證,探微抉奥,詳加詮釋,四易其稿,於2000年出版後,終於能教人讀得斷、看得懂,並得以延綿傳世了。《訄書詳注》是繼《後讀書雜誌》、《秦會要訂補》等專著後又一部文獻學的力作,也是徐復先生幾十年如一日地守護章黄學術家園的結晶。它不但傳承了師説,而且弘揚了章黄嚴謹治學的精神,是章黄學術生命的繼續和延伸。

二、訓詁學復興的元勳

自五四新文化運動開始,歐風盛行,厚今薄古,傳統文化斷裂,國學式微。台海分割後,大陸一切依違於蘇俄:按計劃經濟模式進行院系調整,專業分工,學科設立,條塊分割,細而不當;傳統學術或被車裂肢解,或被打入冷宫,備受歧視,幾無立足之地。經學自不待言,傳統語言學也被迫退出高校講堂。此後,階級鬥爭浸淫於學術,權力決定是非,學術淪為政治的奴婢,至“文革”而達極致,歷史演繹了一次大倒退的悲劇。上世紀70年代末,大陸改革開放,張大國門。與18世紀中葉的門户開放不同,此次是中國人主動敞開國門,走向世界,面向現代化,與國際社會接軌。專制的堅冰既經打破,自由民主的氛圍陡增,南北東西,四面八方,國門開處,西學波濤洶湧而至。受異質文化的震盪、撞擊和刺激,瀕臨滅絶的傳統學術開始復振。於是中外文化迅速交流滲透、互補互動,轉相增益,學術空前活躍,流派紛呈,呈現出多元發展的格局。學術者,天下之公器,不朽之盛事。在和煦的春天裏,因應學術發展的需求,群衆學術團體如雨後春筍般崛起。以弘揚中華優秀文化為宗旨、專門研究傳統語言學的學術團體——中國訓詁學研究會,就是最早成立的學術組織之一。而徐復先生則是成立中國訓詁學研究會的發起人和創建者之一。

1979年秋,南京大學洪誠(字自明)先生受教育部委託,舉辦全國高校教師訓詁學研討班伊始,即倡議籌建中國訓詁學會,以振興傳統訓詁學。洪誠先生病重期間,徐復先生不但分擔研討班的教務,並且默默地承擔起老友籌建學會的無言囑託。洪先生逝世後,徐復先生即帶領其弟子許嘉璐、唐文先生,聯絡國内同行,籌措活動經費,商議開會和學會所在地點,提出學會理事會組成方案,並向主管單位進行申報等等。經過一年多的籌備,1981年5月,中國訓詁學研究會在武漢成立,陸宗達先生任會長,徐復先生任副會長,但在實際工作中,徐復先生卻是名副其實的“常務”副會長。他或運籌幃幄,經綸大政,坐鎮指導;或身體力行,四處奔走,親與其事,學會工作搞得轟轟烈烈,有聲有色。如1982年11月,在蘇州舉行學術年會。出席會議的正式代表160多人,列席代表40多人,提交論文142篇。陸宗達、殷孟倫、徐復、王力、周祖謨、胡厚宣、楊伯峻、楊潛齋、周大璞、孫常敘、于安瀾、劉又辛、劉君惠、周秉鈞等語言學界前輩雲集,群賢畢至,使本次年會成為中國語言學界盛況空前的一次學術活動。

徐復先生認為:“學會工作多種多樣,不要關門搞學問,要積極加强與社會各界的聯繫，充分發揮作用。”①主張學術活動要走出去，與地方文化結合起來，發揮地方政府的積極性，在推動地方文化事業發展的同時，做好訓詁學術的普及工作。其中，為大名鼎鼎的前輩訓詁學家樹碑立傳，就是建設地方文化、普及訓詁學的方法之一。緣此，在徐先生的多方努力下，1983年，在江蘇揚州舉行紀念段玉裁、王念孫父子學術討論會，並協助江蘇高郵縣政府建立了王氏父子紀念館；1985年，先後於鄭州、武漢、南京、江蘇金壇舉辦紀念許慎學術討論會、紀念黄侃誕辰100周年逝世50周年學術討論會和紀念段玉裁誕生250周年學術討論會，並協助金壇縣政府建立段玉裁紀念館。在此期間，還舉辦三次訓詁學講習班，出版了《黄侃學術論叢》、《金壇段玉裁研究論集》、《王念孫、王引之研究論叢》、《許慎與説文研究論集》、《高郵王氏四種》等著作。可以説，徐復先生擔任副會長、會長的時期，是中國訓詁學研究會學術活動最頻繁、規模最大、品質最高、成就最為輝煌的時期。多年後，徐先生回顧此事時不無感慨地説：“文學家、科學家都有紀念館，獨獨我們搞傳統文化的没有，説不過去。”“其他辦法不行，光講更是不行，必須樹立榜樣——就是這些大名鼎鼎的老前輩。”②實踐證明，徐復先生的這個主張是富於前瞻性的，如今，許慎紀念館、高郵王氏父子紀念館和段玉裁紀念館，業已融入地方文化系統，成為重要的旅遊文化産業。

徐復先生心係中華優秀傳統文化，鍾情於訓詁學的傳承和發展。在他卸任訓詁學會會長之後，仍然密切關注學會工作。他有兩點意見，是其後中國訓詁學研究會持續發展的基本路數：一是中國訓詁學研究會要堅守章黄學派的學術傳統，不能變味走樣；二是中國訓詁學研究會的主要負責人須是章黄學派的學術傳人，而非其他。我有幸繼許嘉璐先生之後忝列會長之職，曾多次親聆徐復先生的教誨，談得最多的也是“傳統文化是本，千萬不能忘本”這方

① 《徐復語言文字學晚稿》第431頁，江蘇教育出版社2007年7月版。
② 《徐復語言文字學晚稿》第458頁。

面的問題。我想,徐復先生所以念念不忘於此者,蓋因章黄學派是乾嘉學術的殿軍,是中國傳統學術文化的正統。學習和研究中國訓詁學,疏離或背棄正統,不由前輩開創之路前行,血脈既斷,即成無源之水,無本之木,必然會走樣變味;而學會主要負責人的學術修為,其進退存亡能否守正合節,則是訓詁學能否承前啓後、繼往開來的關鍵。所幸二十餘年來,後繼者遵循徐復先生的教誨,中國訓詁學研究會的同仁,不為流俗所浸染,在利禄的洪流中求其放心,始終保持著實事求是、無徵不信的樸學風格,"尊賢而容衆,嘉善而矜不能"①,團結同道,"以文會友,以友輔仁"②,堅守傳統學術家園,使訓詁學術薪火不斷。回顧30年來中國訓詁學研究會的歷史,正如許嘉璐先生所説:"若沒有自明先生的提議,訓詁學研究會可能還要晚誕生幾年;如果沒有士復夫子的親力親為,也就沒有訓詁研究會的規模,沒有訓詁學如此迅速的勃興。"徐復先生無疑是創建中國訓詁學研究會、發展訓詁學術事業的元勳!

三、智者樂而仁者壽

徐復先生受學於章黄,是章黄學術的嫡派傳人,也是傳統知識分子"士"的終結者。他稱自己是"舊派",卻認為:"雖然舊,但照樣可以推陳出新。"③"舊學商量加邃密,新知培養轉深沉"④,大抵可以概括徐復先生的學術風格和成就。像許多舊派知識分子一樣,徐復先生視學術如生命。他説:"我從來不與人爭,我只在乎祖國學術的成敗,其他失敗我無所謂。"⑤在這種人生價值取向下,他以"知足常樂,助人為樂,讀書最樂"為"終身鵬膺的座右格言"⑥,踐

① 《論語·子張》。
② 《論語·顔淵》。
③ 《徐復語言文字學晚稿》,第461頁。
④ 朱熹"前湖論道"題詞。
⑤ 《徐復語言文字學晚稿》,第461頁。
⑥ 《徐復語言文字學晚稿》,第463頁。

行終生。

徐復先生的"三樂",仔細推究,即孔子所主倡的士君子應有的智、仁、勇三達德[①]。達德者,天下古今通行之德也。"讀書最樂",是"學而時習之,不亦説乎"的現代説法,是君子好學且"學而不厭"的表現。好學為入德之門,進德之階,同時"好學近乎智",本身就是達德之一。徐復先生"信而好古",以讀通古書為追求目標。他説:"所謂學問,我的意思就是要多讀書,多研究。書讀不懂,説明書讀得少了;但是不思考不研究也不行。而研究的根本方法,歸根到一條,還是要多讀書。"又説:"讀書,要作為日課,天天讀,不能一曝十寒,三天打魚、兩天曬網。讀書,要有中心,有一個課題,這樣就不會漫無目的了。圍繞著一個中心,找各種書讀。讀書,要筆勤,把不同的説法記下來思考,搞通、搞懂。讀書,要擠時間,爭取一切時間讀書。"[②]他讀了五六十年的書,總感到知之甚少。"學如不及,猶恐失之"[③],正是他作為書生篤信善道、好學敏求的本色寫真。

"助人為樂",即"有朋自遠方來,不亦樂乎"的拓展。大而言之,徐復先生終生從事高等教育,教書育人,"誨人不倦",以"得天下英才而教育之"為樂事,這是"己欲立而立人,己欲達而達人"[④]、以己及物、推己及人的"仁德"表現。他説:"為什麼要幫助人,我覺得許多事情一個人不行,得需要一批人。這樣一來,我幫助你成功了,其實也等於我參與了你的成功。"[⑤]讀過《徐復語言文字學晚稿》的人就都知道,他為提攜後進,古道熱腸,替人評書作序,幾乎是有求必應。至於四方舉薦、幫助老友程千帆先生調任南大的佳

① 《論語·憲問》:"君子之道三,我無能焉:知者不惑,仁者不憂,勇者不懼。"又《中庸》:"知、仁、勇三者,天下之達德也,所以行之者一也。"

② 《徐復語言文字學晚稿》,第440頁、第462頁。

③ 《論語·泰伯》。

④ 《論語·雍也》。

⑤ 《徐復語言文字學晚稿》,第460頁。

話,更為學界所稱道[1]。孟子曰:"仁者愛人,有禮者敬人。愛人者人恒愛之,敬人者人恒敬之。"[2]徐復先生以其仁愛之心,"助人為樂",與人為善,受到學人的普遍愛戴和尊敬。這是修己安人、"力行近乎仁"的修煉。

"知足常樂",即是對"人不知而不愠,不亦君子乎"的參悟。讀書作學問是件非常清苦寂寞的事,在功名利禄的誘惑下,讀書人很難求其放心,把握自我,故"君子慎其獨也"。特别是有了一定的成就、名望、資歷之後,欲望之壑往往更難滿足,得舍之間,決斷頗為不易。徐復先生説:"知足不容易,有些人喜歡攀比,總是想别人怎麽樣,而我又怎麽樣,想不開。現在我們處的環境已經很好了,有讀書的條件,有可以交流的物件,我很知足。"徐復先生受學於章黄兩大師,"觀於海者難為水,游於聖人之門者難為言",[3]深知中華民族文化的博大精深,而自己懂得的太少,故能篤信好學,淡泊名利。他隨遇而安,生活儉樸;他謙虚謹慎,虚懷若穀。晚年以"鳴謙"為號,名其書齋為"鳴謙室"。徐先生解釋道:"鳴謙,不是自鳴,而是推己及人。'己欲達而達人',也是這個道理。每位來訪我的人,臨走我都不忘叮囑一句'謙受益,滿招損'。年輕人也許不以為然,可是我們嘗過其中的甘苦。"[4]這是百年人生歷路的體悟。"做學問也好,做人也好,當世名難,身後名更難。"[5]徐先生既參透和掙脱了名繮利鎖,故能"知足常樂"。這是戰勝私欲、"人不知而不愠"的君子所追求的"勇者"的品德修煉,是真正能耐得住寂寞、"隱居以求其志,行義以達其道"的君子之勇[6]。

孔子曰:"知之者不如好之者,好之者不如樂之者。"[7]知、好、

① 《徐復語言文字學晚稿》,第460頁。
② 《孟子·離婁章句》。
③ 《孟子·盡心章句上》。
④ 《徐復語言文字學晚稿》,第453頁。
⑤ 《論語·雍也》。
⑥ 《論語·季氏》。
⑦ 《論語·雍也》。

樂三者,是學與行、認識與實踐由低級到高級的三度跨越,或曰三種境界。“知”是自為地學道求道,“好”是自覺地學道求道,而“樂”是自由地學道求道。對道的不斷學習和追求,對智、仁、勇的不斷修煉,以致由知之到好之而達於樂之,進入“不勉而中,不思而得,從容中道”①的自由王國,是認識實踐的質的飛躍,更是掌控自我、學以致用的最高境界。徐復先生恪守“三樂”座右銘,修煉智、仁、勇三達德至於樂此不疲的境界,抑亦為聖者與? 子曰:“知者樂,仁者壽。”②徐復先生可謂樂壽兼得者也已。

(作者單位:語文出版社)

① 《禮記·中庸》。
② 《論語·雍也》。

在徐復先生百年誕辰學術紀念會上的講話

吴金華

各位代表：

今天，作為徐先生弟子的代表，我想談兩點感受：一是剛才在"徐先生塑像揭幕儀式"上的聯想，二是現在在"徐先生百年誕辰學術紀念會"上的感想。

在參加徐先生塑像揭幕儀式的過程中，我聯想到三位中外學者的名言。

第一段名言，出自曾經留學於美國的梅貽琦先生。他在1931年出任清華大學校長時，在就職演説中説——

> 一個大學之所以為大學，全在於有没有好教授。孟子説："所謂故國者，非謂有喬木之謂也，有世臣之謂也。"我現在可以仿照説：所謂大學者，非謂有大樓之謂也，有大師之謂也。

曾在"南京師範大學"任教五十多年的徐先生，曾任"中國訓詁學會"會長、"江蘇語言學會"會長的徐先生，無疑是"南京師範大學"的"好教授"，無疑是語言學界、訓詁學界的"大師"之一。

還有兩句名言，出自尼采(1844年10月15日—1900年8月25日)的《查拉圖斯特拉如是説》——

> 生命的奥秘，就在於不斷地超越自己。
> 人的偉大之處，在於他是一座橋樑而不是一個終點。

徐先生在1945年(34歲)、1948年(37歲)先後送評的"語言文字學"系列論文,兩次榮獲國民政府教育部學術獎;1955年(44歲)撰成的《秦會要訂補》由上海群聯出版社出版,《秦會要訂補》的修訂本1959年(48歲)由中華書局出版;本世紀初,也就是徐老的晚年,出版了《訄書詳注》,獲江蘇省社科獎。從壯年成名,中年推出具有里程碑意義的《秦會要訂補》,到晚年出版《訄書詳注》,徐先生"不斷地超越自己",他為學人樹立了為文化學術事業奮鬥終身的楷模。他留下的等身著作,是學術的津梁,是弟子從此奔向科研前程的新的起點。

最後一句名言,出自20世紀的法國後現代哲學家德勒茲(1925—1995)——

過去比未來擁有更多的未來。

瞻仰中大樓前的徐先生塑像,"過去"的徐先生,徐先生"過去"的業績,在我們的心目中更加清晰,隨著時代的前進,我們對徐先生的高尚人格和傑出貢獻,理解得越加深刻;今天,記住這些美好的"過去",我們將會"比未來擁有更多的未來"。

今天,我想說的第二點,就是在"徐先生百年誕辰紀念會"上,大會的組織者要我作為"弟子代表",我感到十分榮幸。

徐先生二十三歲(1934)畢業於金陵大學,就開始從事教育工作,在南京匯文女子中學、九江同文中學擔任語文教員。二十六歲那年(1937),便在章太炎先生創辦的"章氏國學講習會"工作,曾經主講《馬氏文通》。從教七十多年,徐先生的弟子及再傳弟子,從海內到海外,究竟有多少?如果說"弟子三千",我相信這絕不是誇張。

我是上世紀60年代到80年代的弟子之一。1962年讀大學本科,《古代漢語》的老師是徐先生,1978年讀"漢語史"研究生,導師也是徐先生。今天在座的同學,例如南京大學柳士鎮教授、蘇州大學王繼如教授,都是我同屆的師兄弟;在座的師兄弟,還有南京大學李開教授,日本南山大學梁曉虹教授、常州工學院前院長馬樹杉教授、南京師範大學方向東教授及江蘇教育出版社錢興奇、北京青年政治學院浦衛忠、南京師範大學周先林老師等等。在弟子的心目中,徐先生的形象,是非常高大的。海内的弟子是這樣 ,海外弟子也是這樣。就上世紀 60 年代到 80 年代的弟子而言,我想介紹一位名叫"冬瑪軻"的外國弟子的感受。

瑞士的學者冬瑪軻,在南京大學留學生部當高班生的時候,對中國各門學問都很感興趣,每周到徐先生家請教一次。後來他學成歸國,準備攻讀博士學位課程,1994 年又來到南京撰寫論文,内容是用西方語言學理論來分析中國漢代許慎《説文解字》對詞典學的貢獻,他徵得自己導師的同意後,懇請徐先生擔任指導;第二年卒業後,剛到美國就給徐先生寄了一封洋溢著感激之情的長信,結尾説:"我從前在中國學的都應説是基礎,跟您學的才可以算研究。您教我的治學方法,使我終身受益,這一輩子忘不了。"他在已經出版的《説文解字手册》(用德文寫成)扉頁上寫道:"Meinem Lehrer Professor Xu Fu gewidmet(此書是在徐復教授指導下完成的)."是的,徐先先教給學生的,不僅是科研知識,更多的是科學的理念和科研的方法;是的,"跟您學的才可以算研究"。這決不僅僅是國外學者的心聲。

現在,我之所以感到特别榮幸,還有這樣的原因:在徐先生的指導下,許多弟子和再傳弟子,都在教育園地中和文化學術事業上做出了應有的奉獻,奉獻出不少驕人的成果。我作為徐先生"弟子"中的一員,深知自己的見識和能力遠遠不足以代表徐先生"弟子"這一廣大群體;不過,我在這裏所談的兩點感想,多少也能表達出一部分同學對徐先生的感念。為此,我特别珍惜大會給我表露心聲的機會,謝謝大會主席,謝謝大家!

2012 年 3 月 10 日於南京師範大學·南山賓館·會議廳

(作者單位:復旦大學)

一代宗師　千秋風範
——在紀念徐復先生誕辰100周年大會上的發言

王華寶

尊敬的大會主席、各位老師、各位前輩、各位領導、各位同道：

上午好！

首先要感謝母校的老師，讓我作為古文獻專業畢業生代表發言，來表達我們對尊敬的徐復先生的感激和崇敬之情。

徐先生是一位享有盛譽的學術大師，先生治學大抵以語言學立根基，以文獻學致宏大，以考據學致會通，以古籍整理、辭書編纂等致實用，“精“、“通”、“專”為先生顯著的學術特色，而根本宗旨則是繼承和弘揚中華學術文化精神。徐先生不僅在語言學、文獻學等領域取得了巨大的成就，而且以識見卓越著稱，以博聞强記聞名，更以數十年來求實的研究方法和勇於創新的學術精神贏得了學人的推鵬，堪稱學界泰斗，一代宗師。

徐先生一生輝煌的業績很多。遠的不說，1981 年參與創立中國訓詁學研究會，81 年創立江蘇省語言學會、83 年開辦南師大古文獻專業、80 年代主持或參與推動舉辦紀念許慎、段玉裁、王念孫王引之父子、黃季剛先生等學術大師的活動等，學術界公認，徐先生對於新時期以來的語言學、文獻學乃至整個傳統學術的復興，做出了歷史性的貢獻。徐先生自己做學問，同時也是一位辛勤的學術播火者，數十年來，得到先生教誨的人何止三千。徐先生確實是“現代學術大師，當今教苑楷模”。

中國學術界、教育界和出版界，都以自己的方式對這位道德文章皆為楷模的學術大師表達了尊重和崇敬，多次舉辦徐復先生學術思想研討活動，並出版了《當代江蘇學人叢書》之一的《樸學之光——語言文字學家徐復》、《樸學之路——徐復教授九十壽辰學術討論會論文集》等;許多學者研究徐先生的文章,也發表在不同的學術期刊上。2007 年,徐復先生去世一周年之際,由中國訓詁學研究會、江蘇省社科聯、江蘇省語言學會等單位共同發起,江蘇教育出版社和南師古文獻學系共同主辦召開"《徐復語言文字學晚稿》出版研討會"。這些對徐先生著作和學術思想的研討活動,從人生歷程、生活情趣、治學經歷、道德風範、教育思想、社會活動等不同角度,部分展現了徐老的崇高風範;許多專家學者,結合自己的研究,介紹徐老的學術著作,探討先生的學術思想、治學方法等,很好的總結和反映出先生的治學方法、學術成就及其貢獻。

今天我們再次相聚在這裏,隆重紀念徐復先生誕辰 100 周年,表達我們的崇敬,寄託我們的哀思,同時也讓我們更加認識到,要傳承學術,將老一輩學者開拓的學術事業發揚光大,任重而道遠。我因多種機緣,接觸先生較多,面聆教誨較多,受先生的提攜也更多。比如,我工作以後,有一天意外收到徐先生的信,先生來信命我加入江蘇省語言學會,附有會員申請表,徐先生已在推薦人欄目簽了名。這對我是極大的激勵!我從事編輯出版工作,有機會擔任過先生《廣雅詁林》、《説文五百四十部首正解》、《徐復語言文字學晚稿》等 3 部大作以及《樸學之路》、《樸學之光》的責任編輯、參加《訄書詳注》的校對等,並先後寫過《通學術之變　成專精之業——徐復先生主要著作述評》、《徐復先生對古文獻學的貢獻》、《一代宗師徐復先生》等文,現今也有志於做徐復先生年譜、傳記。今天作為古文獻專業畢業生代表來發言,就介紹一二件與專業相關、先生獎誘後學的事情,彙報一點我們首届畢業生的情況。

1983 年南京師範學院招收了第一届古文獻專業的學生。開辦專業的艱辛,有工作經驗的人都知道,那是非常艱難的。後來聽説,是否開辦古文獻專業,當時學校有的領導很猶豫,因為當時僅有北京大學設立了這一專業,給人印象是似乎只有北京大學這樣的學校才有條件辦,聽説是徐先生找學校領導、找當時的高教局領導,經過爭取,南師才設立了古文獻專業,我們也才有了讀古文獻專業的機會。當時,徐復先生、錢玄先生已年逾古稀,還親自授課,記得老先生來上課,那也是學校一景。當時許多老師、外面的好學之士,一齊來聽課,像張芷老師、趙生群老師等都來聽課,吴金華老師與王繼如老師一同坐在第一排,吴老師還經常情不自禁沖上講臺幫先生擦黑板。此情此景,如在眼前。

徐復先生的學術理念,我概括為三點:一是要細讀先秦兩漢的書,打好學術的根柢;二是要學習代表性的研究成果,如清代乾嘉大師的著作,因為那是學術的高峰;三是要關注和瞭解當前的學術動態和最新成果,因為那是學術的前沿。概括地説,就是要有根柢意識、高峰意識和前沿意識。

關於徐先生對學生的關心和幫助,我再舉一例。徐先生授課最重戴、錢、段、王之學。當時徐先生正在推動出版《高郵王氏四種》,並在揚州大學開講揚州學派研究等。我們也頗受鼓舞,我與同班萬久富、孫葉鋒、王强等同學,就商量成立揚州清學伐薪會,也想研究揚州學派。初生牛犢,也是不知天高地厚,去向徐先生彙報,徐先生大加鼓勵,要我們讀張舜徽先生的《揚州學記》等,還專門給我們講過一次。當時徐先生與淮陰師院的于北山教授,有編選《清經解 續清經解》一百種的計劃,後來還讓我學習整理揚州籍大學者阮元的《詩書古訓》。這極大地激發了我們讀書學習的熱情。

在中文系特别是古文獻專業諸位老師,包括已調至復旦大學的吴金華老師、蘇州大學的王繼如老師等的不斷教導和持續關愛下,我們首届學生專業思想鞏固,學習態度認真。首届畢業生有一大半的同學,至今堅守在傳統學術這一領域。20 名同學中有吴新江、萬久富、王華寶、謝秉洪、倪永明、王强、程泱 7 人先後攻讀漢語史或古典文獻學博士學位,鮑良紅、張勤等同學獲得碩士學位,大多在高校任教;孫葉鋒、陳其弟、李草暉、方雲、陳志堅等同學在出版、方志、圖書館、中學教育等領域,也都成了小有名氣的專家。做公務員的沈梅、嚴國慶、章國林、陳麗萍等同學均取得了一定的成績。

是母校培養造就了我們。再一次衷心感謝南京師大、感謝古文獻專業、感謝所有的老師。在徐復先生崇高人格和光輝典範的引領下,在全國高校古委會和南京師大的正確領導下,在社會各界的大力支持下,在中華傳統文化復興的時代洪流中,我衷心祝願並堅信,已是特色學科的南京師大古文獻專業,在趙老師和衆多老師的共同努力下,一定會越辦越好,一定會興旺發達!

"徐復"先生這一名字,已成為一種學術精神,成為一種文化符號,將永遠活在我們心中!

最後,祝福老師們身體健康,祝願學弟學妹們學業有成,祝福所有與會代表家庭幸福,生活快樂!

謝謝大家!

2012 年 3 月 10 日

(作者單位:東南大學人文學院)

德、功、言三立的大學者
——緬懷徐復先生

魯國堯

徐鳴謙先生是我國20世紀的學術大家，他的道德、功業、文章永昭國史。今年是他百歲誕辰，我們應該紀念這位為國家、為民族、為學術做過重大貢獻的學者。

我的記憶引領我穿越時空隧道，回到了32年前。那年10月底，在武漢東湖的一個賓館，舉行中國音韻學研究會成立大會。晚上，徐復先生由我陪同，拜訪周祖謨先生，兩位先生歡談約一小時之久。那時有一種特別興奮的氣氛洋溢於整個會議之間，顯現於每個與會者之面，這是現在的青年學人所不知道，所不能體會的。1966年到1976年的“無産階級文化大革命”使中國的學術完全陷入沙漠化狀態，好多老專家被扣上“資産階級反動學術權威”的帽子，進過牛棚，挨過批鬥。到了1980年，徐復先生和周祖謨先生都年近七旬，好不容易盼來了“科學的春天”，老友相逢，群英聚會，重理舊業，再繪新圖，自然使他們十分興奮，青春焕發。

古稀之年再次焕發青春，徐先生一生為國家、為人民、為學術做了許多許多，做出的貢獻很大很大，委實難以枚舉，姑就我現在所能説出的略述於下：1983年高郵王氏紀念館的建立、1985年金壇段玉裁紀念館的建立、1998年鎮江師專馬建忠紀念室的建立，都歸功於徐先生的熱心倡議及後續的堅持不懈的推動。江蘇省語言學會、南京師大古文獻研究所、古文獻專業等，徐先生都是締造者。徐先生歷任中國訓詁學會副會長、會長、名譽會長，中國音韻學研究會成立伊始，徐先生就是顧問。他是《廣雅詁林》的主編，江蘇古籍出版社影印高郵王氏四種《廣雅疏證》、《讀書雜誌》、《經義述聞》、《經傳釋詞》的宣導者、推動者。至於徐先生自己的多本著作,如《後讀書雜誌》、《徐復語言文字學叢稿》、《徐復語言文字學論稿》、《徐復語言文字學晚稿》、《説文五百四十部首正解》等等都是他的心血結晶。

他是我國中古漢語、近代漢語研究的開拓者之一:在六十年前就提出要開展漢魏以來方俗語研究,提倡敦煌文獻語言研究,身體力行,並培養了許多專家。他曾為漢字"歹"與藏文的淵源關係寫過兩篇論文。徐先生兼治史學,撰有《秦會要訂補》,近二十萬字。作為一位元語言文字學家,文獻學家、教育家,徐先生對中國語言學的發展,對促進江蘇成為教育大省、學術大省,都做出了重要的貢獻。像徐先生這樣的造詣如此淵博、研究如此精深的學者,今後不可能再有了!不可能再有了!

徐先生是章太炎、黄季剛二位大師的入室弟子,為發揚、光大老師的學術,1975 年,時當"文革"後期,徐先生即著手注釋中國思想史上的名著章太炎先生的《訄書》,四易其稿(須知這是紙質手抄稿,可不是電腦稿),《訄書詳注》於 2000 年出版,洋洋八十萬字,居同類書中的最高水準。章太炎夫人湯國梨女士(1883—1980)是詩人、詞人,徐先生先將師母的遺稿在《文教資料》上分期發表若干,後又自己出資近萬元印刷全帙,以分贈友好,而徐先生已經退休多年,誰都知道,在中國,退休越早,退休工資越少啊。2001 年《黄侃日記》(八十萬字)出版,此時徐先生已年過九旬,仍不斷披閲此書,通讀四五遍,前後翻檢不計其數,歷時年餘,摘出該書點校注中存在的問題二三百條,我在徐先生的書房裏,兩次親眼看到此書的天頭地脚上批語密密麻麻,精裝書的硬書殼也因翻閲太多而掉了下來。九十多歲高齡的老人,用力如此之勤,當今有幾?發覆指瑕,需對國學有極深的造詣,當今一人而已!當今一人而已!

徐先生集"尊師"、"愛生"於一身,其入室弟子多人都卓有成就,為當今學界翹楚。徐先生奬掖後進,不遺餘力,受他教育、薰陶的學人當有數千。鄙陋如我,徐先生亦諄諄教誨,四十年間我謁見徐先生逾百次,徐先生幾乎没有一次不跟我談學問,他談自己的治學方法，談自己的讀書心得，談自己正在寫的論著（每天約寫一千字）；他總是親切地關心我，問我在讀什麼書，做什麼研究，他解答我的問題，我告别時徐先生總是對我勉勵有加。我十分感謝徐先生，我晉陞副教授、教授，徐先生都是我的評閲人，給予我很好的評語，我知道徐先生目的在鼓勵我遵循正道，砥礪節操，進德修業，為我民族復興的偉大事業盡心竭力，徐師之恩，我終身銘記！

徐先生逝世後，南京師範大學的訃告頌揚徐復先生的高尚品德："學而不厭，誨人不倦；嚴於律己，寬以待人；曠達樂觀，助人為樂；胸懷坦蕩，正直無私。"凡是認識徐復先生的人都一致認為，這絶非溢美之辭。《左傳·襄公二十四年》："太上有立德，其次有立功，其次有立言。雖久不廢，此之謂不朽。"其徐復先生之謂乎？

我們南京大學漢語言文字學科，近年辦了個"以書代刊"，即《南大語言學》。我們的宗旨：既然辦刊，就要不落窠臼，就要富有特色。目前的十幾種語言學雜誌和衆多的以書代刊，清一色地都是多人的論文彙集，簡言之，區别於個人論文集的非個人論文集，這源於西方模式。我們《南大語言學》要"決破羅網"（陸象山語），以新的面貌出現於當今的語言學園地，每期設"論叢"、"史林"、"文薈"三大欄目。"論叢"要發表高質論文，自不待言。但是語言學，豈能全由論著"包辦"？語言學者的立身行事，他們的道德、功業，他們於國家、於民族的貢獻，決非只有專業論文所能顯現，職是之故，《南大語言學》立"史林"欄目。中國語言學由於重模擬仿造而輕自主創新，至今没有一部《中國語言學思想史》（《南大語言學》第三編將有專文討論），所以我們創"文薈"欄，針對當前語言學界的問題，發表評論，激揚文字，旨在凸現"思想"。我常説，我們中國是一個學術淵源非常深遠的國家，一個學人的舉措會冥冥之中受前人、前輩的啓示、誘導，今天我在這兒陳述設立"史林"欄目的思想淵源。南京師大本有個至少是中國（也許是世界）唯一的刊物，叫《文教資料》，飲譽人文科學界，1972 年起辦了二十多年，成了"老字型大小"，徐復先生是這個刊物的創辦人和精神領袖。記得

1995年周祖謨先生逝世時,徐先生對我說:“我們要紀念周先生!在《文教資料》上發個周先生的專輯吧,你來組稿編稿。”當時的主編李靈年同志也十分支持。後來我又為這家雜誌編了“魏建功專輯”、“俞敏專輯”、“岑麒祥專輯”、“陳邦懷專輯”、“葉蜚聲專輯”、“石安石專輯”。我們《南大語言學》創辦伊始,就把《文教資料》的傳統接了過來。另一思想淵源是,《新文學史料》我每期必看,我的老學生張敏寄給我的。我每每自語:“他們文學界的雜誌多如牛毛,隨時隨地都可以發史料性的散文,但是還是辦了個專門刊物,信史在彼矣。我們語言學科為什麽不能有?”我民族先賢云:“欲滅其國者,必先滅其史。”我們的信念是,為我民族、為我國家,我們應該存史、研史,旨在垂範當世,激勵後人。三編“史林”已經發了十幾篇文章。

2004年《南大語言學》創刊時,我就想發一篇《徐復先生訪談録》,轉念與其倉促為之,不如從容做出高質的文章。2005年我組織了兩個博士生去採訪徐老,請他談自己的歷史、談治學方法,並講談他的業師章太炎、黄季剛兩位大師的事蹟。語言學的書、文,如《中國現代語言學家傳略》等,言及章、黄,都是流水賬式的論著述評,看不到多少兩位大師的時代背景、文化背景,看不到他們的接人待物、立身行事。論著述評當然需要,但是也需要大師的鮮活形象及其生活與時代。這只有去採訪親炙章、黄兩位先生的學者,章先生卒於1936年,黄先生逝於1935年,兼為兩位大師的入室弟子而健在者惟有徐復先生,堪稱魯殿靈光。經過數次訪談、録音、録文,所幸《徐復先生訪談録》在徐先生病重前成文了,這是徐先生的最後一次學術活動,所以具有十分高的價值,此文將刊於《南大語言學》第四編“史林”。

讓先輩的高風亮節、道德文章,千秋百代永傳於中華大地之上。

(作者單位:南京大學)

師古而非復古　堅守而不保守
——論章炳麟、黄侃國學研究和教育中的使命意識、獨立思想和嚴謹學風

王　寧　黄易青

提要:章炳麟(太炎)、黄侃(季剛)是20世紀初期“國故派”的代表人物,他們在“西化”浪潮衝擊中國民族文化走向極端,傳統文化幾被全盤否定的歷史時期,堅持對民族文化的繼承,提倡建設中國本體文化,並為此整理典籍、施行國學教育,為新世紀培養了一批學有所成的繼承型人才。今天,站在歷史的高度來評價他們的文化建設思想和提倡國故之所為,可以看到他們在國學研究和教育中高度的歷史使命感,敢於反潮流的獨立思想和難能可貴的嚴謹學風,這對我們今天先進文化的建設,是有深刻的借鑒作用的。

主題詞:章炳麟　黄侃　國故　民族文化

20世紀初,中國備受列强欺侮,許多愛國學者以學習西方先進科技為富國之道,從而走向對中國傳統文化提出全面懷疑和否定的極端,使近一個世紀的國學研究處於幾乎斷裂的危機之中;一個世紀之後,改革開放的中國在學習世界先進科技文化的同時,對許多問題進行了反思,進一步認識了東西方文化的互補性和世界文化多元化價值取向,從而提出了重視建設中國本體文化即傳統文化的問題。站在新的歷史高度審視如何繼承和發展中國傳統文化,以使它更好地為現化化建設鵬務,更好地走向世界,是學術界關注的重要課題。從上世紀初到30年代,“國故派”的代表人物是國學大師章太炎、黄侃,如何認識他們當時對中國本體文化的研究和教學活動,是我們今天重新審視歷史不能不面對的話題。

一

在學術史的研究中,人們總是習慣於把各種流派劃分成主流與非主流。但是,有些人對於主流與非主流的判定,常常出於感覺而帶有隨意性:有人從信奉者的多少出發,認定信奉衆多者為主流;有人從權力所支持的力度出發,認定被當權者贊同者為主流;有人從學術主張産生的先後出發,認定後出的"新派"為主流;更有人從某一種政治立場出發,認定符合某種政治態度的為主流……上述那些衡量主流與非主流的標準,其實都不能成立,主流與非主流的差異僅僅在於是否順應當時的潮流。"主流"不是"正確"、"真理"、"先進"的同義語,"非主流"也不是"錯誤"、"保守"、"落後"的另一組同義語。各個領域的學術史——特别是那些純學術門類的學術史中,都有很多事實證明,在學術分歧、學術爭鳴中,隨意指稱一種流派或一種研究特色為"非主流"而否定它、壓抑它,往往會掩蓋被稱為"主流"的研究者的局限和失誤,也會扼殺被認為是"非主流"的研究者掌握的真理和獨特的價值。如果一個置身其中的研究者自命為"主流",而貶低與自己持不同研究方法和觀點的人為"非主流",從而達到否定别人的目的,那麼,不是狂妄,就是無知,這種人是要免談學術史的,更不能與之議論當代學術的發展。

主流——跟着時興的潮流前進,固然可以衝擊保守,把握歷史的進程;那些不盲目跟從潮流而獨立特行的,也往往因為研究不含功利,不媚權,不媚俗,具有强烈的歷史使命意識、獨立的思想和嚴謹的學風,堅持了某些被潮流錯誤衝擊的真理,為歷史的發展做出貢獻,最終跟歷史的前進匯合。也許,我們正是應當用這樣的眼光來看待 20 世紀初期被稱為"國粹派"的章炳麟(太炎)、黄侃(季剛)的學術。他們在那種西學至上、國學被全盤否定的大潮中,頂住巨大的壓力,苦苦堅守著民族文化的陣地,堅持整理國故,保存國粹,他們深知繼承的缺失和文化的斷裂首先是從古籍無人閲讀開始,為了使民族文化得以繼承和發展,他們致力於國學教育,培養了一批優秀的學術繼承者，從而為一個新時代的到來作了人才的準備，成功地銜接了兩個時代的中國文化，使中國傳統文化得以延續和發展。今天，當我們回顧歷史走過的曲折道路，不能不重新認識和感受章黄二位前輩當年堅守國學陣地所具有的苦心、真知和使命意識。

二

章黄早期是民主革命的先行者，但他們是學者型的革命家，用作為學者的革命家的標準來看待他們，才能正確理解他們對於國故的感情和態度。無論是先前積極參加辛亥革命還是後來退而講學授徒，在這兩種表面上看來似乎完全對立的行為中，都顯示了章太炎、黄侃作為中國傳統文化精華澆灌出來的既是學者又是革命者的本色。章太炎在辛亥革命前即主張"用國粹激動種姓，增進愛國的熱腸"[①]，表明了他心目中"國粹"之於革命的地位和作用。後期，由於對革命黨人内部狹隘的派系分割和權力之爭不能贊同等原因，章黄先後退出鬥爭的漩渦，而從事國學的研究和教學。章太炎晚年在蘇州創辦國學講習所，黄侃先後在北京、武昌、南京教授國學。"繼絶學，存國故，植邦本，固種姓。"[②]在他們看來，退而講學授徒是從根本上救國保種的道路。他們認為中國的禍根在於道德的敗壞——無恥的鑽營、空言不實、沽名釣譽、善於詐僞。因此，革命的首要目的在於唤醒民德：知恥、忠厚、耿介和必信，這些都是民族文化中的精華，只有民族文化得到繼承，國家和民族才有復興的希望。他們講經史、講諸子、講語言文字之學，無一不是為了辨明民族大義，培養國民道德，光大民族氣節，弘揚民族文化。總之，章黄認為，民族、國家的興衰，最終決定於民族文化存亡，因此，弘

① 章太炎《演説録》(《民報》第六號，1907 年，第 4 頁)。

② 轉引自黄焯《黄季剛先生年譜》，經與《黄侃日記》第 1104 頁(江蘇教育出版社 2001 年 8 月版)覈對。

揚民族文化以啓民智,是他們的出發點,也是他們的最終目標。

從19世紀末、20世紀初開始,先進的中國人在認識到西方科學技術先進的同時,卻開始由一個極端走向另一個極端,導致了對傳統文化的懷疑和全盤否定,中華民族幾千年傳統文化命脈有斷絶之虞。章黄正視這種文化危機,認為文化是國脈所繫,文化不亡,振興國家民族猶有希望,若文化之源枯涸,即屬精神死亡,則國家民族無可救助。章太炎流亡日本時,就憂慮國故的危殆和民紀的不整,認為天以國粹相付,不忍在他的手中斷絶。1908年,章太炎書贈黄侃的話中就有:"保氏舊文,危若引發,絶續之際,願季剛亹亹而已。"①這是何等的使命意識!他因此聚集生徒,成立國學講習會,講授《説文》、《爾雅》。他説,教授學生國學,是為了保存國家民族的靈魂,在國家不幸衰亡時,如果學術不絶,民衆猶有所觀感,將來就還有復興的希望。後來章太炎在北京成立國學講習所;晚年又在蘇州成立章氏國學講習會。錢玄同、許壽裳、魯迅、周作人、吴承仕等著名學者,都曾是他的學生,黄侃更是與他終身相互啓發的學生。黄侃常以"刻苦為人,殷勤傳學"自勵②,同時也以此教育學生,勉勵他的學生陸宗達:"此後當以'刻苦為人,殷勤傳學'八字交相策勵,細思捨此亦更無自靖自獻之方也。"③黄侃在北京、武漢、南京等地講學時,培養了劉博平、孫世揚、黄焯、劉盼遂、陸宗達、潘重規、林尹、高明、殷孟倫、徐復等後繼學人。章黄培養的這些為數不多但十分優秀的國學家和國學教育家,半個世紀之後,都成為國學研究和國學傳播中的中堅人物,而且終身為之獻身。

章黄强調文化延續性,絶不是為了把青年引入故紙堆而不問時事、不關心國家和民族的命運的復古道路;恰恰相反,是出於對

---

① 轉引自黄焯《黄季剛先生年譜》,又見黄焯《記先從父季剛先生師事余杭儀徵兩先生事》(《訓詁研究》第一輯第19—20頁,北京師範大學出版社1981年4月版),經與《黄侃日記》第1099頁(江蘇教育出版社2001年8月版)覈對。

② 李慶富記《蘄春黄先生雅言札記》(《制言》41期,1937年5月)。

③ 黄侃1932年5月31日《與陸宗達書》(陸宗達先生保存之原件)。

國家和民族前途的責任感和使命感，他們認為民族文化中蘊藏著救國救民的智慧和經驗。希望通過民族文化教育啓發出青年中蘊藏著的救國救民的激情與智慧。黄侃認為："學問是'為天地立心，為生民立命，為往聖繼絶學，為萬世開太平'。"[①]因此，當民族生存危機再一次爆發時，章太炎就再一次站出來，呼籲救亡。"一二·八"事變後，章太炎到北平，看到一般的學者還在一些具體的考古問題上孳孳不休，遂大聲疾呼，要青年考求歷史的演進，以實踐的精神來救國家的危亡。他認為，"現在的青年，應當明瞭是什麽時代的人；現在的中國，是處在什麽時期，自己對國家應負什麽責任。這一切問題，在歷史上，可以找到明確的指示……一國的歷史正象一國的家譜，其中所載盡是已往的事實，這事實即歷史。若一國的歷史没有了，就可知道這一民族的愛國心亦一定衰了。"[②]可見他不是為復古而治史，而是要從歷史中借鑒救國的方略，不使治史落空。同樣，1935 年，民族生存危機日益嚴峻，黄侃深為憂慮，在彌留之際仍不免歎息："國事果不可為乎？"[③]

三

西學東漸時期，一些學者主張學習西方先進科技，章黄則主張堅守國學，二者的動機和立場都是從愛國出發的。科技的國際化和文化的民族化是一個問題的兩面，彼此並無矛盾。20 世紀初期在文化問題上對民族遺産的全盤否定，是在反封建過程中的一種偏激，但當時中國的現代人文社會科學剛剛起步，還有它幼稚的一面，西化被視為"主流"。章黄在當時能夠逆潮流而行，是因為他們在人格上保持了思想的獨立性。他們堅守自己之所是，寧願背負"守舊"的

---

① 李慶富記《蘄春黄先生雅言札記》(《制言》第 41 期，1937 年 5 月)，"為天地……"等語出宋代哲學家張載。

② 章太炎 1932 年 3 月 24 日在燕京大學講演《論今日切要之學》(《章太炎年譜長編》卷五第 919 頁引)。

③ 汪辟疆《悼黄季剛先生》(《制言》第 4 期，1935 年 11 月)。

十字架,而不為了爭當"主流"而改變自己的主張,這種品質是十分難能可貴的。當新思想發生時,在前頭奔走呼號的,往往是思想的獨立者;但當一種思想成為潮流後,其中就不乏隨聲附和者了。潮流是來得猛烈的,它伴隨著創新和勇敢,但也容易引發浮躁和虛僞。不跟大潮走的,也許在當時没有很多人去追隨,但留下來的,卻常常是具有獨立思考精神的智者,他們追求的是個性、勇氣、自信和對科學的忠誠。這是作為一個真正的學者最寶貴的人格。

章黄選擇了一條艱難的學術道路。他們没有盲目追隨偏激地取消民族文化的時潮,而是用自己的頭腦思考,追求獨立的人格;他們在傾心研究之後,對中國的歷史瞭若指掌。所以,他們通過自己的感覺和判斷,從歷史的發展規律中確定了自己心目中中國文化歷史前進的準確航向。他們在當時被攻擊,在相當一個時期被否定,但是歷史的發展告訴我們,如果没有他們的堅持,我們還會看到更嚴重的民族文化被拋棄而斷裂的現實,等到我們認識到歷史借鑒的重要性時,還要面對比現在還大面積的傳統文化的空白。是的,章黄在對待國粹問題上有他們絶對、偏激之處;但是不要忘了,那些把西化與現代化等同起來的思潮更是多麽極端化,而且,他們依附於"主流",在相當一段時期是强大的!章黄並不否定新潮流方向有一定合理性,但對於附和者極端化的傾向是不滿的,他們清楚地看到了由於這種極端化將要帶來的危害,因而相應採取另一種偏激的態度,以求在與對方的極端化對抗中取得平衡。如果我們對破壞或削弱了民族文化的全盤西化思潮的極端都可以用歷史的眼光來給予理解,為什麽不能理解抗拒者保留民族文化的一片苦心呢!

獨立思考,勇於挑戰權威、成見和時尚,這是進行學術研究必備的懷疑精神和創新精神。學術不是政治,也不是經濟,它的衡量標準,應該與政治經濟有所不同。在學術上,人文社會科學與數理科學的價值取向不同,也應該有不同的衡量標準。中國歷史上長期缺乏不同意見的爭鳴,思維統於一尊,將學術與政治掛鉤,教訓還不夠深刻嗎?

獨立思考,正是學術創新的前提。正是由於獨立思考,章太炎提倡國粹,但他同時對傳統文化採取批判繼承的態度。如對儒家,他推崇孔子對歷史和教育的貢獻,但認為孔子講求權變,如果用儒家的道德治世,則冒險奔競者皆是;儒家的治國理想,宗旨多在可否之間而議論止於含糊之地。進而,他打破了學術定於一尊的束縛,全面客觀評價儒、道、墨、法,把各家的學術本來面貌還於各家。[①] 對於近現代把科學視為唯一的物質文明的片面看法,章太炎是不贊成的,他主張以人為中心來觀察社會,歸根到底,物質文明要歸於精神文明;人們多認為進化的潮流不可抗拒,章太炎則認為進化雖為客觀事實,但善惡苦樂並進,進化未必有絶對的價值。現在,不只是弘揚傳統文化的主張被證明是有先見之明的,而且,科學雖發展、物欲的無限膨脹卻給人類精神和自然環境帶來的種種弊端,不是也已經引起了人們的注意嗎?

獨立思考,不墨守前人的成説,不盲從時潮的定論,只有用自己的頭腦研讀了歷史、用透闢的眼光觀察了現實的人生才能做到。人云亦云者,往往是知之不多又缺乏判斷的人,聽一聽黄侃的獨立思考宣言吧!他説:"廓然大公,心如明鏡,然後可以通古今之郵,息漢、宋之爭。"[②]

四

章黄作為乾嘉以來學術的繼承者,承襲了戴震、段玉裁、王念孫、俞樾等人的治學方法。章太炎立志振興國學,提出了"治經"的六條原則:"審名實,一也;重佐證,二也;戒妄牵,三也;守凡例,四也;斷感情,五也;汰華詞,六也。"[③]他不但堅持了"研精覃思,鈎發

① 見章太炎《訄書》之《訂孔》、《儒墨》、《儒道》、《儒法》各篇(徐復《訄書詳注》,上海古籍出版社 2000 年 12 月版)。

② 汪東《讀王先謙荀子集解札記序》述黄侃語(《札記》為潘重規著,序載《制言》第 12 期,1936 年 3 月)。

③ 《訄書·哀清史》附録《中國通史略例》。

沉伏;字字徵實,不蹈空言;語語心得,不因成説"的主張,嚴謹學風,還針對急功近利的庸俗致用觀,對"經世致用"做出了辯證的解釋:"學者在辨名實,知情僞,雖致用不足尚,雖無用不足卑。"①黄侃説:"學問之道有五:一曰不欺人,一曰不知者不道,一曰不背所本,一曰負責後世,一曰不竊。"②這是一種求是、求實、忠誠、負責的態度。他教育學生説:"讀書人當以四海為量,以千載為心。""學問文章以高明廣大為貴。"③又常常用《論語》"好學深思,心知其意","多聞闕疑,慎言其餘"的古訓教育學生。他建議自己的學生,三十歲以前要讀完唐以前的典籍,不要輕易發表文章;要把《説文》、《爾雅》、《廣韻》等小學專著研習深透,而且要把古代文獻材料工作做好。為了擴大自己的積累,準確把握歷史的事實,他自己規定:五十歲以前不寫書。他讀書必動筆,作刊正、批註、評點和集中有關材料,為以後系統著書做資料準備。雖然黄侃生前正式出版發表的著述不多,但從他最後八年的日記以及他在一百多部古籍上所作的批註中,可以統計出一部中國國學經史子集的精華書目,可以看到,一部系統、豐富、準確、深入的中國國學的通史和通論,已經完完整整地貯存在他的頭腦裏了。

章黄對中國國粹的保護,是建立在他們精研古代典籍,熟知中國歷史的基礎上,他們以嚴謹的學風支撐獨立的思考,他們用愛國的激情選擇了教育的生涯,他們不但是在動亂之中的飽學之士,而且同樣是在狂潮中中流砥柱的英勇之士。

五

歷史啓示我們,事物總是在自身的更新中發展。這決定了其中有兩個不可或缺的因素:一是歷史的延續性;一是發展的創新

① 章太炎《與王鶴鳴書》(《章太炎年譜》)。

② 李慶富記《蘄春黄先生雅言劄記》(《制言》第41期,1937年5月)。

③ 同上。

性。歷史還啓示我們,事物發展往往在不斷的"矯枉過正"中曲折前進。這是創新性和延續性相互矛盾和統一的結果。應該説,當時的"西學中用"和"保存國粹"的主張,都有其合理性。在舊文化的勢力和觀念根深蒂固之時,提倡向西方學習,是先進的主張;持這種主張的人在開始時對傳統文化的批評和否定走向極端,是完全可以理解的,也是世界上一切新事物出現的規律。同時,主張中國本體文化的歷史延續性因而要保存國粹,不使其被全部否定,也是合理、清醒的主張;持這種主張的人在感情上與新文化派出現對立,也是可以理解的。現在看來,既要吸收世界的先進文化,也不應丢掉自己的優良傳統,這才是全面的歷史唯物主義。

在"西化"就是"現代化"的片面性還在很大的程度上影響著歷史經驗不足的年輕一代的時候,我們要再次强調,當年"文化繼承派"的主張是有相當合理性的,他們預見性地為保存國故和培養人才盡了最大努力,才使國學命脈不致斷絶,而他們在國學研究和教育中的使命意識、獨立思想和嚴謹學風,其意義已超出本學科之外,更值得我們永遠學習。

(作者單位:北京師範大學中文系)

心存三樂，學求通精
——追思徐老

王繼如

徐老，諱復，字士復，一字漢生，號鳴謙。生於農曆辛亥年十一月二十日(西元1912年1月8日)，其名諱蓋寓光復意。卒於西元2006年7月24日。終生從事教育事業，為中國著名訓詁學家、文獻學家，於國學多有建樹。

一

2006年7月25日上午王華寶君來電話，報告噩耗說：徐老已於昨夜仙逝。雖然數年前徐老就已經患病，這時也已經高齡達96了(以虛齡計)，但2005年冬我面謁徐老時他老人家精神還很好，後來我的博士生還去見他並錄了像，我總覺得徐老還有較長的年月，所以對徐老的謝世，仍然感到意外，意外帶來的悲痛，也就更多一些。在徐老本人，則似乎早就有所準備了。

徐老將自己後期的文章結集為《語言文字學晚稿》，就已經含有工作已經終結的意思。我曾對徐老說："晚字不好，改一改吧。先生還有許多文章好寫呢。"徐老說："我年歲已大了，就這樣吧。"查日記，2004年4月25日上午，我同趙生群君、王華寶君去探望在南京建鄴中醫院住院的徐老(徐老相信中醫)。徐老睡在床上，見我來了，就說："我已經到了最後了。"我聽了心中很是酸疼，寬慰了幾句。徐老接著就講起自己從1978年以後所做的工作，老人家頭腦很清楚，歸納為三個方面：一是培養人才，如培養研究生，獎掖後進；二是推進事業，如成立訓詁學研究會，興辦高郵王氏父子紀念館、金壇段氏紀念館，河南許慎紀念館等事，都盡力為之；三是勤懇科研,寫了一些文章。徐老説得很謙虚,不像我這裏用總結性的語言,但意思是那個意思。最後,老人家説:“我做這些事,已經盡心焉爾矣!”我們離開時,他眼角潮濕了。此後,老人家卻奇跡般地逐步康復,可以回家了。於是又讀書,寫劄記,不過已經大多是躺在躺椅上做的了。2005年冬我帶著博士生去面謁徐老時,老人家就躺在躺椅上,和我們暢談學術。冬日的陽光從窗外射進來,暖洋洋的,我又一次感到如坐春風。到了2006年7月間,徐老因腹部腫瘤,不思飲食,本來就消瘦的身體更加消瘦了。病重前跟子女説:“夢見你們的媽媽了。要去見她了。”(師母比徐老早13年謝世。)家裏也都有準備了。一個智者,就是這樣面對自己生命的漸行結束的。真可以説是從容面對了。我不禁想起大儒馬老湛翁在臨終前寫的詩偈:“漚滅全歸海,花開正滿枝。”

徐老晚年,自號三樂老人。哪三樂?徐老説:一是知足常樂,二是助人為樂,三是讀書最樂。這三樂精神,貫穿了徐老的一生。徐老的青年時代和中年時代,遭逢戰亂,特别是抗戰時期在四川,度日維艱,但是,仍然以讀書為最樂,借助當時任教於邊疆學校的條件,學習蒙文、藏文(1944年發表的《丂字源出藏文説》和1947年發表的《丂字形聲義及其製作年代》就是在這樣的基礎上完成的);在最艱難的1943年,完成了《秦會要》訂補的初稿;同時還研究了許多訓詁的疑難問題,發表了《鳴謙室雜纂》等系列論文。至1948年,徐老以論文集稿獲得國民政府教育部學術著作二等獎(至改革開放後,看到一些材料,才知道當時評委有顧頡剛、楊樹達等名家,他們在日記中對徐老的著作稿有好評),陞等為教授。其時國民黨的貨幣政策全盤失敗,貨幣等同廢紙,獎金折合成大米。徐老説:“當時生活非常困難,子女又多,幸而得到這些大米,得以渡過難關。”解放後,“文革”前,社會總體上是安定的,徐老的《秦會要訂補》在中華書局出版。到了1961年,研究敦煌俗語詞的兩篇文章在《中國語文》刊出,這兩篇文章可以説是俗語言的研究的奠基之作,也是徐老科研的一個頂峰。其寫作經過,徐老數次為我言之:“參加《辭海》修訂工作後,認識了蔣禮鴻先生。蔣先生説:寫了本《敦煌變文字義通釋》,日本有波多野太郎發表了書評(實際上還有入矢義高,當時蔣先生無法見到——筆者),而國内尚無人注意於此。蔣先生問我能否寫篇書評。我答應了。用了一個暑假的時間,研究敦煌變文,而最適合的參考資料莫過於《廣韻》。蔣先生對《廣韻》注意得不夠。我將研究的結果寫成了一篇長文投給《中國語文》。有一天,突然説北京有電報來。我心裏一沉,因為我有孩子在北京,當時没有急事是不會打電報的。打開電報一看,原來是《中國語文》來的,建議將這篇長文分成兩篇,一篇是本人對敦煌俗語詞的研究,一篇是對蔣書的評論。”這就是發表在《中國語文》1961年第8期上的《敦煌變文詞語研究》和同年第10、11期合刊上的《評〈敦煌變文字義通釋〉(增訂本)》。徐老談及此事,是對《中國語文》的學術眼光和認真作風表示欽佩。自然,對自己的研究得到重視也有赤子般的愉悦(這是所有認真的學者所共有的品格)。徐老給蔣先生所作的書評,一本“友朋之益,不在揄揚而在勘覈”(徐老《讀〈義府續貂〉識語》引焦循《答沈方鍾書》語)之精神,多有討論或增補。兩位先生40年的交往,都以切磋學問為最愉快的交流,足可傳為佳話。徐老對師友後學的幫助,可謂不勝枚舉。我在這裏只講幾件事。葛毅卿先生,是相當有造詣的音韻學家,師事過趙元任,曾灌過國際音標唱片。我曾聽他一年的古代漢語,講課極其生動。穿著則極其馬虎,走路時也口中念念有詞,也許是在讀外語(據説他掌握多門外語)。葛先生在“文革”結束後的1977年去世,其遺稿《隋唐音研究》由張拱貴先生悉心保存。我跟從徐老做研究生後,徐老曾將葛先生的遺稿交給我研讀,並談了葛先生臨終囑託之事。徐老力謀出版該書,但當時極為困難,徐老在該書序中説:“毅卿君去世20餘年,生前夙願卻未實現,愧對故友啊!”反映的就是這段經歷。經過不懈的努力,該書終於在2003年由南京師範大學出版社出版了。太炎先生夫人湯國梨女士,以詞騷名世,但從未公開出版。1974年,徐老從湯太師母處得到《影觀詞》(影觀是太師母之號)手稿,謀求付梓,但當時那樣的環境,此事如同夢幻。至2000年春,得到太炎嗣孫保存完好的太師母詩詞集《影觀集》，商得李靈年先生的支持，《影觀集》得以用《文教資料》特輯的形式出版(《文教資料》是一種很有特色的雜誌，可惜數年前就停刊了)。徐老為許多後進者寫了序言，多事表彰，有的恐怕拔高了。這樣做是有其心曲的。因為研究古漢語是極其艱苦的工作，研究的人相當少，所得的待遇相當微薄，不得不多加鼓勵和獎掖。有位先生曾要我和徐老談談，我因徐老視我如子侄，故敢放言，言談時即有電話來請為某書寫序，徐老苦笑著説："你看，能推得掉嗎?"從言談中，我得知其心曲蓋如是。可見助人為樂也有其委曲呢。大凡一心為學之人，對於物質利益的關心是比較少的。我記得在八十年代，老教授們加工資，南師大中文系有一個名額，徐老説還是給唐老圭璋合適，都無異議，於是唐老陞等為二級教授。後來老教授普調工資，徐老陞了一級，很是滿足，説："多少年來第一次加工資，加了不少，夠用了，夠用了。"徐老根本就不理會社會上一些人的收入是如何之高。學生輩能帶博士生了，徐老為之高興，從無一語抱怨有關單位没有及時申報博士點。實際上，徐老的水準，遠比我們高多了。徐老是許多博導的導師。

二

徐老在學術上，强調一個"通"字。一些疑難問題解決後，徐老會高興地説："通了，這就貫通了。"而對一些證據不足難以解決的問題，徐老會説："絶緣了。"這就没有條件研究了。

學術是講是非的，這裏一點虛矯都不能有。一個真誠的學者，對學術的追求，總是帶著赤子般的天真。記得1981年我讀研的第三年，要教學實習。當時面對的大學生是"文革"後的第一屆，古代漢語已經學過，我便決定講《説文》部首中與人體和人的活動有關的部分。我講課時，有位老先生一直來聽。徐老來的次數也不少。有次我講到"歺"(音五割切，今皆取 è 音，但就"讀若櫱岸之櫱"來看，取 niè 之音似乎更為合適)的字形，是"骨"去肉為"冎"，"冎"之殘為"歺"，所以是殘骨之意(一本《説文》)。現在作為偏旁，會寫作

“歹”,如“殘”字。徐老在後座上聽到這裏,就走到講臺上來,説:“前面所講都很對。我這裏想補充一點,就是今天我們説的‘好歹’的‘歹’,和作殘骨講的‘歺’,是毫無關係的。‘歹’的字形和字音出自藏文,其義則出自蒙古語。”所講就是抗戰時徐老在四川的研究成果。此情此景,今猶歷歷在目。像這樣的講解,就將“歺”、“歹”區别得清清楚楚了。這就是淹通。今天還没有一部字典,能夠如此明確地説出其異同。有一次,徐老命我到南京圖書館查閲覈實一條材料,是元代畫家朱德潤《存復齋文集》中的一句話“毌為冠之古文”。原來是徐老早年從黄季剛先生作研究生時,治《釋名》,其中《釋首飾》説:“冠,貫也。所以貫韜髮也。”黄季剛先生有信給徐老,告知朱氏有此説。也就是説,毌也像韜髮插簪形。於是“冠”之語源豁然開朗了。這個内容,徐老寫在《説文五百四十部首正解》中。從這個事例中,也可見黄季剛先生學問之淵博,可以説是無書不覼了,豈是一兩名僅得一隅之見者所能詆毁的。這就是貫通了。我曾經和徐有富君合作寫過《古典文學史料學》,我寫的部分提到《左傳·文公十二年》記秦晉之戰:“乃皆出戰,交綏。”“綏”舊注都以為“退”義,《司馬法》中有若干用例。“交綏”就是兩軍皆退兵。今人有立新説,説是:“兩軍交戰,短兵相接,連戰車的牽引繩都糾結在一起。”是將“綏”按本義(“車中把”,即援以登車的繩子)作解,非。但“綏”何以有“退”義? 孔穎達疏:“綏訓為安。蓋兵書務在進取,恥言其退,以安行即為大罪,故以綏為名焉。”俞樾《群經平議·春秋左傳平議》説:“綏與退古同聲,交綏即是交退,乃古文同聲假借之常例。”朱駿聲《説文通訓定聲》“履部第十二”也持此説。我引用這些説法後,仍覺得有未安之處,孔説從意義引申言之,有些勉强;俞説從通假言之,然聲母距離較遠。有一次和徐老談到此事,徐老立即説:“字通‘夊’(音 suī),見之《説文》,‘夊’是退義。”此二字同為心母微部,較俞樾所説為長。徐説後來寫入《後讀書雜誌》中(附帶説一句,《後讀書雜誌》從初撰稿到最後成書,用了整整六十年的時間)。

2006 年夏我有幸應邀到黑龍江大學開會,有位先生説:“漢語的語言文字研究,就是要發現它們彼此間的內在聯繫。”這句話説得極是。這就是“通”。

徐老的研究,還講求一個“精”字。徐老對語源的研究,一直有濃厚的興趣。曾經仿王念孫的《釋大》而寫成《釋曲》一文,可惜“文革”中被抄而毁去。因為研究語源的關係,所以訓詁時極注意探求根源,根源既得,就不遑多排比用例,其方法和蔣禮鴻先生異趣。探索來源和排比用例,是訓詁根本方法的兩翼,兩位先生所用側重點有所不同,無可軒輊。只是用探索來源的方法,即使是孤例,也可求證。此語前人所未道。如李賀《秦宮》詩“内屋深屏生色畫”,説者率以鮮明、生動解“生色”。徐老以為不然,説:“生色畫,指金色畫,唐人語。慧琳《一切經音義》卷四十八:‘生色,即金也。言生便黄色,不可變改也。’”徐老以唐人慧琳《音義》解唐詩,極其恰切。但辭彙義雖解,語源義仍未知。何以生色便是金色,慧琳説“生便黄色”顯然牽强,徐老又説:“生,亦作珄。《廣韻》下平聲十二庚:‘珄,金色。’與生同音,所庚切。”(見徐老《語言文字學論稿》)至此便得其源了。後來我在宋詩中復得一用例,抄給徐老。該例是劉克莊《和用前韻》詩:“何處貴游開步幛,誰家生色畫深屏。”所和前韻指《海棠》詩,則曰:“趙昌骨朽徐熙死,誰寫春風上錦屏?”(《千首宋人絶句》頁 119)如果没有徐老得源在先,再增加多少例,也仍然不能解决“生色”的訓詁問題。從中可見探源法的妙處。徐老九十壽辰之際,南京師大開了一個學術討論會,我寫了一篇小文,推闡以上的説法,徐老審覈了我的文章,以為所言甚中肯綮。

徐老的人格和學説,我這篇短文絶不能道其萬一。我想,還會有人來作更為深入的研究的。

徐老的三樂,歸根結蒂是樂天。樂天,故順自然。所以徐老能夠坦然面對一切變化,包括“文革”中的批鬥,包括死生這樣的大事。然而,在我們,卻總難以拂去沉重的悲痛。

得知徐老歸道山的資訊,臺灣的著名學者陳新雄先生有挽聯云:

復公老前輩千古

章黄絶業昔揚塵,詞林枝葉千秋盛;
魯殿靈光今匿曜,學海波瀾一夜幹。

後學陳新雄恭挽

陳先生沉痛之感,和我們是如此相似。對於我們,徐老的謝世,竟似乎是一個時代的結束。這個時代的學者,視學術為生命,造次必於是,死生竟以之。今天這個浮躁的年代,這樣的學者到何處尋求啊?我們對徐老謝世深沉的悲痛,正來源於此。

2006年11月12日於三學堂

(作者單位:蘇州大學)

銀杏樹下的懷念

梁曉虹

離開母校近三十年了。碩士畢業以後,回母校次數並不多,但每次都覺變化很大。房子越來越多,校園也似乎就越來越小了,過去很多深刻在記憶中的地方慢慢不見了,故而每次總會帶回些許莫名的悵然。

當然,欣喜仍有,因為大草坪兩邊那兩棵上百歲的銀杏樹還在!約二十多米高的樹冠甚至蓋過了旁邊古色古香的教學樓,忠實地守衛著母校的象徵——一百號迎賓樓。

每見到這兩棵銀杏樹,我就會想起在徐老身邊讀書的時光。

1983 年之秋,進入碩士二年級後,就與師兄們一起開始考慮論文選題。正當滿腦都是問號,糾結許久不得其解之時,徐老一句"佛經可以研究",對我來説,不啻有醍醐灌頂之用。於是,一下子心就靜下來了,因為有了目標。從此,我就開始了每天走過銀杏樹下,去圖書館"讀經"的日子。

那時的老圖書館不大,但卻很美,因是舊金陵女大宮殿式建築之一,坐落在大草坪的左前方,與其相對的是音樂系小禮堂。當時圖書館恰好到了一套臺灣翻印的《大正新修大藏經》和張曼濤主編的《現代佛教學術叢刊》[1](一百册)。於是,對佛教以及佛經一無所知的我,開始伴隨著銀杏樹葉色彩的變化,一部經又一部經地讀,一張卡片又一張卡片地抄,偶爾停下來,還能聽到從音樂系傳來的流水般的琴聲。那真是我人生中一段最美好的時光!逐漸,似乎開竅,每有心得,告訴先生,徐老總是鼓勵"很好"。1984 年我

---

① 大乘文化出版社 1978 年版。

在《南京師大學報》上發表了第一篇論文《佛經語詞札記》①,正是在徐老的鼓勵下寫成,並由徐老修改后推薦給學報的。從那時至今,我走過了近三十年的學術之路,一直未曾偏離徐老為我指的方向,即使後來我遠渡東瀛。這已經成為我生活,甚至可以説是生命的一部分。儘管現在大藏經已隨意就能從電腦上下載,但印象最深的還是自己當年所寫的那些卡片,有些甚至還帶到了日本。

日本森林茂密,樹木很多,也見銀杏。然我總覺得母校的那兩棵銀杏樹是最美的。印象中,從夏到秋,銀杏樹葉慢慢變化著,從一樹翠绿逐漸到半绿半黄,而當秋真的來臨時,就全黄了。兩棵金黄的銀杏樹就像秋天的旗幟,為母校又平添了幾分魅力。驟然起風時,風卷起金黄色的樹葉,洋洋灑灑在空中婆娑飛舞,瞬間就會為去圖書館的路面鋪上一層金色的地毯。這時,我會更頻繁地進出圖書館,為的就是感覺一下銀杏葉落下時,走在上面那令人心動的感覺。四季中,我喜歡秋;秋色中,我又以走在秋天落葉裹的感覺為美;當扇形對稱的銀杏葉隨風飛舞,繽紛飄落時,那種柔軟净潔,不會讓人感到秋天的悲哀,卻會讓人特别珍惜眼前那帶著點飄忽的金色。

2012年的早春的一天,我又站在了銀杏樹下。雖然尚有料峭之感,銀杏樹葉也尚未伸枝吐芽,但我卻好像已經見到了那一片成熟的金黄的銀杏葉,好像又回到了敬愛的徐老身旁。

2012年6月18日淩晨

(作者單位:日本花園大學)

① 《南京師大學報》1984年第2期,後為人大復印資料收録。

身教言傳　永銘於心
——徐復先生教誨親聆記

李靈年

徐復先生是南京師大古文獻專業和古文獻研究所的主要創始人，生前擔任研究所名譽所長和古文獻專業主任、名譽主任，並親自主持重點科研專案。因工作關係，我與先生過從較密。我尊先生為師，蒙先生不棄也把我當作自己的學生。每次見面，總是親切交談，悉心指點。我常從先生的全力支持和諄諄教誨中受到激勵，獲得工作、科研的動力。能親炙教誨達二十餘年之久，我深以為榮幸。我常將徐先生的重要談話記録下來，為的是在工作、研究中深入領會。這些珍貴的談話内容非常豐富，現僅將有關做人、讀書、治學等方面的言論摘録十數則，並按時間先後略加梳理，公之於世，以寄託我對先生感激懷念之忱。應當説明的是，因水準限制，先生所言，聽者未必全能領會，加之多為事後追記，難免有誤，惶恐之餘，敬請諸君批評指正。

1995 年 10 月 23 日

下午去見徐復先生，談兩事：一是專業師資建設；一是《文教資料》工作。對中文系，徐先生説，1952 年院系調整時，胡小石先生説："南京師範學院中文系今後要上去囉。"那時老先生如胡小石、羅根澤、陳中凡等都留在南大，而一些中青年教師到了南師。從發展看，南大的教師年齡大了，而南師有發展希望。徐先生講得對，那時徐復先生等都還年輕，到了六七十年代優勢就顯露出來了，南大的老先生相繼過世，而南師教師都正當壯年，水準、陣容相當整齊。徐先生又説："1982 年辦古文獻專業，省教委先找的揚州師院，那裏有任二北先生。後來嫌江北不方便，找到南師。中文系書記説力量不夠,想推辭。我説力量不夠可以想辦法,於是決定接受下來。”

1996 年 1 月 9 日

下午二時,文學院為徐復先生八十五歲華誕祝壽,由丁曉昌同志主持,校内外參加者三十多人,有周勛初先生等十多人發了言。大家送了不少紀念品。我與顧復生、吴錦、陳一民、魯同群共同送了賀聯一幅,由陳一民書寫。發言者一致讚揚徐先生的道德文章。最後徐老講話。他講到訓詁的重要意義,講到治學的秘訣。他有個三字經,曰敏、勤、狠。敏者,勤勉也。(靈年按:《論語·述而》:“我非生而知之者,好古,敏以求之者也。”劉寶楠《正義》:“敏,勉也。言黽勉以求之也。”《漢書·東方朔傳》:“此士所以日夜孳孳,敏行而不敢怠也。”)徐老説,敏,即敏思,機敏,多思考,孜孜以求。做一件事,事前、事後、做事的中間,都要思考、動腦筋。勤,勤快,迅速。韓退之説:“業精於勤。”不勤,不抓緊,放冷了,是做不成事的。勤了,逐漸積累,就有成效。做事不快不行。這就叫不畏艱苦,即時動手。狠,幹一件事要下狠心,不能間斷。决心下了,一直幹下去,絶不休止,否則也幹不成事。徐老談到他的讀書樂趣。他説,讀書有所得,便有樂趣,但要下功夫。讀書要讀懂,不放過不懂的地方。例如讀《陶淵明集》。陶的詩文都好,近人注本也下了力。我讀這些注本,一處也不放過。有些地方注者漏過了,如“惟疑”二字便不注。這裏有一個故事:孔明死後,人們崇敬他,爭相為他立祠,要在成都建立。成都是劉備的地方,怎麼好給孔明立祠呢,所以就有“惟疑”一詞,《三國志》有此詞語。陶為晉人,也用了這詞,但注者忽略了。《漢語大詞典》也未立條目。這話我對吴金華講了,叫他再找找,他很快在《三國志》中找到了這一詞,共三處,就成了一條訓詁的詞目,寫在他的書裏。

馬景侖在發言時談到徐老的訓詁為現代科學鵬務、為愛國主義鵬務的事。例如,美國人在長江裏發現了鱀,即白鱀豚,這在三十年代,美國人以為是他們的發現,有發明權。而徐老在《爾雅》中查出“鱀”一詞,並且指出《爾雅》對“鱀”的描述與今日所見之“鱀”

幾乎一模一樣。《爾雅》是二千五百年前戰國時期的文獻,是在秦漢之間整理而成的類義詞典字書。那時的中國人對此動物已經有了記載,而且詳細描述了其形態特徵,可見這是中國人的發現,應當把它記在我們老祖宗的身上,而不是記在20世紀30年代美國人的賬上,於是以"鱀"命名,曰"白鱀豚"。這是徐老以其學問為現代中國鵬務的體現。

1998年1月30日

同魯國堯同志一起去看望徐老。徐老説,大學教師待遇要改革,復旦試點,搞聘任制。教授月薪五千元,副教授四千元。國堯插話説,教課要多了。徐老説,不能像現在這樣只有三四節課。過去黄季剛先生在中央大學是九節課,月薪三百六十元;在金大兼課九節,一百八十元。但黄先生其實只上六節課,最後三節推故不來了。那時他不過五十歲,精力可以,不過一周上十八節課,也夠累的。

1998年12月28日

上午,看望徐先生。徐老已87歲高齡,但身體硬朗,出席不少學術會議。前些日子許嘉璐同志來看他,公丕祥校長陪同。許説,聽説先生每天還寫兩千字。徐老拿出《尯書校注》清稿給許看。説他堅持寫作,謄清稿子由人用正楷抄寫,七十多萬字,分訂了好幾册,準備拿去出版。徐老又翻出出版商贈他的《傳世叢書》,規模宏大,裝幀精美,定價六萬五千元。徐老為該書主編之一。我翻閲子部小説類,收有《夷堅志》等二十七部,大部頭的代表作都有了。

1999年8月12日 立秋

上午去看徐先生。徐老1912年出生,今年88歲,比鄭異之先生只小幾個月而同一甲子。徐老問及鄭先生情況,知其精神尚好,唯脚腫較重,徐老擔心他的健康。錢玄先生比徐老長一歲,已是九十大壽了。徐老説屆時(秋天)要祝壽,規模大一點,由中文系組織。他(徐老)的情況尚好,只是稍消瘦,仍在忙。可謂孜孜不倦。

徐老説許惟賢幫他搞學術活動,已建立兩個紀念館。又提議為《馬氏文通》的作者馬建忠(1845—1900)在鎮江建立紀念館,已得到鎮江人大的同意。

徐老談到了唐圭璋、段熙仲、孫望等幾位先生。

他與孫望先生同歲,孫先生比他大幾個月。

徐老説唐先生治學已達到爐火純青的地步。他為人厚道。有人批評他的文章,徐老説,你不要著急,是否錯了,還要看,允許發表不同意見。

由金啓華、鄭異之主編的《全宋詞注釋大辭典》印出後,得稿費三萬元,十個人參加分配。唐老、徐老是顧問,徐老見準備付給唐老稿費二百元,自己是六百元。徐老説,《全宋詞》是這部書的依據,他作為顧問,至少給他一千元。我的錢不要,都給唐老好了。主編最後決定唐老和徐老都拿八百元。唐老很高興,差他的女婿向徐老表示感謝。

徐先生説,唐老是老死的,没什麽病。到了晚年,他走路困難,扶著牆走。後來自己不能吃飯,只能由女婿餵飯。去世的時候虚齡九十歲,身體的各個器官都衰竭了。

説到百歲老人李美雲先生,徐老説,她可能為 98 歲,因為年歲大,記不清多少歲了。

尹心田先生 97 歲逝世,他曾做過馮玉祥的少將級司務長。

高覺敷先生也是 97 歲逝世。

談到段熙仲先生,徐老説的最多。徐老説,段老脾氣急,是個急性子。"文革"中他怕揪住他的歷史不放,想不開,要自殺。徐老説他與段的關係較好,就跑到他的家裏勸他要想開,要頂住,不能自殺,因為你有七個孩子,一自殺,會牽連他們,就不好辦了。後來段老熬了過去。在句容農場期間,星期天可放假。段老約徐老到句容鎮上走走,喝杯茶。他們走到南門,有一個老虎灶,那時還没有茶館。坐下來,徐老去買茶葉,没有買到,就買了五毛錢的決明子,泡著一碗一碗地喝。叫紅衛兵看到了,把段老叫了去,説你們居然在一起，談了什麼黑話，要老實交代。段老説，没談什麼，我有一個考據的問題，無書可查，想向徐老請教，就談這事。紅衛兵找到徐老，叫徐老老實交代，徐老説了段老要查找解決的一個問題，别的没説什麼。紅衛兵説，你還老實，就放過去了。如果當時兩個人的話對不上茬，那事就麻煩了。徐老説，人在關鍵時刻，要有人幫助一下，有時只有一兩句話，就可以決定一個人的命運。有的人一時想不開，就説算了，活著没什麼意思，因而自殺的人不少。對段老，我勸他幾句，他就堅持住了。

談到治學，徐老説，要選好一個題目，就這個題目做下去。下功夫讀書，有心得寫成文章，才能有成就。題目不能分散，要集中，不把這個題目做好了不轉移目標。當然根底重要，這也没讀過，那也没讀過，怎麼做學問？

2002 年 1 月 29 日

上午十一時，去看望徐老，湯大民在，相談甚歡。徐老給我們看《黄侃日記》，他指出三百多處錯誤，不少硬傷，不堪看。又談起黄先生的嗜好，一是駡人，二是買書、看書，三是玩，四是吃，吃盡了南京的館子，有什麼 ABC、五六七、六必居之類。吃一次一人大洋一元五，三人所需五元左右。中大不要學費，金大學費四十元。伙食購飯票，八元購中晚飯飯票四十張，可吃四十天，早飯自理。學校附近有不少包飯飯館，約有十家。黄先生等即在所包飯館就餐。説玩，黄先生去玄武湖、雨花臺不下數百次。那時考中大很難，約十取一，金大則三取一。所以他不敢報中大，但兩校教師互通，可以兼課，所以上金大也可以得到中大教師的教誨。

湯大民談了《文學院學報》方針，一繼承，二創新，三找熱點展開爭論，四保留《文教資料》的有關欄目。徐老希望與北京及其他有關方面聯繫，以便組稿。

2003 年 2 月 1 日

下午，與顧復生同志同去看望徐老和金啓華先生，給他們拜

年。徐老談了一個小時,要點如下:

一、要顧復生與他合作搞兩本書。復生説對語言學没有研究。先生説,總可以翻《説文》吧,不會學麽。要留點東西,不能老為人作嫁衣裳。又説,我們倆用的時間相當,我用半年,你也用半年,兩人共同署名。你認真,總可做起來。忙,擠時間,一天兩小時,長此以往,一定會出東西。老顧仍上課,為老年作者改詩詞,佔用很多時間,從未看過一次完整的電視劇。

二、談到張芷先生,讓張與他合作搞《尶書簡譯》以便普及,35萬字,三年完成,兩人署名。張説,《詳注》一般人仍讀不懂。徐老説,可搞語體譯本(指注釋)。顧説,前幾年張先生身體不好。徐老説,什麽身體不好,没有事做就不好。這話令人震動。(靈年按:程子有云:"不學,便老而衰。"可與徐老的話同讀。)徐老九十二歲,仍壯心不已,上個月還説要出個論文集,在上海古籍出版社出版,是最後一本了,今日又計劃出三本,精神似乎比以前好。

三、向我們報告一個好消息:段熙仲先生的書即將出版。今年元月十八號在向陽漁港吃飯時曾就整理出版進展問及魯同群,魯説還有一些困難。徐老説,有什麽困難?有困難就克鵬嘛。段老是一代最長者(靈年按:段先生1897年生),你是他的學生,什麽叫尊師,就是把老師的事當作自己的事,甚至比自己的事還重要,才叫尊師。魯説,缺一篇序言。徐老立即説,我寫,你後天就來取。徐老第二天下午即完稿,次日交魯同群。

又提及葛毅卿先生的《隋唐音研究》,江蘇古籍出版社已出清様,怕出錯,想找人看,找不到適合的人。我們建議找魯國堯看看,徐老説,不能找他,他不同意葛的觀點,也不能找北京的人,王力先生也不會同意葛的説法。葛是從比較學上立論的。又説,出錯怕什麽,什麽書不出錯,大師的書就不出錯?出錯讓别人糾正好了,不要怕。

2003年10月10日

下午去看徐老。徐先生精神很好,拿出段熙仲、葛毅卿兩位先生的專著示我，又拿出姚北樺的文集給我看。前二位先生的書徐老都撰有序言。他看到書印出來，而且精美，非常欣慰。過去不見老友的著作出版，常感愧對，現在總算如願了。段先生的《春秋公羊學講疏》，由魯同群整理；葛先生的《隋唐音研究》，由李葆嘉整理，姚北樺的文集，編輯人為俞潤生。用費由姚老之子姚布點出，花了二萬一千元。

徐老又强調要讀書，還要有做學問的方法。强調要讀有用的書，讀書要選擇，不要浪費時間。無用的事不要去做。現在有競爭，目標要定得高。南大要辦語言刊物，請徐老當顧問，這也是競爭。東大辦詞學刊物，也是與南師爭，王步高敢做，有熱情，把詞刊辦到他那裏也好。曹濟平當主編之一，也合格。

2003 年 10 月 18 日

今日舉辦中文系古文獻專業成立二十周年紀念活動。上午九時半在貽芳館舉行紀念會，徐老發表了長篇講話，約五十分鐘。主要談治學方法，强調與航太事業相比，古文獻是很小的事業，但也有很重要的作用。要學會讀書、讀懂書，不作無意義的爭論，不作無根之談。他舉陶詩“採菊東籬下，悠然見南山”，講兩個版本有“見”、“望”之異，鑒賞者對二字之優劣爭論不休。程千帆先生認為“見”字為好。實際上此句的關鍵在“南山”二字，“南山”既非虛指，亦非實指廬山等地，而是指晉代第一隱逸者所居之處。南山者，指人而非地名，因隱逸之士羨慕之，時隔七十多年，只有可望而不可及了，“望”者嚮往之也。

2004 年 1 月 23 日

下午四時半去看徐復先生。徐先生生於 1912 年 1 月，已 93 歲高齡，他思維敏鋭，健談，和藹可親，對老友情深意長。促成了葛毅卿先生大著《隋唐音研究》的出版。他詳談了出書過程。葛先生 1906 年生，無錫人，曾任四川大學教授，解放後來南師任教，直到 1977 年因肺癌去世。葛先生為人正直。1958 年曾有所謂“交心”

運動,要交出"黑心",樹立"紅心",葛説他没有黑心,硬要他交,他只能説×××同志不要隨地吐痰。人家説這叫什麼黑心,不算數。他又説××同志要學普通話。還不算,他又説,100 號後面有個大水塘,可以養魚,弄得人啼笑皆非。1977 年他病重住院,徐老和趙國璋先生去看望他。那是八月下旬的一個下午,葛先生看到徐老他們,很興奮,問他有什麽話要説,他説了三件事:一是希望他的著作能出版。他抄了三份,珍藏著;二是他的職稱問題,希望能恢復;三是他兒子的撫養事,説他對不起兒子,没有盡到撫養的責任。那時每月給兒子十五元,自己留十元,有肺病,不能多支出,云云,説著已經不能説了。徐老説,出書的事不要急,我們去想辦法。職稱的事現在不是時候,一時難以解決。兒子的事組織上會好好安排的。見他已無精力説話,就告辭了。回來就告訴了陶煥清,陶是黨員,教研組副組長。陶立即向系領導彙報,第二天系總支書記盛思明去看葛,已經不能講話了,第三天上午八時就去世了,享年 71 歲。

徐老説,葛的書稿一直放著,愧對朋友。前年他向出版社推薦,由李葆嘉整理,他寫了序言,終於在今年(2003)出版了。説來也湊巧,葛先生的孫子偶然在電視上也看到《隋唐音研究》出版了,隨即與出版社、整理者取得聯繫,稿費也正好轉交給了葛先生的家人。徐老説,總算了結了自己的一件心事。又提到段熙仲先生的《春秋公羊學講疏》,也是他促成的,由魯同群整理,徐老作序,一起與葛先生的書出版發行。

2004 年 7 月 7 日

上午十時許去看徐老。徐老已有所恢復,但仍瘦,他説近時能吃,消化吸收好,常到古南都買些肉吃,肉很爛,好吃。説他還能做點工作,上下午各睡一小時,起來寫點東西,還有最後一本書,大約有七十篇文章,再補上三篇,即可出版。徐宗文來,説要為他做點事,答應把第八本交給他,保證在半年内印出來。徐老説總共出過八本書,四本是自己寫的,是文集,四本是别人的,自己花了整理工夫,如《爮書詳注》。人在世上,總得留點東西給後人。自己的東西都要是别人没有説過的話,能解決點問題,抄來抄去没有用,流傳不下來。有用没有用要大家公認,有用就會傳下去。説做學問主要要認真,抓住一個問題鍥而不捨,要堅持做下去,一做到底。提到岳麓書社有個負責人葉某,寫成大著《黄侃傳》,四十多萬字,跑了九個省訪問有關人士,仔細查閲資料,終於完成了大作。有新東西,有我們不知道的東西。他有氣魄,有毅力,别人不會跑這麽多地方。為此,我為他寫了序,肯定他的功績。我叫他補充兩件事:一是黄先生的學生范文瀾,史學家,搞《文心雕龍》;一是洪誠,1979年洪先生辦了訓詁班,對學界有貢獻,應該補上。《黄侃傳》的作者都答應並且補上了。章黄學派總算立起來了。這是個學派,不是只有哪個人做了什麽局部工作。學派形成了傳統,有自己的一套。這個學派對中國學術有真正的貢獻,是立起來了。也希望古文獻專業能買一些《黄侃傳》,大家看看,許多事一查就知道了。搞文獻學的都要看一看,人手一册,學生也可發一本。

提到唐老,徐老説他是搞文獻資料的,過得硬。提到徐州師大歷史系的一個女學生為唐老編了年譜,他説真了不起。這事他的學生做不起來,不簡單,我們可以引進南師大來教書。南師這幾年失誤太多,毁了學校。主要是領導不懂,没有眼光,有的是武大郎開店,怕人超過了自己,害了學校。原來學校在師院中有影響的人,人家看得起。南大的老先生多過世了,南師還有一批在世,可以有影響,可惜後來斷了代,没有進什麽人。

談到吴奔星先生,他説,吴先生一生坎坷,生不逢時,幾句玩笑話就被劃成右派,先放到無錫,後又去徐州。回南師後,没用他,連研究生都不讓招,失去了好機會。這是南師又一失誤。吴先生是獨行君,没有助手,所以晚年除了寫文章,别的事做不來,可惜了。南師不懂人才,不知道發揮人才的作用,這是没辦法的事。

2004年9月30日

下午去看望徐老,他精神好,思維清晰,談話流暢,每日上下午睡一小時,然後看報,看電視,並為《晚稿》一書作出版準備。說他出書都有所發明,不然出書幹什麽,說中國古代文字從甲骨文變為篆書,變成隸書時出了不少錯誤,篆書多一筆少一筆就是另外一個字,而作隸書者隨意改動,寫了錯别字。要把隸書的誤寫糾正過來,尋清楚本字的原意,是我們應當做的工作。徐老已寫了幾百條,這是他最後一部書的一個部分,其餘為序言之類的文章,他説年底完稿。

説到千帆先生夫人陶怡老師,已於今年八月去世,四月份還去看她,八月查出為癌症,不多久即去世了。她 1915 年生,享年 90 歲。陶為金陵大學校花,學外交,曾在考試院作外交官,1937 年未能去内地。

又提起湖北鄂州市原秘書長葉建恩先生著《黄侃傳》一事。此書北京已出版,圖文並茂,有五六十萬字。為地方爭光,作者決意為蘄春人黄侃先生立傳,退休後跑了九個省收集資料,拍了大量照片。先後兩次找到徐老,有許多材料徐老是不知道的。徐老説,他是黄侃先生最後的學生,先前的情況包括黄先生的家世,他並不瞭解,但為了幫助葉先生收集資料,他提出希望葉先生再訪兩人,一是范文瀾,他是黄的學生,范過世了,范的資料只要找卞孝萱即可,卞是范的學生,他們共事的時間很長,可提供材料。另一個是黄的學生洪誠,洪誠已於 1979 年去世,他的學生許惟賢有洪的材料,葉後來都收到了卞、許二人提供的材料,所以他對於《黄侃傳》還是有貢獻的。

黄侃為章太炎的學生,擅長音韻、訓詁,又是詞家、書家,擅長篆刻,為國學大師,與章太炎共創學派,後世稱為章黄學派。黄侃脾性甚大,極用功,又喜遊樂、美食,南京的飯店都有其足跡。喜購書,每年購書萬元。又自造房屋花六七千元。教授們常有聚會,詩酒相酬。他們薪金高,又有外快,送錢的人多。

2005 年 2 月 10 日

去向徐老拜年。徐老又談起做學問,説陶淵明詩句"採菊東籬下，悠然見南山”，這“見南山”之“見”字，又作“望”，究竟是“見”還是“望”，是爭論不休的問題。首先“南山”指何處？南山有三，一為終南山，一為祁連山，一為南屏山。陶淵明所言之南山，究竟是指什麼地方？這要看《晉書·隱逸傳》。《隱逸傳》中有翟湯者，比陶潛早五六十年，是著名的隱士。《晉書·隱逸傳》共立傳三十八人，附二人，計四十人，翟湯居第十九人。（靈年按：《傳》云：翟湯，字道深，尋陽人。篤行純素，仁讓廉潔，不屑世事，耕而後食，人有饋贈，雖釜庾一無所受。永嘉末，寇害相繼，聞湯名德，皆不敢犯，鄉人賴之。司徒王導辟，不就，隱於縣界南山。始安太守幹寶與湯通家，遣船餉之，敕吏云：“翟公廉讓，卿致書訖，便委船還。”湯無人反致，乃貨易絹物，因寄還寶。寶本以為惠，而更煩之，益愧歎焉。咸康中，征西大將軍庾亮上疏薦之，成帝征為國子博士，湯不起。建元初，安西將軍庾翼北征石季龍，大發僮客以充戎役，敕有司特蠲湯所調。湯悉推僕使委之鄉吏，吏奉旨一無所受，湯依所調限，放免其僕，使令編户為百姓。康帝複以散騎常侍征湯，固辭老疾，不至。年七十三，卒於家。）從《傳》中可知翟湯為知名隱士，品行高潔，令人敬仰。他隱於縣界南山，因而“南山”便成為翟湯的代稱。詩裏所言“悠然見南山”，即為嚮往翟湯之言。“見南山”不如“望南山”為好。因為“南山”（翟湯）早已去世，是見不到了，而只是嚮往敬仰而已。因而這句詩應為“悠然望南山”。這也是有根據的，宋本《文選》即作“望南山”。後人用“見南山”是誤記了。翟湯為潯陽人，陶潛亦為潯陽人，羡慕老前輩，是意中事。陶潛傳《晉書》、《宋書》、《南史》都有，大同小異。談話時，王希堅在坐。他是徐老的學生，原在江蘇古籍出版社，擔任《中華大典》責編。

2005 年 8 月 9 日

下午去看徐老。徐老精神很好，正坐在沙發上翻報紙。一見面就説他為一本書忙，已完成了，秋天即交徐宗文。徐宗文對他説有書他們（江蘇教育出版社）就出，由王華寶任責編。徐老誇徐宗文不錯，出這種書要賠錢的。徐老説，我寫文章都是為了解決問題,為後人提供方便,没有問題做什麼文章?也有人認為我們為弄清楚一個問題寫了許多文字,有什麼用。他們不知道要真正瞭解古人説的東西,就要弄懂文字,不然便會誤解,理會錯了。我們都是解決疑難問題的。談到方法,徐老説,我們傳統的方法還是有用的。學習外國人的方法是對的,但不能丢掉中國的。方法中國人用不過外國人,但外國人隔一層。漢學家有好的,但總趕不上中國人。"五四"批判國故,學習西洋,真正能站住的人不多。胡適、梁啓超還好,站得住,連聞一多都不行。讀書要好好讀,一般的書不解決問題,要看經典的。讀書做學問,不能為名,為名就留不住名了。陶淵明説,有當世名有後世名,凡是追求當世名的,就不會流傳,不會長久。陶淵明不追求當世名,他便留下了後世名。現在動不動就寫書,一年出兩本,我没這個本事。十年出一部書就不容易了。為早出名,粗製濫造,敗壞了環境,敗壞了風氣。學問是要大家做,一個人能力有限。一個題目,一個問題,大家可以同時做,互相幫助,互相鼓勵,不能搞個人壟斷,搞一言堂。

(作者單位:南京師範大學文學院)

道德文章　山高水長

——緬懷徐復先生

謝秉洪

時光倒流回到2006年7月25日，上午8點多鐘，我和文學院諸多同事正在新疆石河子廣場遊覽，突然接到院辦葉建軍主任的電話，告知敬愛的徐復先生已於昨日21時55分仙逝，噩耗傳來，我的腦海頓時一片空白；待回過神來，隨即向帶隊的潘大春副院長做了簡單彙報，而此時心中亦平添了許多惆悵，為自己不能在徐老彌留之際見上一面失落不已。好在後來及時趕上了追悼會，總算能夠恭送徐老最後一程，心中纔稍稍平復了一些。時間過得飛快，轉眼之間徐老離開我們已經有5個多年頭了，今年適逢徐老誕辰100周年，我們古典文獻專業決定舉行專題紀念暨學術研討會，作為與徐老有著20餘年師生友誼的老學生，此時此刻，我覺得有許多話要説，卻又不知從何説起，有時半夜裏想起徐老，往事悠悠，心潮起伏，久久不能成眠。我聆聽過徐老的授課以及諸多講座，去徐老家問過學、聊過天，編發過徐老研究專輯以及不少徐老的文章，卻從未親自寫過關於徐老的文章。對於徐老的古道熱腸，徐老的學術貢獻，許多師長曾著有專文介紹，遠非我倉猝之間所能表述，在這裏我就不想多饒舌了。至今我仍然清楚記得原南京師範大學中文系古文獻專業主任、古文獻整理研究所所長、《文教資料》主編李靈年先生在《熱心古文獻整理事業的徐復先生》一文開篇中説過的一段話："南京師大的古文獻研究所，中文系的古文獻專業，還有《文教資料》雜誌，都與徐復先生有著十分密切的關係。為這些事業，他傾注了許多心血。"李老師在文章中盛讚"徐老是我們事業的支柱"，而我作為上述三者中曾經的一分子，深有同感。1983年9月，我進入南京師範學院中文系古文獻專業學習，當時的專業主任就是徐復先生,徐老作為專業的主要創始人,雖年逾古稀,仍率先給我們本科生上課並開設各種學術講座;1987 年 8 月,我本科畢業後留校來到古文獻整理研究所工作,徐老是名譽所長,親自主持了所裏的許多重點項目,對我們年輕人體貼倍至;1992 年 5 月,我轉崗到《文教資料》編輯部主持"古籍整理與研究"專欄,徐老既是雜誌的忠實讀者與作者,更是雜誌的熱心呵護者;2002 年 5 月,我離開剛剛改版的《南京師大文學院學報》編輯部,重新回到文學院古文獻專業任教,此時徐老是專業名譽主任,同時也是專業的靈魂,可以説,徐老始終是我們事業的領路人。因為學習和工作的關係,我有幸在徐老晚年與其相交長達 20 餘年,時常耳提面命,教誨諄諄,留下了許多難忘的回憶。往事不再如煙,在這裏,我只想通過自己的點滴親身感受來緬懷徐老,心香一瓣,以誌紀念。

"朋友嘛,寫個序!"

徐復先生是南師大中文系的名教授之一,學問淵博,高山仰止,因此在本科求學階段,我和同學們更多的是對徐老的崇拜,而這種崇拜頗有些與衆不同:除了認真學習、揣摩徐老的文章外,還經常模仿徐老的口吻及某些話語。記得我們八三級古文獻班的男同學們聚在一起聊起徐先生時,模仿最多的一句話就是:"朋友嘛,寫個序!"這句帶有濃濃常州鄉音的話,是徐老的常用語之一,時隔 20 餘年,如今仍然時常縈繞在我的耳畔,就好像徐老從未離開我們似的。徐老一貫與人為善,把幫助别人作為自己最大的樂趣,而"寫序"則是其中很重要的一環。對於文學院的同事以及自己的學生、朋友等,徐老自然是獎掖有加,樂於作序以資鼓勵;而學術界的一些晚輩,徐老認識或不認識的,只要約請徐老審文作序,徐老也是有求必應,從不藉故推脱。衆所周知,要把序寫好,須花費很多功夫,絶非易事。因此,不少人寫序根本不肯認真審文,只作皮相之談,或不吝溢美之辭,極盡吹捧之能事,甚或鬧出笑話!而徐老作序,絶無半點馬虎之意,除了總結論著特點加以鼓勵之外,還常常提出一些問題進行探討，記人之善，推人之長，更多地體現出一種“疑義相與析”的樂趣。做到這一點，與徐老的博大胸懷是分不開的，事實上，只要是向學之人，徐老都以“朋友”待之，這讓許多素昧平生的晚輩享受到學生的待遇。徐老曾被外省的訓詁學界朋友譽為“江蘇訓詁界心腸慈悲、急人危難的‘老佛爺’”，是“江蘇語言學界的福氣”，我深感其言非虛，而我常常想，徐老又何嘗不是具有孔子風範的教育家呢！徐復先生的老朋友、原中國訓詁學研究會會長陸宗達先生在其所著《訓詁簡論》一書中對《論語》開篇首章“學而時習之，不亦説乎！有朋自遠方來，不亦樂乎！人不知而不慍，不亦君子乎”做了全新的闡釋，認為“這一章就是孔子自述定公五年整理詩、書和制定禮、樂，教育學生的心情的……所以編輯《論語》者把這段話放在《論語》的篇首是有其用意的”，其中特別指出：“‘有朋自遠方來’是指‘弟子彌衆，至自遠方，莫不受業焉’説的。先秦時代稱學生為‘朋友’，如《孟子》中所説的‘朋友’，有的就是對學生的稱謂。”而徐老亦常常把“朋友”掛在嘴邊，樂於助人，或許與此不無關係。徐老一生寫過的序不下百篇，我個人知見的，僅《文教資料》雜誌就刊發了近 20 篇，謹臚列於下，以見大概：《春秋左氏傳舊注疏證續》序(1983:2)、《瓊花新證》序(1984:7、8)、《論衡舉正》序(1985:2)、《經傳釋詞》序(1985:3)、《語言文字學叢稿》前言(1987:2)、《高郵王氏研究論叢》序言(1987:5)、《三國志校詁》序(1988:3)、《中國的紀時》序(1990:2)、《古漢語通假字典稿》序(1993:4)、《江蘇舊方志提要》序(1994:1)、《中國傳統語言文字學》序(1996:5)、語壇奇書 再創輝煌——《中國語言論》序(1997:2)、《萍蹤漫記》序(1998:3)、《段注訓詁研究》序(1998:3)、李開《戴震語文學研究》序(1999:1)、《史記文獻學叢稿》序(1999:5)、《〈春秋〉經傳研究》序(2000:2)、湯國梨先生《影觀集》專輯(一)前言(2000:4)、《洪誠文集》序(2000:6)等。徐老高足、業師吴金華先生曾舉《蜀志・龐統傳》“拔十失五，猶得其半”一語以探徐老作序獎掖後學之意，堪稱神來之筆！記得 1996 年暑假我陪同學陳其弟兄去拜訪徐老，在徐老家聊到“寫序”的話題，徐老説經常寫序有不少好處,而好處之一就是有不少作者贈書可以轉送給朋友,説完就將他主編並寫序的《江蘇舊方志提要》一書贈給我們,同時又將徐超所著《中國傳統語言文字學》一書精裝本送給我。説實在的,這種"好處"對徐老而言根本算不了什麽,而在書價飛漲的上世紀 90 年代,得到名教授贈書無疑是我輩讀書人的幸事之一! 2006 年暑假,我原本打算在博士論文《漢書考校》的基礎上撰寫《漢書校議》一書,年前亦曾就此事多次向徐老求教,徐老鼓勵我好好幹,説等到書稿完成後一定幫我寫個序,使我頗受鼓舞! 遺憾的是,由於我生性慵懶,書稿遲遲未能完成,而徐老在當年暑假即駕鶴西去,今生再無可能請徐老寫序了。

"最近在看什麽書,坐下來談談!"

如上所述,在讀本科時,我們對徐復先生更多的是高山仰止式的崇拜,與徐老親密接觸的機會不多。畢業留校到古文獻整理研究所參加工作後,與徐老的交往纔漸漸多了起來。南京師大古文獻所成立於 1984 年,它是江蘇省高教局批准建立的專職科研機構,同時承擔江蘇省古籍整理領導小組秘書處的工作,如今秘書處的牌子還在古籍所珍藏著。古文獻研究所開辦伊始,著名文獻學家、原南京師範大學圖書館館長趙國璋先生擔任代所長,徐復先生擔任名譽所長並兼任省古籍領導小組顧問。衆所周知,上世紀 80 年代初,我國古籍整理事業剛剛恢復,古籍整理與研究人才青黄不接,困難重重。作為老一輩的學者、導師,徐老在為中文系古文獻專業建設與發展盡心盡力的同時,對古籍所發展及其人才培養亦作出了獨特的貢獻。所裹的許多重點項目都是由徐老親自主持的,如《廣雅詁林》、《高郵王氏四種》、《清經解選刊》、《〈訄書〉詳注》等。其中的《廣雅詁林》因取材詳贍,又請金壇縣書法名家工楷抄寫,影印出版後立即受到廣泛的重視和好評,有學者譽之為"當代的《四庫全書》",而南京大學程千帆先生則稱之為"功德無量"之舉。對這些榮譽,徐老看得很淡,而我們則從心底裹為他感到無比高興。我因為參加了趙國璋先生主持的《文獻學辭典》、《江蘇藝文志》等項目，對徐老主持的項目，只參加了其中的《清經解選刊》一項，負責武億《群經義證》的點校工作。清代學術鼎盛，而徐老選定的又大多是名家的經典之作，經過實戰訓練，我們年輕的同志均感到受益匪淺。而更為關鍵的是，我們有了隨時向徐老請教的機會。不過，雖然平時已與徐老熟稔，以前亦曾跟隨老師去過徐老家中，但當我第一次單獨到徐老家拜訪時，心中還是不免有些緊張，拘謹得有些不知所措，而徐老親自給我遞茶讓座，一句"都是朋友哎，坐下喝茶"的親切話語，讓人有如沐春風之感，由此接談甚洽。徐老作為一個國學名家，在後輩眼中地位很高，但他從來不擺"名家"的架子，凡是與徐老有過接觸的年輕人，都無不為其和藹可親、謙虛熱忱所傾倒。每次去徐老家，徐老總要關切詢問我的學業和生活。徐老常常會興致勃勃地説這樣一句話："最近在看什麽書，坐下來談談！"簡單的一句話，體現出對後輩小子的殷切期待，讓我感念至深。徐老每天都要看書、寫文章，到了晚年仍筆耕不輟，幾乎一年出一本專著，簡直讓我們佩鵬得五體投地。徐老經常鼓勵我們多讀書、多思考，説只有讀書多了纔能有所發現，亦即"讀書得間"；而一旦有了發現，就可以嘗試寫點東西發表，當然文章一定要注重求實、創新，不能説空話、假話，更不能隨便批評他人。每當徐老問起這些話時，如果我事先準備了問題，就會迅速把自己近期的一些不成熟想法和盤托出，虚心求教，而徐老必定也會耐心地為我解疑釋惑，指點讀書治學的門徑；如果恰巧有一陣没怎麽看書，我便會惶恐得很快無話可説，這時，徐老亦不甚批評，只是叮囑"書要天天讀，不要荒廢了"，説的最多的，還是鼓勵的話。那個時期，除了去徐老家問學，我還經常到錢小雲先生家坐坐，或問學，或聊天，同樣相談甚歡，當然，與徐老不同的是，錢老别有另一番風採。我身邊有好幾位同學、師長、朋友都有類似的經歷和感受，只要有一陣子没去老先生家，老先生就會帶話過來邀請，這時大家都恨不得立即就去，但卻又常常遲疑怕去，原因很簡單，倒不是怕徐老、錢老批評，而是擔心自己看書不多，底氣不足罷了。前輩學者的治學方法是行之有效的,徐老、錢老讓我學到不少知識,亦讓我學到一些做人的真諦,遺憾的是,我迄今為止仍没有做出什麽成績,辜負了徐老、錢老的殷切期望,時常覺得愧對師門。每當想起徐老"最近在看什麽書,坐下來談談"的話,我便經常會汗發於背,但信心亦隨之陡增,對古文獻研究事業又多了一份執著和追求。

"我寫文章不為拿稿費,只是告訴别人我還活著!"

《文教資料》雜誌創刊於 1972 年,作為一本文史資料性刊物,它一面世後就受到學界的廣泛歡迎,但刊物本身卻風雨飄摇、一路坎坷。到了 2001 年 12 月 15 日,這一被學界稱作"原湯原味"的學術刊物走過 30 個春秋,連續出版 258 期,終於畫上一個句號,另作他用去了!從上世紀 80 年代中期開始,《文教資料》雜誌就掛靠在古文獻整理研究所,所以,當我在中文系古文獻專業本科學習期間,便與該刊物結緣了;專業裏常常給學生分發新出的刊物,人手一册,羨煞其他專業的同學,可以説,《文教資料》是我們最早接觸到的學術雜誌之一。1992 年 5 月,由於人事變動,編輯部缺編,時任《文教資料》常務副主編的張留芳老師(已故)約請我主持該雜誌"古籍整理與研究"專欄,因為當時學校已經停撥辦刊經費,編輯部除了自籌經費外,得到了全國高等院校古籍整理工作委員會的專項經費資助,作為回報,編輯部非常重視"古籍整理與研究"(後改為"國學鉤沉")專欄,邀我加盟的本意也是為了加强專業特色,這無疑給從事古文獻整理研究者帶來了福音。所以,當張老師和李澤平老師(時任編輯部副主任)找我談話時,儘管我早就知道刊物辦得步履維艱,但出於對古文獻整理研究事業的熱愛,没有多想就答應了,而且從此一幹就是 10 年。我調到編輯部的時候,《文教資料》雜誌已經整整走過了 20 個年頭,而此後的 10 年也是《文教資料》雜誌經歷陣痛的特殊時期。由於刊物本身不盈利,故雖有古委會的經費資助,辦刊經費卻一直不寬裕,加上學校裏老有某些"砍掉"刊物的論調與呼聲,造成《文教資料》經常面臨停刊的尷尬境地。在編輯部工作期間,我和徐老有了更多的接觸,對徐老給予《文教資料》雜誌的諸多關懷感同身受。雜誌主編李靈年老師常說:“這個小小刊物之所以能夠這樣長命,是與校內外許多熱心人的大力扶持分不開的。在這些熱心人中,徐老也有一份功勞。”的確,徐老給予《文教資料》雜誌的支援和幫助太大了,他時刻關心刊物的命運,熱心為刊物組稿。徐老身體力行,不但把自己的一些舊作經過修訂刊發在《文教資料》上,同時堅持將很多新作放在《文教資料》上首發,真正從實際行動上對刊物予以支持。除了上面提到的近20篇序文之外,先後刊發的學術論文還有《古漢語知識的綜合運用》(1986:2)、《校勘學中之二重及多重誤例》(1986:4)、《〈老子〉“唯之與阿”正解》(1994:5)、《〈顏氏家訓〉補箋》(1995:1)、《我與外國高級訪問學者》(1995:6)、《鳴謙室讀書劄叢》(1996:1)等。我作為後期的責任編輯,曾親歷其事,深知其中的甘苦。而每當刊物出現困難時,徐老就會非常著急,到處為刊物宣傳,竭力向有關領導反映,想方設法幫助編輯部走出困境,千方百計讓刊物生存下去。《文教資料》原先是月刊,後來因為經費緊張,改成了雙月刊。有一陣,編輯部由於辦刊經費奇缺而暫時停發了作者應得的稿費,當我們就此事與徐老溝通時,徐老不但毫無意見,還表示可以個人捐一些錢資助辦刊,臨了不忘鼓勵我們說:“没有錢,一年辦四期、兩期也是好的,只要能繼續辦下去就行了。”寬慰的話語暖人心腸,使編輯部全體同仁深受鼓舞,直想大呼:“理解萬歲!”後來情況好轉,決定補發稿費,當我把微薄的一點稿費送給徐老時,徐老説的一句話,至今我仍記憶猶新。徐老説:“我寫文章不為拿稿費,只是告訴别人我還活著!”多麽質樸無華的話語啊! 徐老早年因訂補《秦會要》一書而蜚聲學壇,享譽日久,時過境遷,常常被一些晚輩或不熟悉的人誤認作“近人”。我想,徐老如此説話肯定是有感而發,但其淡泊名利、不計個人得失的高尚情操,於此亦可見一斑。南師大熟悉徐老的人常常稱讚“徐老不老”,上世紀90年代,徐老雖然年逾80高齡,仍然精神矍鑠,健步如飛。中大樓前有數十級臺階,而徐老竟能不杖而行,拾級而上,如履平地,折鵬過許多在場親見的年輕後輩。大多數情況下,徐老在《文教資料》上發文章,都是親自將稿子送到編輯部,我曾多次善意提醒他,可以打個電話讓我去取,而徐老總是樂呵呵地說:"没有什麽了不起,我一個人可以的。"當時的《文教資料》編輯部位於校内東 2 樓二樓,後來搬至 600 號二樓,因為都是木地板,所以每當徐老上樓時,樓梯口就會傳來"咚咚"的脚步聲,聽到這急促而有力的脚步聲,我們馬上便能猜到是徐老駕到了,趕忙出去迎接,且多數時候不會落空;而每次徐老離開時,總説自己一個人走没問題,還經常執意不讓我們扶送下樓。這就是我們可親可敬的徐復老先生!

東拉西扯寫了這麽多文字,自感大多數仍屬耳熟能詳的老生常談,似乎可以就此擱筆了,但我突然覺得還有一件事必須在最後補敘一筆。徐老是章黄學派的傳人,他對章太炎、黄季剛兩位大師感情很深,幾十年來一直嘔心瀝血地研究、闡釋他們的著作,薪火相傳,發揚光大。徐老四易其稿、費時 20 餘年完成的《〈訄書〉詳注》一書便是明證。該書多達 80 萬字,使章太炎先生這一集哲學、宗教學、社會學、語言文字學、歷史學於一體,中西合璧,博大精深,但文字古奥、閲讀維艱的著作,從此有了一個可以信賴的讀本,這也是很多人都知道的事。而徐老對太炎夫人湯國梨先生詩詞集的整理與出版一事,恐怕知道的人不是太多。湯國梨先生一生寫下了上千首詩詞,她的一些作品,特别是詞作,受到夏承燾先生等詞學大家的讚譽和推崇,解放前後雖有兩個油印本,但流傳很少。湯國梨先生生前一直想將所有詩詞結集出版,使之與人們有更廣泛的交流,卻始終未能如願。徐老對這位"太夫人"崇敬有加,曾向湯國梨先生承諾代為付梓。2000 年 2 月,徐老不顧已近 90 高齡,決意兑現承諾,完成太夫人的遺願。他先將部分《影觀詞》手稿交給《文教資料》編輯部,在雜誌上分期刊發;後來,又讓湯大民老師在太炎先生嫡孫章念祖、章念馳、章念祥的幫助下,與《影觀詩稿》等合編,結集為《影觀集》,作為《文教資料》特輯於 2001 年 5 月出版。《影觀集》能夠順利出版,與徐老的長期努力分不開,徐老為此付出了許多辛勤勞動。由於原稿塗損及其它原因,專集整理時,缺字和失韻的情況時有發生，而徐老對每一個細節，從不輕易放過，體現了他那注重求實的一貫作風。我有幸參與了《影觀集》的編輯工作，耳濡目染，對徐老這種尊師重諾以及篳路藍縷、嚴謹求實的治學精神感觸頗深。徐老是當代學人的楷模，他留給我們的不僅僅是那些考證精詳、名聞四海的宏文巨著，更多的是一種寶貴的精神財富，徐老永遠活在我們心中！

2012年3月5日記於高教新村寓所

（作者單位：南京師範大學文學院）

學習徐復教授《章氏〈成韻圖〉疏證》

李　開

章炳麟(1869—1936)著論的《國故論衡》(1910/1912/1919)中載有《成均圖》,對其古韻分部(章氏分上古韻二十三部)和古韻通轉立下圭臬。應該説《成均圖》本圖不難讀懂,但學習了徐復(1912.1.8—2006.7.24)教授的長文《章氏〈成韻圖〉疏證》[①](1977.10/1990.6)後,可加深理解,做到韻字落實,韻轉有據,音理明確,祛魅存真。

一　徐注的體例和比較之法

徐注一開頭就以"説明"為子目,並在注釋文字中具體説明,即在版本上,將作者所依據的《國故論衡》上卷小學十一篇中的第二篇,浙江圖書館《章氏叢書》重刻本,與收入《文始》(1910/1919)中的《成均圖》作了對照,指出其相異處。緊接著,以"諸家評論"為子目,引用了胡以魯、黄侃、錢玄同、王力、楊樹達五家評述,作為繼續研究的起點。繼而列出章氏韻目表、紐目表,並用章氏《菿漢微言》的説法、王力《漢語音韻學》、黄侃《音略》來注釋章氏二表。以上: 版本所據及版本異同、各家研究成果,通謂之版本依據、前人成果兩大塊,是徐注的總例,可視作導言部分。多年後,我們見到郭誠永(1913—1998)著《〈國故論衡〉疏證》中的上卷語言文字之學

① 徐復《章氏〈成韻圖〉疏證》,見載《徐復語言文字學叢稿》,江蘇古籍出版社 1990 年 6 月版。拙文引用徐老的話,皆採自徐著《章氏〈成韻圖〉疏證》,不另一一説明。

十一篇的疏證[①]，郭氏撰寫的《成均圖》疏證題解，相當於徐注總例，近代引黄侃、胡以魯，未及王力等，郭疏全書亦未見引，立足於清代古音學至黄侃止，一定程度上影響了郭疏的科學性。

徐注又引章氏將《成韻圖》音轉説與孔廣森《詩聲類》裏的陰陽對轉説作了對照研究，章氏與孔廣森的對比很值得重視，可謂之始源性對比研究。如要知道孔、章分部及各自的韻轉比較，可由下列兩表看出。

孔廣森分古韻為九陰九陽十八部如下（表一）：

陽聲		陰聲	
1	原（元）	10	歌
2	丁（耕）	11	支
3	辰（真）	12	脂
4	陽	13	魚
5	東	14	侯
6	冬	15	幽
7	綅（侵）	16	宵
8	蒸	17	之
9	談	18	合（葉）

章炳麟分上古韻二十三部，排列如下（表二）：

<table>
<tr><td>陽聲</td><td colspan="2">寒（元）</td><td>真</td><td>陽</td><td>侵</td><td></td><td>冬</td><td colspan="2">諄（文）</td><td>青</td><td>東</td><td>蒸</td><td>談</td><td></td></tr>
<tr><td>（含入聲）</td><td colspan="2"></td><td></td><td></td><td></td><td>緝</td><td></td><td colspan="2"></td><td></td><td></td><td></td><td></td><td>盇</td></tr>
<tr><td>陰聲</td><td>歌</td><td>泰</td><td>至（術）</td><td>魚</td><td colspan="3">幽</td><td>隊</td><td>脂</td><td>支</td><td>侯</td><td>之</td><td colspan="2">宵</td></tr>
</table>

---

① 章太炎撰，龐俊、郭誠永疏證《國故論衡疏證》，中華書局 2008 年 6 月第 1 版。其中上卷語言文字學的疏證為郭誠永著，中卷文學與經學、下卷哲學與諸子學的疏證為龐俊著。

由以上二表看,兩家在歌/元、陽/魚、冬/幽、東/侯、蒸/之五大音轉相同。如要在《成韻圖》上驗證章氏韻轉,可知表與圖一致。《成韻圖》如下:

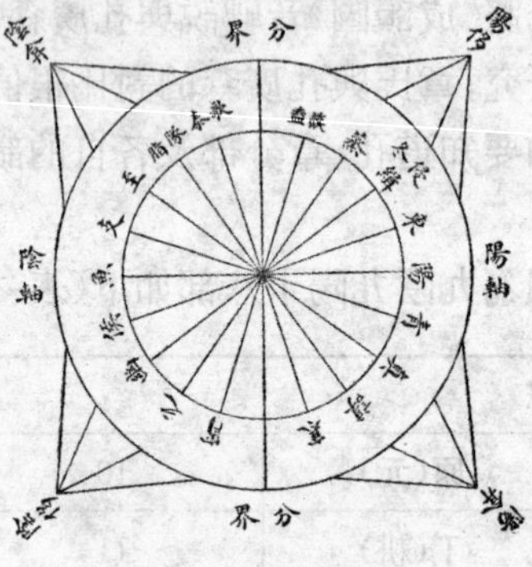

二部同居為近轉;
同列相比為近旁轉;
同列相遠為次旁轉;
陰陽相對為正對轉;
自旁轉而成對轉為次對轉;
近轉、近旁轉、次旁轉、正對轉、次對轉為正聲;
雙聲相轉,不在五轉之例為變聲。①

對照表二與圖,後者是對前者的全覆蓋。由古韻分部而製表,還是通行的做法,畫出成韻圖,則是大的創新。成韻圖不僅能看出音轉,而且能直觀地解釋音轉的類型。如歌、泰,脂、隊為近轉,魚、侯,真、諄為近旁轉,歌、脂為次旁轉,魚、陽為正對轉,蒸、侯有可能構成次對轉,如此等等。很值得注意的是,徐注在引章氏孔、章對比文字時,引用王力、黄侃糾正章氏兩處,以科學的求實精神推進學術。章氏"紐目表喉音:見、溪、群、疑,牙音:曉、匣、影"徐注引王力《漢語音韻學·本論中》裏的説法,指出章氏的區分"與普通的説

① 此圖及圖旁説明依據《文始》修改本,原有"陰聲陽聲雖非對轉,而以比鄰相出入者,為交紐轉","隔軸聲者不得轉,然有間以軸聲隔五相轉者,為隔越轉"兩條,至此章氏已删,然增"雙聲相轉,不在五轉之例為變聲"一條。

法相反”,即見溪群疑是牙音(舌根音),曉匣影是喉音,章氏弄顛倒了。後來章氏在《文始》中又將見溪群疑改稱深喉音,曉匣影是淺喉音,又給弄顛倒了,徐注引王力説“仍不合語音學原理”,“因見組並不比影組更深”。而黄侃“在這一點遠勝其師,因他稱‘影喻為深喉,見溪群疑曉匣為淺喉’”。

又章氏紐表以“照精穿清床從審心禪邪”為齒音,也很粗疏。徐注:“黄先生《音略》依據陳澧《切韻考》對於正齒音的分析,把原來的照穿床審禪五母,分為九類,即正齒音五母當中,再分出莊、初、神、疏四類,並把莊、初、神、疏四類與齒頭音精組成為古聲裏的齒音,又把正齒音其餘五類照穿床審禪,分歸於舌音之下,對《韻目表》作了有益的更正。”徐注這裏説的是指黄侃分出照二和照三,黄侃古聲十九紐齒音類正是把舌尖前齒音即齒頭音“精清從心”作為古本聲,把照二作為古本聲的變聲,黄侃用的紐名是“莊、初、床、疏”[①]。至於照三,就是徐注説的“正齒音其餘五類照穿床審禪”,黄侃今聲四十一紐舌音類收之,用的名稱是“照、穿、(神)、審、禪”[②]。黄侃的照三名稱與照系同,故往往把照三稱作照組,不免與原來的正齒音五母相纏夾,雖然照三與中古照組音值同。但黄侃分成照二本來就是在中古音照組的基礎上作業的,分出照二,餘下的當然就是原照組的剩餘部分仍是照組,即照三。後來,趙元任在《方言調查表格》中也是在陳澧《切韻考》的基礎上,把中古 41 聲紐分成 4 系 12 組,其中知系内含的莊組、章組,是從舌面前正齒音“照 tɕ 穿 tɕ’床 dʑ 審 ɕ 禪 ʑ”分出來的,趙的莊組(照二):“莊 tʃ 初 tʃ’崇 dʒ’生 ʃ”;趙的章組(照三):“章 tɕ 昌 tɕ’船 dʑ’書 ɕ 禪 ʑ”後人多從趙的紐名,崇紐或名神紐,生紐或名山紐、疏紐。值得注意的是,王力上古紐表以“莊初床山”即照二與精組作為上古齒音,以“照穿神審禪”分出照二後餘下的照組亦即照三(當然是中古的照三,但應當説這是上古的照紐三等字,與趙元任的章組在音史理念

① 黄侃《黄侃論學雜著》,上海古籍出版社 1980 年新 1 版,第 74 頁。
② 黄侃《黄侃論學雜著》,上海古籍出版社 1980 年新 1 版,第 65 頁。

上應有不同)與端組同為上古舌音[①]。在這次《辭源》修訂中,《〈辭源〉第三版修訂手册》規定:"《辭源》原本標為莊、初、床、山的,一律改為照二、穿二、床二、審二;《辭源》原本標注為'照、穿、神、審'的,一律改為照三、穿三、床三、審三。"[②]而没有採用趙元任莊組、章組的術語,從王力上古紐表、《辭源》二版術語、《辭源》第三版修訂手册規定用語看,徐注用黄侃音韻學術語注改章氏的做法,有很大的魅力。

二　徐注中的現代音理

徐注的解釋,一重音理,二重字例。在音理方面,徐注引章氏《成韻圖》所分列的三類:

一類是侈音,章説:"印度以西以半摩字收之。"徐注:印歐語收 - m。可知徐老上世紀七十年代早、中期已能用古韻構擬的眼光來觀察上古音值。如孔氏、章氏都有的談、蒸、侵、冬、東,章氏"名曰撮唇音",徐注:"今稱雙唇鼻音。"今天一般分别構擬成 - am、- əŋ、- əm、- uəm、- oŋ,可知雙唇鼻音 - m 與軟齶鼻音 - ŋ[③] 在所舉出的"談、蒸、侵、冬、東"五部中尚有區分的必要。徐著引章氏探討音轉的音理,章説"古音蒸 - əŋ、侵 - əm 常相合互用,東 - oŋ、談 - am 亦常相合互用",並説"以侵、談撮唇,知蒸、東亦撮唇"。如前所説,應區分雙唇鼻音 - m 與軟齶鼻音 - ŋ。章説的兩個"相合互用"從成韻圖看,無問題。從音理上看,是蒸、侵有相同的主要母音 - ə,東、談有相近的主要母音 - o、- a,與尾音無關。

① 王力《同源字典》,商務印書館 1982 年版,第 18 頁。

② 何九盈、王寧、董琨《〈辭源〉第三版修訂手册》,2011 年 7 月版,第 111 頁。

③ 軟齶鼻音的名稱從黄笑山譯稿,曹劍芬審定的《國際音標》,載《南大語言學》第二編,商務印書館 2005 年版,第 281 頁。郭錫良則將 - ŋ 稱為"硬軟齶間鼻音",見《漢字古音手册》(增訂本),商務印書館 2010 年 8 月第 1 版,例言第 3 頁。

從字例上看，蒸、侵通轉，王力曾舉出語氣副詞“曾 dzəŋ：憯（朁）慘 tsəm”説明之，並引《左傳·昭公二十年》“慘不畏明”注“慘，曾也”以證之[①]。章氏還推出東、談的音轉，説：“東談亦常相合互用。”實際上這樣的例證很難找到，幾近於無。此外，章氏把談、蒸、侵、冬、東部叫作“侈音”，這完全是沿用《成韻圖》本圖裏的説法。由圖可見，章氏以“東－oŋ、冬－uəm、侵－əm、緝－əp、蒸－əŋ、談－am、盍－ap”為“陽侈”。從音理上看，也有一定的道理，因為這些韻部的主要母音都是開口度大的音，故謂之“侈”。

第二類是弇（奄、掩）音，章氏“印度以西以半那字收之”，徐注：“印歐語收－n。”這當然也是用古韻構擬的眼光來觀察音值。如章氏青（孔氏合於耕部）、真、諄（文部，孔氏合於真部）、寒（元部），章“名曰上舌鼻音”，徐注：“今稱舌尖鼻音。”即通稱的鼻音或齒齦鼻音。從章氏的舉證看，孔、章對比研究在邏輯上首先是立足於《成韻圖》的。今天這四部一般分別構擬成－eŋ、－en、－ən、－an，可知鼻音－n與軟齶鼻音－ŋ在章氏所舉出的“青、真、諄、寒”四部中尚有區分的必要。章氏把青、真、諄、寒部叫作“弇音”，也是沿用《成韻圖》裏的説法，由圖可見，章氏以“青－eŋ、真－en、諄－ən、寒－an”為“陽弇”。不過，從音理上説，就很難落實了。從主要母音看，也是開口度較大的音，只是收尾為－ŋ、－n是陽聲。徐注既沿用章氏術語，又作若干新的對應，可謂持術語史一貫説和發展説，有重要的音史文獻和音理價值。

第三類是軸音，章氏“印度（以西）以姎字收之”，徐注：“姎字，即收 ng 韻尾。”－ng 韻尾即軟齶鼻音－ŋ。章氏從發音方法上對“軸音”作了詳細描寫：“不待撮唇、上舌（即與－m、－n不同），張口氣悟（牾，逆），其息自從鼻出，名曰獨發鼻音。”獨發鼻音，徐注：“今稱舌根鼻音。”與－m、－n在發音方法上的對比，章氏作發音方法的描寫性説明：“夫撮唇者，使聲上揚，上舌者，使聲下嘽。”並説，－m、－n“既已乖異，且二者非故鼻音也，以會厭之氣被閉距

---

① 參見王力《同源字典》，商務印書館1982年版，第317頁。

(閉拒,成阻)於脣、舌,宛轉趨鼻以求渫宣(宣洩),如河決然”。這是説雙脣鼻音 - m 與齒齦鼻音 - n 的發音方法,“獨發鼻音(- ŋ)則異是”。“會厭”尚需確指,徐注:“會厭軟骨,在喉間氣管上,吞咽食物時,會厭遮蓋喉的入口,防止食物進入喉內。”今通稱喉蓋。徐注對發音器官的注釋準確而具體,與現代語音學對發音器官的描寫性敘述一致。章氏還將 - m、- n 叫體文, - ŋ 叫聲勢,徐注:“體文,即紐,聲勢,即韻。”並引章氏《音理論》用《一切經音義》“稱梵語阿等十二字為聲勢,迦等三十五字為體文,聲勢者韻,體文者紐也”,梵語音表悉曇有 14 個母音,33 個輔音,可謂以輔音為紐,母音為韻,同漢語,疑母(ŋ -)作聲紐是個複雜問題,戴震有過專門研究,徐注申述章氏以 - m、- n 為體文之聲紐, - ŋ 為聲勢之韻部,是很可取的。反切的發明,等韻圖的製作,晚近梵漢對音研究,基點皆緣此。

三　徐注中的音例疏證

在具體涉及韻部的音轉時,第一步,章氏立足於陽部、魚部説之。陽部逆時針走向陽侈,有轉東部、侵冬部、蒸部、談部;順時針走向陽弇,有轉青部、真部、諄部、寒部。魚部逆時針走向陰侈,有轉侯部、幽部、之部、宵部;順時針走向陰弇,有轉支部、至部、脂部、隊部、泰部、歌部。此外,由陽部而及寒泰對轉、談宵對轉,由魚部而及歌寒對轉、宵談對轉。以上共二十二轉,由《成韻圖》皆可直觀之。接著,章氏批評孔廣森十八部表的三大缺失:好説對轉而不好審旁轉,以合緝部為陰聲,不能審次對轉。此外,在分部問題上,孔氏真、文不分亦失。以上十八轉,章氏共舉 75 例説之①,徐老出注 75 條②,對章例作注實行全覆蓋。徐注 75 條的基本特點是音義一

---

① 章氏從陽轉東舉《老子》“盲”與“聾”為韻,至談、宵對轉舉《説文》“橘”讀若“芟”,共舉 75 例。

② 徐注從注號 18 至 92 共 75 例。

體化,注出意義、出處,這當然是徐老的最强項。盡可能找出讀音、音理依據,做到音義統一,是徐注《成韻圖》的目標。就以章氏陽轉東舉《老子》"盲、爽、狂"韻"聾"為例,徐注一引《老子》第十二章"五色令人目盲,五音令人耳聾,五味令人口爽,馳騁畋獵,令人心發狂,難得之貨,令人行妨"。盲、爽、狂、妨皆陽部字,聾東部字。二引朱駿聲《説文通訓定聲》豐部:"聾,轉音,《老子》聾葉盲、爽、狂,讀如郎。"又章氏陽轉東舉出的第二例"泱、滃聲轉,伀、鍾作章",徐注一引《釋名·釋親屬》:"夫之兄曰公。公,君也。君,尊稱也 。俗間曰兄章。章,灼也。章灼敬奉之也。又曰兄伀,言是己所敬忌,見之怔忪,自肅齊也。俗或謂舅曰章,又曰伀,亦如之也。"二引《爾雅·釋親》:"夫之兄為兄公。"三引《爾雅》郭注以説語轉:"今俗呼兄鍾,語之轉耳。"四引《漢書》顔注以説方音轉,《漢書·廣川王去傳》"背尊章",顔師古注:"尊章猶言舅姑也。今關中俗婦呼舅姑為鍾,鍾者,章聲之轉也。"五引李鏡蓉《成韻圖釋》:"《漢書·百官公卿表》'東園主章',師古曰:'今所謂木鍾者,是章之轉耳。'"僅就徐老疏證章氏《成韻圖》陽、東近旁轉二例看,章氏宏議高標,抉發漢語語言世界的音轉、音理,並約舉實例明語音之理,學理思致趨形上,徐注微觀崇實,由例字、韻例入手,深入相關音轉、音理而具體之、同類擬比之、實證之,學理思致趨形下。但徐老對章氏的思致和方法是完全理解的。章氏在談到如何糾正孔廣森十八部三大缺失時稱,"今為圜則正之,命曰《成均圖》","古之言韻曰均,如陶均之圓也"。徐注引《楚辭·天問》"圜則九重,孰營度之"後稱:"圜則,謂天體之準則。"徐注"陶均":"均,通鈞。陶家稱模下圓轉者為鈞。"天體運行法則,工具性質,皆旁逸而突出之,正可契合章氏。古代"以圓轉形容天運、道心之周流靈活,如《易·繫辭》上'蓍之德,圓而神',或《文子·自然》:'天道默默,輪轉無端。……惟道無勝(shēng),輪轉無窮'",最顯著者有周敦頤《太極圖》"徑以圓圈中空為'無極而太極'之象"①,正可詮釋章氏和徐老共同的"圜則"

① 錢鍾書《管錐編》第三册,中華書局1979年版,第921、922頁。

"陶鈞"思致。此外,徐注材料之豐富、精審,尤其是訓詁與音韻的緊密結合,又都是超邁同道的。

(作者單位:南京大學)

鳴謙室諸集未收文六種敘録

童　嶺

2011年歲末，我去拜訪景凱旋教授與徐乃建女士，無意中得知南京師範大學明年將舉辦徐復先生的百年誕辰紀念會。徐女士對我説："你是父親晚年的小友，常常來向父親問學，也是忘年之交了，能否寫一文？"一席話使我的思緒又飄回到十幾年前的情景，恍若一一在目。而南宋樓鑰《尚書尤公挽詞》裏面的文句，頗能表達我這位"忘年小友"多年來的心境：

北面願師承，東臺拜老成。
忘年容末坐，敘契若平生。

徐復先生，字士復，一字漢生，號鳴謙。可謂是"章黄學派"中恪守小學訓詁之古道的"樸學之星"[①]，徐復先生為學抉隱闡微，博攻墳典；守先待後，嘉惠學林極多。我在讀大學時有幸拜識徐復先生，容得"末坐"，從先生游心許鄭、段王精審學問之際，也從先生身上學到了中國古代學人傳統中"為學"與"為人"合一的許多大道理。可謂：初而覺其淡[②]，退而味其醇。

案"鳴謙"二字取自《周易》。朱子《周易本義》解"鳴謙，貞吉"有

① 方向東，《樸學之星——徐復先生生平學術軌跡》，文載《南京師範大學文學院學報》，2006年12月第4期。

② 《中庸》所謂"君子之道，淡而不厭"。誠哉斯言！近讀法國漢學家余蓮(Francois Jullien)著、卓立譯《淡之頌：論中國思想與美學》，臺灣桂冠圖書股份有限公司，2006年版。中國學問的偉大，亦在於這種淡而醇的傳承。

云:"柔順中正,以謙有聞,正而且吉者,故其占如此。"[①]相信拜見過徐復先生的人,都會被先生"柔順中正,以謙有聞"的高節所打動吧。

目前可見鳴謙室的諸種著作中,除卻自成體系的《訄書詳注》、《秦會要訂補》、《後讀書雜誌》、《説文五百四十部首正解》等等,尚有以論文集形式出版的《徐復語言文字學叢稿》、《徐復語言文字學論稿》與《徐復語言文字學晚稿》。後者"三稿"彙集了徐復先生絶大部分勝義疊現的文字,但也並不是網羅殆盡。

我萌發出蒐集徐復先生諸集未收文章的念頭,是受兩件事情的觸發:

第一件事是在2004年夏天,我在上海圖書館覓得章太炎先生在日本東京講演《文心雕龍》的手稿本,將其整理點校,徐復先生知道後也極為高興。初稿理董成文之後,又承先生為之複校一過,刊佈在上海圖書館的《歷史文獻》上[②]。後來,我為了比較章太炎、黄侃的六朝駢散文學觀,又寫了一篇論文[③],在收集材料的過程中,無意中在敝校的民國期刊室找到徐復先生的連載於《斯文》雜誌上的《文心雕龍正字》。我當時詢問先生為何未將此文收在《徐復語言文字學叢稿》或《徐復語言文字學論稿》中(時《晚稿》尚未出版)?先生云自已手頭已無底稿,目前連載的民國期刊在南師大圖書館亦難覓全,同時也恐時隔多年,學術價值不大。並笑道:"你對章黄學派的'五朝學'有興趣,有空時不妨幫我全部整理出來,並提提批評意見。"——行文至此,七年前徐復先生坐在籐椅上説這句話的音容笑貌頓時浮現出來,令人感喟不已。

---

① 錢穆謂其"從辭上去理會其理與象",見其著《朱子新學案·朱子之易學》,巴蜀書社1986年版,第1265頁。

② 章太炎講演、朱希祖等記録、童嶺點校《章太炎先生〈文心雕龍〉講録兩種》,文載上海圖書館歷史文獻研究所編,《歷史文獻》第九輯,上海古籍出版社2005年版(此整理稿後由徐復先生作序,轉載於《徐復語言文字學晚稿》,江蘇教育出版社2007年版)。

③ 童嶺《上海圖書館藏〈章太炎先生文心雕龍講録兩種〉簡述》,文載《古代文學理論研究》第23輯,2005年。

第二件事是2006年初,中國社會科學院文學研究所的張暉學兄,受三聯出版社曾誠學兄之托,重續古學之統,編輯《量守廬學記續編》。張暉學兄托我代為尋覓章黄學派後人之紀念文字(體例為《量守廬學記》所未收者)。後來成書時,張暉學兄便收有徐復先生現刊諸種文集未載、原刊於《制言》第十一期上的《蘄春黄先生講授章句紀録》一文[1]。但是因2006年我忙於申請赴日本京都大學留學一事,蒐集季剛先生紀念軼文的廣度、深度均不夠。實際上,後來我還找到一篇徐復先生紀録的《黄季剛先生論史劄記》,也是現行諸種黄季剛先生紀念文集、徐復先生本人諸集未收之文。今特將其重新句讀整理,附於文末。

鑒於上述二事,我便開始留心徐復老先生諸集未收之軼文。目前為止,蒐集到約有六種,藉此徐復先生誕辰100周年之際,將其逐一敘録,以祭奠老先生在天之靈,並證薪火之傳無窮也。凡所舉篇目,就可考見者,略以時代相次。然而囿於見聞,迻鈔未周。必不能免遺珠之憾,盼博雅君子有教於我。

一、《小學折中記》

出處:載《金陵大學文學院季刊》第2卷第1期。

時間:1935年。

敘録:《小學折中記》共八頁,末題"未完",然目前蒐集到只有此篇而已。分"笑"、"白"、"黍"、"我"、"妟"、"毋"、"叟"、"東"、"衣"九條。如此文題目所示,乃評議古字古義,尤其值得注意的是,對於許慎之原義,段玉裁之注釋均不盲從。如"我"字條,引俞樾《兒笘録》之辭,以為:"許君説此字以施身自謂為本意,失之矣。"並謂:"按俞氏解説此字,明顯極矣。"又如"妟"字條,首揭因許慎《説文解字》"不得從災之意",引起後世訓詁學者的紛紜異説,"後世聚訟,

① 黄侃講、徐復記《蘄春黄先生講授章句紀録》,文載張暉編《量守廬學記續編》,三聯書店2006年版。

不一其説”。引《説文校録》、《席氏讀説文記》二書,以“叜,老人之稱也”,又駁段玉裁説,謂:“段玉裁即主玄(案:玄應)説,謂為學有所受,不知何故。”再駁錢大昕、俞曲園、張文虎《舒藝室隨筆》諸家説,最後定於朱駿聲《説文通訓定聲》,以“叜”字乃從手旁之古字,謂持火從宀中稾物也。誠所謂小學“折中”也!

案,此篇《小學折中記》後一篇為黄季剛先生《寄勤閒室讀書記(卷一)》,師生之作同期登載金陵大學文學院之院刊中,亦一快事。

二、《揅鄦齋讀書小識》(連載)

出處:分載於《制言》半月刊第 14 期;第 16 期;第 21 期。

時間:1936 年。

敘録:“揅”者,《説文解字》云:“摩也。從手,研聲。”段玉裁謂宋本奪此字。然揚州學派樸學大師阮元文集亦用研之古字“揅”。“鄦”者,即“許”,亦讀若“許”。故可知“揅鄦”者,即謂研摩許慎等之訓詁古義也。此《揅鄦齋讀書小識》連載共三期,主要分為:《讀釋名》和《讀爾雅》。如《讀釋名》中有考“釋水第四 水上出曰湧泉、瀆泉並是也”一句者(下簡稱“舊本”),今檢《徐復語言文字學晚稿》中,有《釋名補疏上篇》一文,亦有考訂《釋名》此條者①(下簡稱“今本”),然舊本考證畢沅《釋名疏證》之誤,舉出“確證二,旁證五”共七條古證,發覆細微無遺;今本僅有四行。固然可謂今本乃晚年積學精簡所致,然從接引後學的角度考慮,無疑是讀舊本,即《揅鄦齋讀書小識》本更為妥帖。

三、《揅鄦齋閱書劄記》(連載)

出處:分載於《制言》半月刊第 27 期;第 30 期。

時間:1936 年。

---

① 上揭本《徐復語言文字學晚稿》,頁 7。

敘録:"犨鄦"之義,已見上條。案此《犨鄦齋閲書劄記》不同於上條《犨鄦齋讀書小識》者,在於所讀之書均為近儒之考訂小學者(《犨鄦齋讀書小識》中則為《爾雅》、《釋名》等墳典舊籍),篇次有《閲〈讀集韻證俗語〉》、《閲〈吴下方言考〉》等等。

今《徐復語言文字學叢稿》中收有一篇《〈吴下方言考〉引言》[1],乃是詳細考訂胡文英《吴下方言考》價值之長文,然收載於《犨鄦齋閲書劄記》的《閲〈吴下方言考〉》,則是對於胡文英書中"妐音公"、"拘音萱"等的逐條劄記。誠如《犨鄦齋閲書劄記》此篇開題自云:"復與胡君生同邑,求其書且五稔。頃在圖書館借閲傳鈔本,翻檢一過,洵多勝義,爰於暇日,為之疏證數事,以餉我學人云。"先生得書驚喜之情,亦可感之! 又《閲〈讀集韻證俗語〉》一篇,乃為《制言》第 24 期其師黄季剛先生《讀集韻證俗語》[2]一文的疏證。

此《制言》第 30 期,同期尚載有黄焯所録《量守廬遺文》等。

四、《黄季剛先生論史劄記》

出處:載《考文學會雜報》第 1 本。

時間:1937 年。

敘録:此篇記録,遍檢《蘄春黄氏文存》、《量守廬群書箋識》、《量守廬學記》(正續編)並台版《黄侃國學講義録》等典籍不見。記録共 16 則,偶有與黄焯記録[3]相合者,多為黄季剛論史學之精義所在。

例如,以往認為章太炎、黄季剛二先生,對於清儒汪中(容甫)

---

① 徐復《徐復語言文字學叢稿》,江蘇古籍出版社 1990 年版,第 253—259 頁。

② 案,黄侃此文今又載《黄侃聲韻學未刊稿》下册附録,武漢大學出版社 1985 年版,第 531—588 頁。

③ 黄侃著、王慶元整理,《量守廬論學劄記》,文載《人文論叢 · 1999 年卷》,武漢大學出版社 1999 年版。案,此份記録原為黄焯手録整理,故與徐復先生之記録偶有相同。

的文辭推崇備至,如章太炎先生《菿漢微言》:“今人為儷語者,以汪容甫為善。”[①]又黄季剛先生《弔汪容甫文》謂其:“奇才博學,妙解辭條。”[②]但徐復先生所記《黄季剛先生論史劄記》卻直接説:“汪容甫之文,不出《通鑒》。”雖然一時難以探討黄季剛先生是指汪容甫文章的哪一方面,抑或具體是指汪氏的哪些文章,但至少可以提供給我們黄季剛先生對於清儒文章多面性解讀的另一種可能。(案:晚清民國學人李審言和古直二氏,都著有《汪容甫文箋》[③],可參。)

今謹將其全文録出附後,供治章黄之學者清覽。

五、《鳴謙室雜纂》(連載)

出處:《鳴謙室雜纂》(一),載《斯文》1 卷 4 期;《鳴謙室雜纂》(二),載《斯文》1 卷 6 期;《鳴謙室雜纂》(四),載《斯文》1 卷 9、10 期合刊;《鳴謙室雜纂》(五),載《斯文》1 卷 12 期。

時間:1940 年 11 月;1940 年 12 月;1941 年 2 月;1941 年 3 月。

敘録:此《鳴謙室雜纂》乃系列劄記,分載《斯文》上舉諸期,唯缺《鳴謙室雜纂》(三)一篇,然遍檢 1940 至 1941 年諸期《斯文》,均不見(三),疑缺收。案,此《鳴謙室雜纂》乃統考名物訓詁之劄記。誠與徐復先生晚年總結的“名物訓詁,典章制度”八字心法相合。

如《鳴謙室雜纂》(一)諸篇題為:“北”、“龍門浩”、“牛皮氹”、“塾江”、“相因”、“蜀細布”、“小神子”。此七則中,皆恪守清儒小學考證

---

① 章太炎著、虞雲國整理《菿漢三言》,遼寧教育出版社 2000 年版,第 56 頁。

② 黄侃,《弔汪容甫文》,文載《黄季剛詩文鈔》,湖北人民出版社 1985 年版,第 60 頁。甚至連黄侃自己也被人認為是汪容甫之亞,説見汪辟疆《悼黄季剛先生》:“方諸古人,其汪容甫之流亞歟?”文載《量守廬學記》,三聯書店 1985 年版,第 100 頁。

③ 李詳(字審言),《汪容甫文箋》,載《李審言文集》,江蘇古籍出版社 1989 年版;古直選注,《汪容甫文箋》,人民文學出版社 1958 年版。

之家法，同時對於史地之學(《漢書·地理志》)等等十分留心。又如《鳴謙室雜纂》(二)之“哥舒翰記功碑”、“楊椒山字跡”等條，乃為涉及金石之學者；又如《鳴謙室雜纂》(四)之“唐人避嫌名”條，乃依唐韻證史者；又如《鳴謙室雜纂》(五)之“震襄古文説”條[①]，乃為治《説文》之學者。概而觀之，此份連載的《鳴謙室雜纂》，雖然自謙為“雜”，然涉獵極深、極廣，頗類似俞正燮之《癸巳類稿》、《癸巳存稿》。

六、《文心雕龍正字》

出處：載《斯文》2卷1期。

時間：1941年10月。

敘録：世人俗謂“章黄學派”精妙處乃在漢唐小學文字訓詁，此固然不錯。然觀章、黄二先生文辭之跌宕起伏，持論之攻伐有度，心知其亦必諳熟於魏晉六朝文。章太炎先生曾謂魏晉文“可以為百世師矣”。[②] 黄季剛亦謂自古評文“彦和論之詳矣”。[③] 故章太炎先生有《章太炎先生〈文心雕龍〉講録兩種》，黄季剛先生則有《文心雕龍劄記》一書——此亦為章黄學派心法之一也。

觀徐復先生諸集中已有：《文心雕龍雜誌》(載《後讀書雜誌》)；《黄補〈文心雕龍·隱秀篇〉箋注》(載《徐復語言文字學論稿》)；《文心雕龍校記》(載《徐復語言文字學叢稿》)；《文心雕龍校記補》(載《徐復語言文字學晚稿》)。上述諸種建國後已刊者，似皆以文字訓詁為綱目，然這份四十年代的軼文《文心雕龍正字》則一仿黄季剛《文心雕龍劄記》，以劉勰篇目為綱。近代治《文心雕龍》的大家詹瑛，其著作《文心雕龍義證》屢屢稱引徐復先生《文心雕龍正字》一

① 案，“震襄古文説”一條後被獨立抽出，載於上揭本《徐復語言文字學叢稿》，第8頁。然而比《鳴謙室雜纂》(五)中所收者，多出一段1943年10月的“再記”，實為駁斥王國維論《三體石經》之説。

② 章太炎撰、龐俊等疏證，《國故論衡疏證·論式》，中華書局2008年版，第402頁。

③ 黄季剛，《文學記微》，文載《中國文學論集》，一流書店1942年版。

文,如對於《誇飾第三十七》"風格訓世"句,便首引徐復先生《文心雕龍正字》對於"格"字之考證[①],而把斯波六郎(日本六朝學大家)[②]、吴林伯(馬一浮、熊十力之高弟)[③]等説排在徐復先生之後,良有以也。

草文至此,我望著書桌對面,徐復先生於 2004 年冬為我題簽的"章黄學派"四個毛筆大字,思索如下的問題:為何徐復先生晚年的文集中,皆不收上述諸文?可能性無外乎二:一是民國雜誌確實難以尋找,且自己手邊無底稿留存;二是故意不收。我初步推測,除了極少數是第一種可能外(如《文心雕龍正字》),其餘大多數乃徐復先生故意不收。何以如此呢?我認為這可能歸結於清儒家法中所一脈相承的"自我揚棄"之精神。

梁啓超總結清儒開山之祖顧炎武學問之時,第一條就特標"貴創"二字[④],良有以也。又,戴震之謂學有三難,最難者即為"精審"[⑤]。故我想徐復先生對於自己早年(三四十年代)的文字,在晚年時都進行了重新思考,或者以其他精簡、精審的形式重新出現(如上舉《㝎鄦齋讀書小識》中《讀釋名》的舊本與今本之繁簡差異),或者就乾脆不收録自己的文集中——此絶非無證,請看章太炎先生晚年在浙江圖書館出的定本"章氏叢書",我去年曾在舊書肆購得臺灣影印版"章氏叢書"兩大册[⑥],寶愛不已。很顯然,晚年的章太炎對於早年在俞樾處學習的成果,如《膏蘭室札記》、《詁經

① 劉勰著、詹瑛義證《文心雕龍義證》,上海古籍出版社,1989 年版,第 1379 頁。

② 斯波六郎《文心雕龍范注補正》,鹿兒島大學文學部中國文學研究室 1952 年版。并參看其論文集《六朝文学への思索》中的單篇研究刘勰之論文,東京創文社,2004 年版。

③ 吴林伯《文心雕龍義疏》,武漢大學出版社 2002 年版。據云吴林伯亦向駱鴻凱問學,故此書亦得章黄六朝學之旨。

④ 梁啓超《清代學術概論》,上海古籍出版社 1998 年版,第 11 頁。

⑤ 戴震《與是仲明論學書》,載《戴東原先生全集》,臺灣大化書局 1978 年影印版,第 1098 頁。

⑥ 章太炎《章氏叢書》(全二册),臺灣世界書局 1982 年影印版。

札記》、《七略别録佚文徵》皆棄而不録——這種自我揚棄的精神不正是體現在徐復先生對於上舉這些軼文的態度上嗎?

故而頃當此紀念會之際,謹作《鳴謙室諸集未收文六種敘録》一文,用表景念之餘,兼傳徐復先生為學"精審"之勝義,庶幾以同申我之思慕云。

附:徐復先生記《黄季剛先生論史劄記》軼文[1]

〇研究《史》、《漢》,當自文字訓詁章句始,而文法之學次之。

〇王念孫撰《讀書雜誌》,開後人治《史》、《漢》之途徑。

〇《史》、《漢》修辭用字,記事記言,其例甚備。

〇《史》、《漢》兼文史二者之長。若《舊唐書》則側重史學,《新唐書》又偏於文學一途矣。

〇《史記·貨殖列傳》表彰人類有自善其生之能;而《刺客列傳》又表彰人類有自報其仇之權。[2]

〇史乘之闕失者,不能憑空臆造。故《史記·秦本紀》之末,載秦史原文;《屈原列傳》,録淮南子《屈原賦序》,示不妄也。

〇《史記·魏其武安侯列傳》:"及魏其侯失勢,亦欲倚灌夫,引繩批根生平慕之,後棄之者。"引繩批根四字,漢時成語,此處當動字彈正二字用。

〇《史記·貨殖列傳》:"皆中國人民所喜好,謡俗被鵬飲食奉生送死之具也。"謡俗,訓為雅俗,即今語尋常普通也。凡此類字,每不易索解。如上下左右輕重,皆與今義不合。

〇《史通》評《史》、《漢》之辭,味其章句,皆可諷誦。

〇《史記》譌字特多。

〇善學《漢書》者,無過於宋景文。

〇沈欽韓《漢書補注》、《王安石文注》、《(王安石)詩補注》,與日月爭光。而李慈銘不知有此人。

---

① 此處除了施加新式標點外,每條開始標以"〇"符號,讀者審焉。

② 此條又可見上揭本黄焯過録之《量守廬論學劄記》,第 27 頁。

○《宋書·夷蠻傳》載倭王珍《上宋順帝表》,凡二百三十六言,此倭之《堯典》也。

○《後漢書·鄭康成本傳》,謂其文學不佳。

○汪容甫之文,不出《通鑒》。

○王先謙於其《續漢志集解》中,謂:"王莽用鄭玄説。"此並時代而忘之,何貴有此史學耶!

(作者單位:南京大學文學院)

徐復先生與《吴下方言考》

方向東

《吴下方言考》是清代武進胡文英所撰，歷時三十餘載撰寫而成，全書十二卷，收録吴中方言詞九百九十三條，依平水韻部排列，引書三百餘種，十餘萬字。徐復先生曾與唐文先生合作撰寫了"《吴下方言考》引言"，刊載於《江蘇師範學院學報》1980年第2期，認為是繼揚雄《方言》之後的别開生面之作，是我國較早的釋義、考源的方言詞典。該書具有三大特點：一是探源；二是辨形；三是審音；其不足一是因時代局限，缺少嚴格的"普通話"與"方言"的概念，把非方言詞語當作方言詞來考據，二是所據材料有不足信之例，形成了考據失誤。文章重在揭示此書的價值，以引起學界研究的重視。

唐文先生曾有過一段時間做過徐復先生的助手，徐復先生生前曾談起過《吴下方言考》打算讓唐文先生研究，因唐文先生是蘇州人，又就職於蘇州鐵道師範學院(今改為蘇州科技學院)，有研究的便利。後來大概由於唐文先生研究鄭玄，著《鄭玄辭典》而没有進行。所以徐復先生還是自己進行研究，因而有今天的《〈吴下方言考〉校議》問世。

轉瞬間，士復先生離開我們已五年了，即將臨近先生誕辰一百周年，要為先生開一個紀念會，適逢87級古文獻學生來商議為先生樹立塑像之事，並問及是否出版先生全集。出版全集只能從長計議，於是商議出版先生遺稿《〈吴下方言考〉校議》一書。《〈吴下方言考〉校議》是先生生前一個心結，因為先生生前因生活多次動遷，又遭文化大革命的動盪，原以為書稿已經遺失，一直表示惋惜。直到先生去世後，兒女們因搬家才發現遺稿，並保存完好。經與先生之子徐啓平、女兒徐乃建商議,同意出版,並作為紀念會贈送與會先生的一件禮物。議定之後,又找鳳凰出版社主編王華寶先生商議出版之事,鳳凰出版社欣然應允,在增加排版費的情況下卻免去資助費用,使得出版順利進行。在此要感謝鳳凰出版社領導的大力支持,感謝主編王華寶先生以及排印校對人員為此付出的辛勤勞動。

《吴下方言考》首先摘取經史子集各類文獻中方言詞語的用例,在釋義的基礎上,以吴中方言加以印證。該書不僅對語言研究有很大價值,同樣對文獻研究也有很大的參考價值。

先生的《校議》在胡氏書的基礎上,作了進一步的考訂補充,具體體現在以下方面:

一、胡氏摘取文獻,引文不全,僅列書名,查考不便。《校議》一書,首先標明出處,補充引文以及相關讀音等資料,便於讀者查考利用。

二、胡氏的考釋,較為簡單。《校議》在文獻考證的基礎上,對其源流作了進一步的補充。

如卷一"妐"字條,胡氏案:"妐,翁也。吴中謂新婦稱翁曰'阿妐'。亦曰'妐妐'。"《校議》引《釋名·釋親屬》:"俗或謂舅曰伀。"亦作公。引《漢書·賈誼傳》及顔師古注,是呼舅為公也。這樣就把"妐"、"伀"、"公"三字與"舅"的關係繫聯起來了,"妐"、"伀"不過是"公"的書寫異形而已。

三、訂正了胡氏存在的引書或考證錯誤。

如卷三"閃屍"條胡氏引郭景純《海賦》實為木華《海賦》,《校議》予以訂正。

如卷一"弓"字條,胡氏引《淮南子·説林訓》用例,《校議》引劉文典《集解》證明此例與弓無涉。

再如卷一"鼓嚨"條引《後漢書》"鼓嚨胡"用例,胡氏認為"鼓嚨"為一詞,"胡"為語助辭,《校議》認為"嚨胡"即胡嚨,胡説非是。卷二"煻"字條,胡氏引《齊民要術》用例"煻灰",認為"吴諺以泥粉壚曰'煻'",《校議》認為煻為熱灰火,非動詞。

又如卷五"洮"字條,胡氏引《後漢書·陳元傳》"洮汰"用例云,洮,謂以水微濕之;汰,磨去之也。《校議》引李賢注洮汰猶洗濯,云胡以水濕為洮,未確。卷十一"榻"字條,胡氏引《史記·貨殖傳》"榻布"解釋為動詞"以錢置貨藏待善價也",《校議》引裴駰《集解》、張守節《正義》證明"榻布"為粗厚之布,此條非是。

有文獻原誤胡氏從之誤者,《校議》加以訂正。

如卷六"睆睆"條,胡氏引《素問》字作"睆",《校議》訂正為"䀮"字之誤,為"盲"字的後起字,亦作"朚",文獻中作"茫茫",一本作"荒荒",實皆為"䀮"字的假借。

有的旁及訂正他書之誤。如卷三"青之玆"條,《校議》引朱駿聲《説文通訓定聲》對"玆"的説解,其中引到《素問·六節藏象論》,《校議》云:"朱引誤,當見《五藏生成篇》。"又如卷六"黴"字條訂正《説文》段注引《楚辭·九歌》係《九歎》之誤。

四、方言詞語,字多假借。字破通假,詞義豁然貫通。《校議》很多條目除指出異形外,還引用文獻指出本字。如卷四"冷森森"條,"森"有冷義似乎由陰暗義引申而來,比如《漢語大詞典》"森"字的第六個義項為"寒,涼",其實並非本字。《校議》指出,"森森"當作"潹潹",引《集韻》"潹,潹潹,寒貌。或作滲",可知"潹"是本字。又如卷八"威"字條,胡氏引《莊子·庚桑楚》"一雀過羿,羿必得之,威也"釋威為能,自成玄英到郭慶藩按威力釋義,今人治《莊子》者,或沿其誤(如陳鼓應《莊子今注今譯》、陸欽《莊子通義》、張默生《莊子新釋》);或依陸德明《釋文》云崔本作"或",認為"威"是"或"的形誤,從"或"釋義(如曹礎基《莊子淺注》、楊柳橋《莊子譯詁》、方向東《莊子今解》),更誤。《校議》指出,字當作"魏",引《新方言·釋言》論證《方言》"魏,能也",到今天的"會"的關係,又引翟灝《通俗編》"俗以會為能之代字",其發展線索非常清楚。假如早讀胡氏書,《莊子》此疑亦可解。

五、從探源的角度看,胡氏引書用力偏晚,《校議》進一步往上溯源,提供了更早的例證。如卷七"隱火"條,隱有滅火義,胡氏引《列仙傳》"赤松子能隱火"為例,《校議》指出,隱之隱没、熄滅義産生很早,如《國語·齊語》:“隱武事,行文道。”今檢《漢語大詞典》,引例為南朝梁沈約《麗人賦》“隱明燈而未前”,亦失之過晚。

以上是學習《校議》一書的一些粗淺體會。

然而,《校議》一書存在很大的遺憾。遺憾之一,這本書稿是先生的未定稿,後來因找不到書稿,以致有少量條目原文漏抄,有不少條目考證很少或缺少考證,假如先生當年找到了這部書稿,將比今日呈現給讀者的會更好。遺憾之二,在校對上還留下不少錯誤,其原因一是時間太緊,二是校對資料的限制。11 月 1 日初校樣出來之後,校對遇到了始未料及的困難。除了排版上有很多古僻字而外,還有原稿辨認上的難度。從原稿可以看出,這本書是先生多年治學積累的產物。胡氏原書係先生早年鈔定,筆跡清晰可辨,而例證則是不斷補充,有多種不同年齡段的字體,尤其是晚年的筆跡,加上藍墨水墨蹟的漫漶,實在難以辨認。初校樣有很多段落排版没有打出,幾乎是重抄一遍,能找到的文獻覈對了原書,《校議》引用的文獻資料非常廣泛,有些無法找到原文覈對,如翟灝的《通俗編》,有兩種版本,學校圖書館、專業資料室只能借到《叢書集成》本,而非商務印書館的排印本,因此初校樣没有校對,後來找到了,二校樣又因時間關係只校了七、八兩卷。值得一提的是,先生於 2003 年冬月持贈《章太炎全集》(七)給我,並題字“向東賢弟研讀”,多年來因學域所限,此書一直擱置書架上未曾研讀,《校議》中多處引用《新方言》,才為校對粗讀,想來慚愧。如卷八“湯”字條引《新方言》,解釋《方言》“煬,暴也”,初校時由於著急怎麽也找不到出自何篇,以為應在《釋詞》篇,二校時再耐心把《新方言》讀一篇,才知道出自《釋器》篇。竊意先生九泉之下,還在用另一種形式督促弟子讀書麽? 原稿打算寫而未寫的出處進行了補充,更正一些文字的筆誤;有少量文獻,也許先生當年使用的版本與今日傳世的版本不同無法覈定的,只好保留原貌或略作處理。

在校對過程中,我們深深體會到,這本書記録了先生治學存疑和解疑的歷程,是先生幾十年孜孜不倦付出辛勤的汗水的見證。看到先生的原稿,心生許多感慨,書並不是今人所理解的那樣想寫就能寫成的，尤其是訓詁考證之作，是要通過讀書有所得一點一滴積累而成的，更加理解了三十年磨一劍的含義，更加理解了先生常説的"長期堅持"、"存放問題"的含義；也感慨當今低能的學術評價體系從而製造學術垃圾的可笑與可哀。

（作者單位：南京師範大學）

徐復先生訪談録

2005年11—12月期間,趙生群、方向東二位就古文獻專業發展的問題與徐復先生先後進行了多次交談,以下内容根據録音整理。

2005年11月9日:

問:希望先生就專業發展談談自己的想法。

徐先生:現在教師多了,搞古漢語不光是讀書的問題,還有人的問題。我跟許維賢講,我們南京,人很多,上海也没有這樣的攤子,有這樣的專業,不容易,要好好搞。有的地方没有這樣的條件。我常常想,你們兩人商量,是不是組織全國學者的講學會,搞古文獻的、古漢語的、古代文學的,都來講一講,要好好組織,抓住目前的機遇。

趙:是的。我們可以分期搞。五月份我們想請李學勤先生來講一講。我要到北京去,也想請裘錫圭先生來講。

徐先生:我經常講,任何東西不能靠一個人。一個人知道的東西有限,要很多人才行。我有台灣的朋友陳新雄,搞聲韻學的,他在台灣有很多學生,是我們的學生輩,他是潘重規的學生,潘重規又是黄侃的女婿。我們可以請他來講學,開開風氣。我們現在有條件了,人家講到我們了。

趙:我們也想請徐先生講音韻學。

徐先生:我也可以講,但主要想聽外面的人講。學問,一個學,一個要問。學而時習之,不亦悦乎?有朋自遠方來,不亦樂乎?人不知而不愠,不亦君子乎?我對徐啓平説,不懂音韻學不行,他自學,有問題問我,我就講給他聽。

趙:學問學問,就是問書本,問老師,問朋友。

徐先生:没有一個人自己知道,要多請教别人。要去查書。我的兒子徐啓平在練字,寫得還可以。我問他,這些字是什麽意思,不懂意思不行。現在有很多書法家不懂字的意思,字裏面有學問,可以問老師,可以問書本。你看我們的《漢語大字典》、《漢語大詞典》裏面有很多内容。台灣有很多專家,要向人家學習。看看日本人有没有人來。竹有虚心使我思,陳瘦竹就是這個意思。不懂就問,不懂就查。

徐先生:我現在在夢裡也在想問題。如走一搭,吴語裏面就有。有些方言詞天天講,就是找不到這個字。我在夢裡邊想字,一個人多認識幾個字,有好處。文字、音韻、訓詁,還要加語法,名動形代連介助嘆,所謂八品,就是《馬氏文通》裏講的,不管怎樣講,語法還是重要的。有些搞文學的人,不懂語法,在猜謎語,還有翻譯,不懂意思怎麽翻譯啊。我的治學,不離開句子説話。蘇東坡是文學家,有些東西不可信。

趙:音韻我一直想學,但覺得太難,主要想知道怎麽用。

徐先生:我們學校有一位幹部,他要教兒子,很用功,把唐代的人物搞得清清楚楚,但根不好,文字音韻的根基不好,他已經七十多歲了,來不及了。要學文字學。太炎先生當年要到印度去學梵文,後來印度人到上海來,在上海學的,譚嗣同就是向他學的。一個人的成功與否都是一念之間,章先生甚至想去當和尚出家,做學問可以專一。湯國梨夫人常説,他不容易啊,要創新啊。章先生要革命,不要改良,開風氣之先,不容易啊!我在他門下將近兩年半,辦過一個班(國學講習班)。我們現在有機遇。我對馬(景崙)講,現在正當時候,不用浪費,以前不能用。很多人拿高本漢來壓國内的學者,反對羅常培,我認為羅常培的音韻學有他的長處。夢裡想問題比較專,没有干擾。

趙:是的。

徐先生:我們有幾個好朋友在一塊討論討論,發現問題。清朝人做學問也是朋友討論的。南京這個地方有傳統,蘇州比較雜,江蘇以南京為主,蘇州、揚州、徐州三個州。那麼多文字,有多少問題啊,我跟吳金華講,我們能解決幾個啊,最多解決幾百個吧。《漢語大詞典》就有很多錯誤。要培養學生來從事古文獻,不只是古漢語。古漢語範圍小了。

一個字在字典可以分幾十個義項,放在具體的句子裏對號才能確定。分類錯了,是編詞典的問題。我們當初編《漢語大詞典》經常遇到分類的問題。

方:先生喝點茶吧。涼了,加點熱的。

趙:先生休息一會吧。

徐先生:《傳世藏書》收書一千三百多種,重要的書都在裡邊,包括了《紅樓夢》、《三國演義》、《水滸》都在裹面,有人主張把淫穢的書放進去,我説這書是傳世的,不能放,那樣要害人的,所以刪掉二十多種。我們看看《九尾龜》,裹面也没有那些亂七八糟的東西。搞好了也要拿掉,請我來選,我就要使用自己的權力,標準太寬不好,要負責任的。在我們語言方面,最後一部書是章太炎的,以後就是民國了。劉波出逃了,在日本,日本人膽子大。有人借他的名義貸款,出了問題,而我們是要負責的。

趙:先生,我最近在讀諸子,研究諸子要注意什麽問題?

徐先生:每天許多事情在腦子裹翻來翻去。我都是書上查來的,朋友講話學來的,不懂的就要問,就要查。我教徐啓平,就這樣跟他講。他説當初學文科就好了。他當時在鄉下,與貧下中農同吃同住同勞動,耽誤掉了。我與賀國璋、金啓華都去勞動過。我與金啓華談話,小孩子煨山芋讓我們吃,都受到批評,不得了,你們還要吃煨山芋。我們都是過來人。

方:徐先生累了吧?

徐先生:没關係,談談好。我告訴徐啓平,要問,查字典就是問。我現在勸人讀《説文》。等許維賢的書出來後,我們專業可以多買幾本。研究還要有方法。書裹面的不少問題解決了,許花了不少年的功夫,幾十年。没有方法不行,社會科學有方法論,自然科學也有方法論。我們現在在一大堆問題裏面找,有時候找不到,要問,學問學問。

趙:也就是要留意,問,查。

徐先生:春天要過去了,要立夏了。立夏,夏天要開始了。立春、立夏、立秋、立冬,三四一十二。二十四節氣,我們搞古文獻的人要懂,古書裏這類時間就是時差的問題也不少。

趙:下次先生可以給我們講講你的具體的研究成果的心得體會,方法也在裏面。

徐先生:4月5日,清明節要過去了。清明時節雨紛紛,路上行人欲斷魂,借問酒家何處有,牧童遥指杏花村。可以讀讀這首詩。下雨好,農民需要雨。立夏農民開始勞動,我們不要忘記農民的艱辛。講講有好處,講講不會犯錯誤。我説徐啓平方法不對,他説查不到,我説你没有問啊,你問我也要去查書。做學問第一要問,今天就叫問。

2005年11月30日:

方:這是關於任銘善先生的書。

徐先生:他被打成右派啊,倒楣啊。剛剛解放的時候,他是杭大的一把手。現在做我們這事的人不多。我與蔣禮鴻關係很好,還有姜亮夫,一個學校有一兩個人就很好了。我們地域不錯,有孫中山,在上海、杭州之間。五月份到哪裡去啊。

方、趙:不打算到哪裡去。

徐先生:也要出去走走,藏焉脩焉,息焉游焉。我在夢裡夢見一個字,你們有没有這個事啊。錢穆,這位先生個子不大,排隊排在前面。那時國民黨時期,在省立常中,第五中學,鬧風潮,反對校長,反對要開除。幾個人五個人去找校長,錢穆個子小在前面,簽了名,第二個人不上去,就把錢穆開除了。所以錢穆中學没有讀完,回去自學,自學成才啊!也是逼出來的。這是施之勉告訴我的。施之勉比錢穆大兩歲,是很好的朋友。錢穆後來到廈門教書,人家也不要。

我建議一個人搞一部書。

2005 年 12 月 14 日:

徐先生:上次講到任銘善。被打成右派,不得翻身,死了以後才平反。他的兒子給他出了一本書。

我們可以開風氣之先,是不是搞個四書訓練班,可以培養一批人。四書比較容易懂。不能都搞,來不及,你們看看哪些人搞哪些書。

趙:我們學生都要背書的,現在不背了。

徐先生:現在要有重點。現在要分析。以前講《論語》與現在不一樣。文學不講,我們搞語言和文獻的人要背。以前認為《論語》《孟子》是封建的東西,現在不這麼認為了,現在日本、韓國都在搞。現在四書打不倒了,還要講五經。這是你們的事了,我可以參加一個項目,開會時講講話,算是支持。有人認為我們搞的東西過時了,pass 了。我説,没有,為人處世還要這個東西。“文化大革命”時紅衛兵講你們這個東西有什麼用,我説這是立身之本啊。馬、列我們也搞啊。後來開門辦學,去淮陰師範學校,去了六個人,我們中文系還是開大學課程,他們反映不錯,我是頭一名。不管怎樣講,傳統的東西不能丢,五千年,外國遺留的東西不多。淮陰没有大學,只有專科,也没有人。不管怎樣講,我們的東西打不倒。語言要懂得文字,没有文字哪有語言。我們要開風氣之先,要學生實踐。任何東西都有壞的一面。

趙:這是一個金礦,含金量非常高。

徐先生:我有個兒子在無錫,搞化學的,還出了書。我説,你要搞啊,要搞理論。我逼他搞,不逼不行,逼上梁山。我的子女其他人都是高級,只有他在中學,在二中,原來學習是第一名,因我的原因不能留校。現在這個時代對我們有利。這兩天有人來看我,我説我們這一行没有被打倒。這些話,我們現在講講還是蠻開心的。我們五千年文化要不要講,幾千年的文化怎麼傳下來的要不要講,外國也要講的。現在韓國、日本都有人在搞。孔子學院勢在必搞,孔子學院需要多少人啊！登報、宣傳和辦培訓班，你們有没有這個膽量啊！16號胡小石紀念館要開會，我要去。他家裡出一千萬，紀念館也要花一千萬，曉莊學院的人告訴我的。我為什麼要去呢？我是老學生，30年代時我向胡小石先生學的文字學和金石學，周勛初都是他的學生。現在看起來他的館最大最好，因為錢多。他兒子在美國領事館做文職工作。我們要把孔子發揚光大。

前幾天，吴金華來談談，在贛榆的朋友搞了一本重言詞典，是我寫的序，是一個軍事學院出版社出版的。

趙：北大已經辦了高級培訓班。

徐先生：可以搞一個東西直接録下來，把别人講授的内容照下來。我無錫的兒子有一個攝像機，可以把生活的情景都記録下來。我可以叫楊克平捐幾萬元給我們，設立獎學金吧，徐霞客紀念會他也捐了不少錢(實際捐的是1萬)。

趙：徐霞客紀念會成立時我去參加的。

徐先生：黄念寧，黄侃的兒子，在武漢，已經整理了黄侃全集，交給中華了，幾百萬字。叫我寫幾句話，已經寫好了。北中華，南上海古籍，都是老牌子，江蘇把古籍出版社都搞掉了，那不行。章黄學派我算一個，台灣已經没有人了，潘重規已經去世了，陳新雄是學生輩了。文化大省没有古籍講不過去。薛正興作總編時，上海還有點怕江蘇超過他們，現在没有了，不怕了。我説，文化大省不能没有古籍。中國五千年，不像美國才三百年。印度比我們早，但還是以前那些東西。我們是越來越多。孔子學院需要多少人啊，我們培養都來不及。英法德美，英語是代表。俄語範圍不大。語言還是英法德美，俄語在後面。梁曉虹講的，現在日本人也感到力量不夠。我的父親就是學日語的，那時派人到日本留學，學師範，我的父親考取了，什麼都要學。我的父親産生了想法，要辦學，教《論語》、《孟子》、《大學》、《中庸》，那時國内没有學校，我父親辦了三個學校。新式學校不教了，教什麼呢，我還記得教“身、手、足、刀、尺，山、水、田、牛、羊”，是民國教科書。這是新式學校，培養了一班人。那時没有大學，只有常州五中，是最高學府。大學只有上海、南京有,金陵大學。錢賓四就是五中的,他是自學成才的。没有文憑,連小學老師也做不到,所以就看文化史,他腦子好,聰明,也是逼出來的。這些話錢穆自己不講,他的朋友可以講。我與錢穆見過三四次面,有兩次在常州,一次在南京。蔣介石對錢穆很好。有一次問錢穆,儒家搞不搞政治?錢穆回答,儒家怎麽不搞政治,修身齊家治國平天下不是最大的政治嗎?陳立夫、陳果夫是蔣的得力助手,左右臂膀。這些都是掌故,懂一點總好。這樣政治、教育、文化都抓住了。蔣介石的底子我們看出來了,他不過是一個軍人而已。還有孔祥熙,管財政有錢。一孔二陳,大權在握,其他人就無所謂了,成都有二陳公館,在南温泉。

趙:陳立夫活得比較長,兩岸古籍整理會議他參加了。

徐先生:你們兩個準備準備,到秋天開個高級學術會議,搞四書五經方面的。我們現在南京有條件。你們要準備一部書,你看看準備哪部書。搞個學會,以學會的名義辦班。到時請臺灣人來,他們高興。靠什麽,靠學會。

方:徐先生的意思是辦一個四書五經的研習班。

徐先生:每個人講一本書,也請外面的人來講。為了文化教育。現在是黄金時代,不要錯過。我們南師夠條件,膽子大一點。你辦好了,學校也高興。

我昨天晚上夢裏想到一個事情,金陵中學有一個老師叫宋家琪,我想琪字不是玉的意思,而是英語裏面安琪兒,是寶貝的意思。早上把它記了下來,怕忘記了。我是這樣想,一個東西有它的意義。宋家琪是金陵中學的特級教師,認為金陵中學比較好,不願到師院來。我説師院是暫時的,不對,你來可以接唐圭璋的班,唐圭璋比我大九歲。在中學没有人接學術的班。今天你們來之前,我寫了一條,叫"宋家琪是宋家的安琪兒"。安琪兒好啊!他自己都不知道。

《尯書詳注》修訂本還要幾個月就出來了,花了多少腦筋啊!上次吴金華來,給我搞了一本書,是我的《説文五百四十部首正解》的述評,並把裏面的錯誤全部搞了出來,叫復旦大學出版社出版。

吴金華可以講《易經》,他對《易經》熟。《易經》變化最多,變來變去,通則變,都有規律的,變與不變也是有規律。六十四卦多少内容啊。《詩經》是文學。現在讀書要專。時乎時,不再來。

紀念徐復先生百年誕辰七言長律一首
（外一聯）

万久富

隨園風景原殊絶，紫氣交凝五色煙。
三樂守得名物老，先生德業自巋然。
杏壇沾溉多奬掖，古籍人才幸以傳。
學會草創力擔當，薪火到今溯淵源。
企慕段王雜誌在，踵武章黄稟成篇。
卓爾古風誰與論，亟向金陵頌此言。

濟美江左

師之操，友之情，儒學純深，比肩當代，自有美名成大雅。
文也樸，史也實，訓詁精到，筆耕終老，更餘著述可名山。

（作者單位：南通大學）

羅振玉之熹平石經研究

虞萬里

摘要:20世紀20年代繼三體石經發現之後,熹平殘石也陸續出土,羅振玉是最早辨識漢石經之人。他在竭力收集殘石和拓片過程中,與王國維一起切磋研究,對王氏研究漢魏石經之方法有深切理解。王國維原擬作漢魏石經之綜合研究,也深得羅氏贊同。唯王氏自沉昆明湖後,熹平石經之匯總便告中斷。1929年起,羅振玉繼蹤亡友遺志,一年之内,編纂《熹平石經殘石集録》九次,其後不斷增補,不斷匯總,前後十年,分輯編集、刊印乃至合編、修訂十六次,基本網羅了當時所能見到的所有殘石。他推明各經書寫款式和七經每行大致字數,探明石經所取今文經本,更重要的是揭示出經今古文篇次、章節之差異,為真切瞭解漢代今古文之異同提供了第一手資料。羅氏所揭示的石經行款,為張國淦撰著《漢石經碑圖》鋪平了道路;他集録石經之範式,也為屈萬里等人的深入研究奠定了基礎。

關鍵詞:羅振玉　熹平石經　行款　今古文經

一、引言

羅振玉(1866—1940)是20世紀保存國粹之第一人。今論其成就,除傳統經史、小學外,多在甲骨、金文、竹簡、敦煌卷子、大内檔案等方面。然其自少酷嗜金石碑版,於碑刻之學夙有探究,晚年則致力於熹平石經之蒐輯與研究,貢獻甚鉅,而學界尠有論者。

羅振玉自謂"夙嗜金石之學,每循覽碑版,遇一名一義有裨考證者,輒隨筆疏記"①。是其丱角之後已喜好此道,並有考訂文字。

---

① 羅振玉《讀碑小箋序》,《羅振玉學術論著集》第三集,上海古籍出版社2010年版,第33頁。

十五六歲時,校《金石萃編》,蓋以王昶此書成於晚年,迫於授梓,校讎頗疏。自敘"玉以光緒壬午(1882)廣購碑板,校刊是書",①歷五月而校讎七百餘碑。《萃編》一書之卷十六有《石經殘字》,雖無實物可校,其瀏覽翻閲,知有熹平石經,當在情理之中。二年後,將平時校記外之心得匯成《讀碑小箋》。光緒十二年(1886)校《寰宇訪碑録》,匡正三百餘處,於石刻已深有涵養。至一八九一年自輯《面城精舍雜文甲編》,中有《漢石經〈牧誓〉"任父母弟"解》一篇。《牧誓》石經文字即見於《隸釋》,可探知其在校刊碑刻時非唯關注石經,且已有頗見功力之見解。《隸釋》卷十四載漢石經《牧誓》有"任父母弟不迪"一句,而《尚書·牧誓》作"昏棄厥遺王父母弟弗迪"。清代著名石經學者馮登府在《漢石經考異》中僅云"任"即"王"字。羅氏不以為然,作考云:

> 考《爾雅·釋親》"父之考為王父,父之妣為王母",《廣雅·釋詁》"王,大也"。王訓大,故今王父、王母亦稱大父、大母。又《爾雅·釋詁》及《詩·賓之初筵》"有壬有林"傳均云:"壬,大也。"任與王通。《詩·燕燕》"仲氏任只"傳:"任,大也。"任父母即壬父母,猶言大父母,亦猶言王父母,初無二義也。邇來治《書》家於此咸無論議。馮説辯而未當,姑補釋以質之方家。②

以《爾雅》、《毛傳》訓釋解《尚書石經》與《今文尚書》異文,信而有徵。後於光緒二十年(1894)在淮安以高價得山東碑估劉金科正始石經《尚書·君奭》殘字拓本一紙,驚為奇寶。明年(1895),在會典

---

① 羅振玉《金石萃編校字記》,《羅振玉學術論著集》第五集上,第3頁。
② 羅振玉《面城精舍雜文甲編》,《羅振玉學術論著集》第九集,第8頁。

館得見福山王懿榮所示《君奭》拓本並《漢石存目》二卷。[1] 二十六年(1900)又從山左范估得知《君奭》來路。自此,熹平石經和三體石經之概念已深印於腦際。然其於熹平石經予深入全面研究,並做出杰出之成就,則遲在王國維開創石經研究新範式,著成《魏石經考》之後。

二、王國維魏石經研究與羅、王書信所見之學術切磋

一九一六年初,王國維應哈同之聘,由日本乘船來滬,為其主編《學術叢編》,並自作學術研究。四月,静安由探究《史籀篇》文字而悟徹戰國東西土文字不同,從而對魏石經之古文發生興趣,取而加以研究。由於静安頗具嚴密之邏輯推理和整體性思維,在研究魏石經古文同時,對魏石經之行款、碑式、碑數及書寫體式等皆有思考和涉及。雪堂當時猶在東瀛,静安每有所思所獲,必馳函與之疑義共析,成果分享。而雪堂亦出其資料所有,貢其智慧所得,魚雁往返,成就了羅、王學術研究史上一段佳話。

一九一六年四月二十日,静安取楊守敬所藏三體石經殘字拓本觀玩,"排列其行款,始知每行經文二十字,並三體計之,則六十字",此種思維已突破常規文字研究進而涉及形制探求[2]。他由此取《隸釋》所録之魏石經殘字予以復原:

> 據此行款以求《隸續》所録殘字,《隸釋》尚未借到,先據馮柳東書推之。亦皆每行六十字,凡《隸續》所存字亦可圖其殘石形狀,惟所存殘石在碑之上或下則不可定耳。《隸續》所載

① 羅將《漢石存目》藏諸篋中,時加訂正,垂二十年而成《增訂漢石存目》,其中即有《熹平殘碑》《三體石經尚書殘石》等目。按,《三體石經尚書殘石》目見尹君年《魏晉石存目校補》,蓋附於王懿榮《漢石存目》後,且此即是洛陽出土而歸於黄縣丁氏者。《羅振玉學術論著集》第五集,第 160 頁。

② 王國維此舉很可能受到清翁方綱之啓發,詳筆者《王國維之魏石經研究》一文所述。

本據蘇望民摹刻之本,字頗有顛倒錯亂,前人皆謂是《左傳》殘字,國朝臧玉林始從其中分出《尚書》,孫淵如復作《考》二卷,此君粗淺,必不佳。今借此書未到。擬作《魏石經考》一篇,並附以圖,惟《春秋》尚有若干字不能知其在何處耳。[①]

靜安認為"考證此事亦極有趣味",緣此產生撰作《魏石經考》之想法,並將此設想致函遠在東瀛之雪堂。一個月後,靜安又致函羅云:"近考得三字石經每行六十字,以此行款排比《隸續》所存殘字,得《尚書·大誥》殘石一段,《吕刑》及《文侯之命》殘石一段,《春秋·桓公經》《襄公經》各三段,而宣公經一段最長,得三十行。中間空三行。疑魏石經每碑三十行,行六十字。"而於三體石經《古文尚書》用何家傳本,頗有疑問,乃一並致函請教云:"唯《尚書》究用何種,梁有三字石經《尚書》十三卷,則與僞孔卷數同。殊難斷定,不知先生何以教之。"[②]雪堂得其函,甚為驚喜,覆函云:

三字石經竟將字數、行數與石數計算相合,此大快事。與"雁"字從"□"同一可快。梁之三字石經《尚書》難定,想石經及《隋志》稱"梁有"者,乃據阮孝緒《七録》,恐未必梁時於魏石經之外,尚有它種三字《尚書》也。[③]

靜安、雪堂之致覆問答,開啓兩人在漢魏石經研究上之序幕。前後數月,主要以靜安不時報告研究進展與成果為主,雪堂時則參與討論、提供資料,並亦應時解答某些疑問。下面條述其主要之成果。

一九一六年五月廿八日,靜安致函報告離析《隸續》石經為十三段,適與郭忠恕十三紙相合,可見其價值。又前曾對《尚書》所用

① 王國維《書信日記·書信》,《王國維全集》卷十五,浙江教育出版社、廣東教育出版社 2010 年版,第 120 頁。

② 《王國維全集》卷十五《書信日記·書信》,第 138 頁。

③ 《永豐鄉人書札·致觀堂》第六册,《羅雪堂全集》,杭州華寶齋,第六十四葉 A。

為何本不明，此時雖云不能明其為何本，然發現《吕刑》和《文侯之命》殘字之行數、字數相接，中間無容《書序》之餘地，遂知三體石經所用仍同馬、鄭《書序》别行之本，與今傳《孔傳》本異。同時求借夏竦《古文四聲韻》一書。

六月四日，雪堂覆函云："奉示，悉一切。承告研究三體石經成績，可快可快。《古文四聲均》寄檢，古寫本《尚書》一册，即奉贈左右，以補鄴架之缺。"①

六月五日又覆云："《吕刑》及《文侯之命》間空字，弟於此事夙未究心，故思之不得其解。至隸古定《書》，曾略究心，薛氏《古文訓》全非郭、夏所見之舊，而英公之於郭忠恕書中所徵引，亦不甚同。夏詳而郭略。前人謂英公因襲郭書，其言甚誤也。總之真未改字本，誠如陸德明所謂古文無幾，薛書則否矣。薛書刻入《通志堂》，然書多難檢，劉聚卿叢書匯總有吾鄉李慶百先生《書古文訓考釋》，並刻薛書，公可取閱之，此書各坊多有之也。"②雪堂對静安排比《吕刑》和《文侯之命》間字數而推測其間無法容《書序》一點，初不能理解，蓋自言其未曾究心。其實静安此一眼光極為犀利，對漢魏石經之復原有極為重要之意義。兩公往返書缺有間，或静安曾致函解釋，或雪堂思而後得。從雪堂後來對熹平石經殘石之復原看，已完全理解静安之想法，並推而廣之應用到熹平石經研究中。覆函又將自己對薛書之理解與心得告訴静安，俾其利用。

六月十五日，静安致函雪堂，告以魏石經以每行六十字，每八字當建初尺一尺弱度之，全碑高當八尺，廣四尺，每碑三十五六行，共三十五碑。"其種數除《尚書》《春秋》二經外，《左傳》僅刻至莊公。又知《尚書》無孔壁逸篇，亦無僞孔二十五篇。又以天寶未改字本《尚書》較三體古文，同者固多，異者亦不少，知僞孔本當出東晉之初，其人當及見魏石經而竊取其字後，故作異同，以貌為孔壁

---

① 《永豐鄉人書札·致觀堂》第六册，《羅雪堂全集》，第六十六葉 B。
② 《永豐鄉人書札·致觀堂》第六册，《羅雪堂全集》，第六十七葉 B。

真本者也"[1]。五日後之二十日,靜安又致函雪堂,談論錢梅谿所藏石經之真僞,並詢問雪堂所見魏石經是否表裏刻字。

六月二十七日,雪堂覆靜安云:"揭發梅谿之伏,誠為至快。"而於魏石經是否雙面刻字一事作覆云:"魏石經乃東估老范(即弟所從詢殷墟遺址者)得之洛陽某村路旁小茶肆,面已遭椎擊,范估見其似有字迹,然已僅存筆畫,手摸石背,則確有字跡,乃反轉觀之,即石經也,遂以二千錢購得之。此弟親聞之老范者,則石確是兩面刻也。"[2]

靜安收到羅函,於七月四日作覆致謝。因購得端方《石經殘字》影本,校覈錢梅谿本,更證其僞,於七月六日又致函云:"漢石經每行字數,今以端本計算,則每行大抵七十三四字。因古今本字數不同,不能確定每行若干字。而錢本《公羊》獨每行八十四字,益見其僞矣。"[3]復又牽涉熹平石經之行款字數。

雪堂得函理當有覆,今不存。以上圍繞靜安撰寫《魏石經考》前後數月中兩人鴻鴈來去,討論涉及漢魏石經之字體行款、碑制大小、正反鐫刻、碑數多少等問題。靜安每一心得或新發現,雪堂均是第一位聞者和證成者。《魏石經考》撰成之後,立即刊於靜安所主持編輯之《學術叢編》中。是《考》分為八篇,第一漢石經經數石數考、第三漢魏石經經本考兩篇對漢熹平石經之碑數形制、行款字數、所取經本都有論證與推測。尤為重要者即前文所述利用兩篇之間所容字數,來推測魏石經《尚書》是否有小序,對以後復原熹平石經《魯詩》《尚書》乃至整個碑圖都有指導意義。

三、羅振玉對熹平石經之蒐輯、整理與編集

靜安撰《魏石經考》,雪堂雖僅作為與聞者和證成者,然其對漢魏石經大至經本取法,小到字形點畫,都已瞭然於胸。一九二二年

---

① 《王國維全集》卷十五《書信日記·書信》,第145頁。
② 《永豐鄉人書札·致觀堂》第六册,《羅雪堂全集》,第七十八葉A。
③ 《王國維全集》卷十五《書信日記·書信》,第156頁。

年底，河南洛陽出土大塊三體石經，一時轟動上下，盜發者蜂至。一九二三年五月，雪堂擬與馬衡、徐森玉二人由津浦往洛陽訪太學遺址及石經，後因事未能同行。雪堂於《石交録》記其事云：

> 吴興徐君森玉鴻寶與其友往，瀕行，予告以魏文《典論》與石經同列，石經既出，《典論》或有殘石，幸留意。徐君諾之。既抵洛，郵寄小石墨本數字，詢是否為《典論》。予閲之，乃漢石經《論語·堯曰篇》殘字也，為之狂喜。亟移書請更搜訪，遂更得殘石十餘。此漢石經殘石發見之始。①

徐、馬臨行，雪堂所以勸以留意《典論》者，蓋因前此出土，皆三體石經，當時同刻《典論》。而徐氏所得殘石，既非三體字形，故郵寄之詢為《典論》否。雪堂於漢石經曾經考證，素有涵養，在靜安考證魏石經時附論熹平石經行款、碑式後，對漢石經有更深認識。當其頃接墨本，見如下數字：

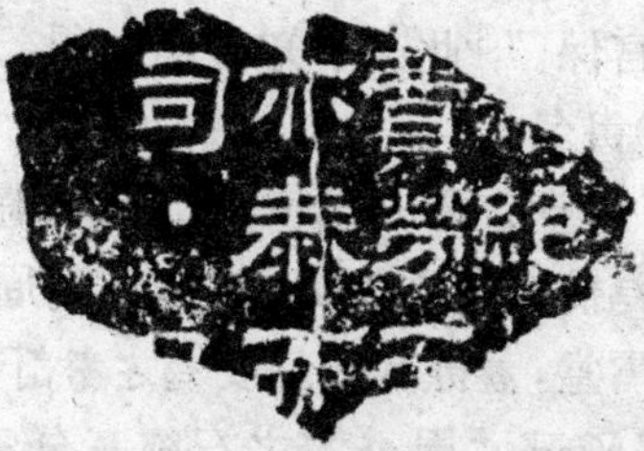

即能辨識為漢石經《論語·堯曰篇》文。第一行存"繼絶世"之"絶"。第二行存"惠而不費勞而不怨"之"費勞而"三字，第三行存"斯不亦泰而不驕乎"之"亦泰而"三字。亟速移書令二人關注，於是在洛陽太學村地區掀開新一輪之石經挖掘蒐尋工作。

---

① 羅振玉《石交録》卷一，《羅振玉學術論著集》第三集，第206頁。

(一) 羅振玉對熹平石經之蒐輯

自洛陽太學村發現熹平石經後,最初所得約二百塊多為馬衡、徐森玉所有。雪堂除先睹《堯曰》篇殘石及少數幾塊外,並未獲睹全部。此後數年中續有發現,皆為賈客掠取,輾轉兜售於學者與收藏家之手。雪堂雖為辨識熹平石經之第一人,然三五年中所見皆零星拓本,雖竭力蒐羅影拓,隨時考釋,無奈所獲有限。下面從羅、王書中函勾稽其前後所得之拓本。

一九二三年六月五日雪堂致靜安云:"今日得周季木所得三字石經殘字,乃《益稷》篇之文,其文録後。與徐森翁贈弟之拓本即洛陽寄來者正銜接,但中缺二字耳。乞轉告森玉兄,並乞為弟索熹平石經及'趙'、'敖'二字殘石各數紙,因前見贈者已為人索取也。叔平兄處新寄來之拓本,能見示乎。"①此知鴻寶曾有拓本贈羅。

六月七日靜安致雪堂函云:"叔平處之拓本似漢石經,乃'邱'、'來'二字(直列)。又一石,有'后'、'醢'二字可識(横列)。明日當見叔平,即行索之。"②此見叔平曾有拓本贈王。

七月二日雪堂致靜安函云:"洛陽石經二紙奉贈,祈惠存。又初拓四張,請轉寶宫保。"③此亦不知從何而得。寶宫保即寶熙,後為雪堂題寫《集録》書名。

七月三十一日雪堂致靜安函云:"周季木處亦藏漢石經碎石,另紙拓奉,暇請定為何經之文為荷。"④周進為周學海四子,金石收藏家,其所以奉贈雪堂,蓋欲其或靜安為之考訂。

八月十九日又函云:"周季木之石經三分索得,以一奉贈,其二,一贈叔平,一贈森玉,贈森玉者請交叔平轉交可也。"⑤

八月二十日雪堂再致函云:"季木處漢石經殘石四紙,為公索

① 《永豐鄉人書札·致觀堂》第十册,《羅雪堂全集》,第三六九葉 B。

② 《王國維全集》卷十五《書信日記·書信》,第 547 頁。按靜安所言乃指《春秋經·莊公三十二年》"梁丘"、"子來"二行殘字。

③ 《永豐鄉人書札·致觀堂》第十册,《羅雪堂全集》,第三七三葉 A。

④ 《永豐鄉人書札·致觀堂》第十册,《羅雪堂全集》,第三七九葉 B。

⑤ 《永豐鄉人書札·致觀堂》第十册,《羅雪堂全集》,第三八四葉 B。

得,又‘女説’一紙,均祈檢入。季木要求公有考證,請示彼為荷。”①

十二月十七日雪堂致靜安函云:“季木處‘君’字、‘人’字殘石拓本索得,奉寄,祈檢入。”②

二十八日雪堂致靜安函云:“今日淮生出示石經殘字,今有弟所無者,不知公有新得者否?”③淮生乃陳承修字,著名金石學家。

一九二四年二月十一日雪堂致靜安函云:“漢石經《公羊春秋》,弟作一跋,為式之取去,其每行實得七十字。”④

一九二六年四月二十一日雪堂致靜安函云:“昨於皖人孔氏處見漢石經《公羊傳》僖、成二公殘字近百名,乃得拓本於關中,殆近年關中亦有新出之石,已雙勾一本矣。”⑤

五月十日雪堂致靜安函云:“森玉藏漢魏石經拓本,已得一分。”⑥

以上書函所云,皆雪堂所得之拓本。其或亦曾購得殘石。一九二四年二月六日雪堂致靜安函:“元旦得郭玉堂書,附寄漢石經殘字,凡三石,二石可連合。”⑦郭玉堂乃洛陽賈客,嘗有《洛陽出土石刻時地記》。此或即以殘石售雪堂。雪堂前後蒐得殘石多少,今無可考。據其一九二四年七月二十一日致靜安函云:“叔平兄問石經事,自應隨時可以回贖。弟所購共四十九字,計正價五百廿元,又中費廿元,共五百四十元,有收據,請轉交叔平兄。但回購前十日,乞預示,尚擬拓數紙也。”此固指殘石,乃因馬衡欲蒐羅殘石集中於大學,遂由靜安中介回贖與馬⑧。知羅亦曾購買、傳拓、考釋、

① 《永豐鄉人書札·致觀堂》第十册,《羅雪堂全集》,第三八五葉 B。
② 《永豐鄉人書札·致觀堂》第十册,《羅雪堂全集》,第四〇三葉 A。
③ 《永豐鄉人書札·致觀堂》第十册,《羅雪堂全集》,第四〇六葉 B。
④ 《永豐鄉人書札·致觀堂》第十册,《羅雪堂全集》,第四一〇葉 B。
⑤ 《永豐鄉人書札·致觀堂》第十一册,《羅雪堂全集》,第四五三葉 B。
⑥ 《永豐鄉人書札·致觀堂》第十一册,《羅雪堂全集》,第四五四葉 A。
⑦ 《永豐鄉人書札·致觀堂》第十册,《羅雪堂全集》,第四一〇葉 A。
⑧ 《永豐鄉人書札·致觀堂》第十册,《羅雪堂全集》,第四二八葉 A。

轉售，然經手殘石，確實不多。

從以上羅、王往返信函得知，馬、徐兩人所得熹平石經，一時尚未集中傳拓，乃因情因事、或多或少輾轉流傳於友朋之間。其後洛陽、陝西各有出土，賈客、藏家互相交易，藏家、學者復又傳拓、考辨，甚有作為壽慶禮物。雪堂在與靜安往復討論、考釋中竭力蒐集，然所得仍然有限。

一九二八年，陳承修欲合諸家所藏會拓以傳，因事南下，乃囑其友孫壯代編，此即《漢魏石經集拓》初集。此集收漢魏石經一百十六石，一千零九十八字。當時印製僅三十本，雪堂得一本，與前此所見所藏互有出入。為日後編集《集録》之基本資料。

（二）羅振玉對熹平石經整理與編集

靜安作《魏石經考》，對熹平石經形制有較為合理之推測。其研究方法與推導理念對雪堂頗有影響。洛陽新出三體石經後，靜安覓取新拓進一步研究，撰《魏石經殘石考》，同時對熹平石經亦有更深之認識與見解。如其一九二三年七月二十三日與馬衡函云："又'具瘁以'一石確是《小雅·四月》之詩，因漢石經《論語》每章之首空一格，則《魯詩》每章亦當爾也。謹以奉聞。"[①]已進而涉及各經書寫格式。一九二四年五月二十二日雪堂致函靜安云："檢點石經殘字拓本，作一完善之考訂，甚善甚善。此稿若成，可以直稱石經，由津廠上石印行。至拓本則别為一書可也。"[②]時靜安《魏石經殘石考》初稿已成，故此處所論當指熹平石經。雪堂深知靜安有整體性邏輯思維，故於熹平石經，亦嘗屬意於靜安，望其能寫出《魏石經考》一類專著，由其在津為之印行。然當時各家所藏尚未鳩集，難以蒐羅比觀，故"諸經書寫格式不能明晰，致行字無由確定，遂不果作"[③]，此誠限於時勢而無法畢功者也。一九二七年靜安自沉，熹平石經研究遂成夢幻泡影，致雪堂有"近世言石經者莫精於海寧

① 《王國維全集》卷十五《書信日記·書信》，第 812 頁。

② 《永豐鄉人書札·致觀堂》第十一册，《羅雪堂全集》，第四二二葉 A。

③ 羅振玉《熹平石經殘字集録序》(合編本)，《羅振玉學術論著集》第十集，第 346 頁。

王忠慤公之《魏石經考》。其考魏石經,並及漢刻之經數、經本、行字、石數,顧於漢石經未及為專書,遽完大節"之歎①,於是"乃為是編,以彌公之憾"②。

斯人已去,雪堂只能循靜安之思路,躬任熹平石經之研究工作。一九二九年七月,雪堂先取孫莊編輯、馬衡序次《漢魏石經集拓》中之熹平石經七十二石,將僅存一字無可附麗者删去,原為一石而離析者拼合,得五十二石,復益以己所藏二十七石,共七十九石編為《漢熹平石經殘字集録》。剛寫付石印,陶祖光寄新得《周易》殘字拓本二、《春秋經》拓本三、《論語》及校記各一,趙萬里予北海圖書館所藏序記二紙,計九紙,亟增入之,是為《集録》一卷。及已印成,陶又寄贈《魯詩》拓本二紙、校記一紙,《禮經》二紙、《公羊傳》二紙,無法補入,遂别寫為《補遺》一卷。兩卷總計殘石九十,經文及校記八百三十九字,《序記》三百零五字,合一千一百四十四字。

《集録》付梓,雪堂曾致函友朋,求一九二八年新出熹平殘石之分藏於各家者,一時未能得。而洛陽賈客所拓新出殘石墨本百餘紙,為趙萬里得之。趙本静安弟子,故將拓本郵呈雪堂。雪堂選取其中字跡明晰者五十六石,得字四百二十六,編為《集録續編》。此編新獲《尚書》經文殘石與校記各一,為前所未見。《續編》既付印,趙又寄北海圖書館所藏拓本至,中有《尚書》三石,《魯詩》六石,《校記》一石,《春秋》二石,《公羊傳》一石,《論語》一石,總計十四石,經文六十一字,校記七字。遂編而附於《續編》之後為《續編補遺》。時在十月十日。

雪堂編輯《續編》時,洛陽又出土大塊熹平石經《周易》,此石出土時斷為兩塊,上段歸文廷式之子文素松收藏,下段歸于右任收藏。故雪堂移書南北知好,遍求此拓,而不可得。及《續編》上石印

① 羅振玉《漢熹平石經殘字集録序》,《歷代石經研究資料輯刊》第 5 册,北京圖書館出版社 2005 年影印本,第 194 頁。

② 羅振玉《漢熹平石經殘字集録序》,《歷代石經研究資料輯刊》第 5 册,第 196 頁。

行,陳承修從滬上寄上段拓本至遼,雪堂乃有《三編》之役。《三編》所收除《周易·家人》至《歸妹》十八卦外,又有《魯詩》六石,《春秋經》一石,《公羊傳》四石,總計十三石,得字五百廿五。《三編》編定,雪堂又選《續編》(趙寄洛賈拓本)所餘拓本中稍可辨識者,擇《尚書》一石,《魯詩》四石,《春秋經》三石,《公羊傳》五石,計十三石四十三字,附於《三編》之後為《三編補遺》一卷。時在十一月五日。

《三編》印行逾月,趙氏復又寄洛中新出殘石拓本,故雪堂著手編輯《四編》,初選計七十六石(中有一石離析為二三小石者),得字四百六十八。雖石碎字少,而七經具備。尤其是《儀禮》校記,亦前所未見。方始寫定,趙氏又郵寄新出殘石拓本數十紙,乃復選其三十一石,經文百九十一字,校記一石十二字,合前所寫定,為《四編》一卷。時在一九三〇年三月。《四編》寫定數月,雪堂門生關百益寄新出《魯詩》六石八十三字,《公羊經、傳》各一石二十二字,附於《四編》之末為《補遺》。時在六月八日。逾年,雪堂又見新出數石,乃寫定《四編又補》,計收《魯詩》六石,校記三石,《儀禮》二石,《春秋經》一石,《論語》一石。明年,洛中友人寄贈《易》《詩》《春秋》《禮經》《論語》計十三石百三十六字,編為《續補》一卷。至一九三四年,又有新得殘石,再編為《集録又續編》一卷,甫印竣,乃山左友人續有相贈,得《尚書》二石,《魯詩》四石,《論語》一石,集為《續拾》一卷。時已在十月。

當其編至《四編又補》之時,曾將前此九卷合併,依經為次,重新集為一編。不意此後仍有續得殘石,故有續合編之《漢熹平石經殘字集録補遺》一卷,而此卷所收内容與分編之《四編續補》《又續編》《續拾》三種不相重復。《補遺》印行之後,復加校理,發現失考和譌誤者五事,乃又作《補正》。至一九三八年秋季,作者又"始取諸編,益以新得,重加編訂,成書二卷","以前考訂,間有疏誤,亦為之訂正"。

一九二九年至一九三八年,雪堂不斷蒐輯熹平殘石,先後十六次編集、修訂《集録》,可分為分編和合編兩種系統。分編系統,即《集録》《集録補遺》《集録續編》《集録續編補遺》《集録三編》《集録三編補遺》《集録四編》《集録四編補遺》《集録四編又補》和《集録續補》《集録又續編》《集録續拾》。合編系統，即將《集録四編又補》以前九卷合編，書名仍舊，其後又有《補遺》和《補正》，最後滙輯成《增訂漢熹平石經殘字集録》二卷。其所著録殘石數和字數，因前後有拼接和辨識差異，亦微有不同。據其合編本《集録》《補遺》統計，由三百五十一石，併為二百六十石，總四千四百二十九字。如若加上最後三種内容不同之分編七十六石，六百字，是則共著録四百二十七石，五千零二十九字。至《增訂集録》所收"總得五千五百九十三言，諸經校記一百八十言，合以序記殘石，總得六千一百六十三言"①。

熹平石經之發現與尋覓，最初多是古董商聯手平民甚至盜掘者所為。為獲利發財，原石和拓本輾轉於古董商與學者之間，間或有一二有識之士收集而歸存公益機構。由此帶來之問題是：真贋相雜，難以分辨；傳拓惡劣，模糊不清；分藏南北，難以聚集。以一人或一機構之力匯聚而畢陳之，勢所難能。幸有趙萬里、陳承修、關百益等為雪堂四處搜羅彙集，使其能在幾年中串聯散珠，裒成鉅觀。尤可筆書者，是他當年以六十多甚至七十多歲之高齡，不畏其艱、不厭其煩地蒐集、整理，直至逝世前兩年，猶在重新修訂，體現出一位學者為保存國粹，追求一種"春蠶到死絲方盡"之精神境界。當然更值得稱道者仍是他研究熹平石經之豐碩成果。

四、羅振玉對熹平石經之研究

自雪堂辨識《堯曰》篇文字後，馬衡率先在北京大學《國學季刊》一卷三期上發表《漢熹平石經論語堯曰篇殘字跋》，其後各家雖有考釋辨證，皆一字一石之識小而已。羅、王二公在蒐輯傳拓的同時，亦兼加考釋。一九二三年十二月十日雪堂致静安函云："承詢

① 《羅振玉學術論著集》第十集，第614頁。

漢石經二章,石上第一行乃‘優’字,非‘傷’也。”[①]十一日又函云:“承示漢石經‘黍父’石,恐是校記。弟意此石乃《毛詩·唐風》殘石,第一行乃‘之杜’;而第二行雖損泐,當是‘不佽’二字,第三行乃‘不能蓺稷黍,父母何怙’之‘黍、父’二字。又‘常其鴇羽’一石,乃‘曷其有常’,殆奪‘其’字,而注於‘常’字之下,‘鴇羽’則是篇題‘鴇羽三章章七句’也。《詩》字與他經不同,可見諸經乃數人書之也。”[②]此討論《鴇羽》一詩殘石,進而論及其書手。然此亦逞臆而談,非專門研究。一九二七年吴維孝著《新出漢魏石經考》出版,其所謂“考”亦僅描寫殘石形制尺寸和文字殘損程度等[③],於異文、行款、章次、篇次、碑制、家法等少所涉及。真正對熹平石經進行深入研究者,當自雪堂《集録》始。

嚴謹的科學研究,與良好完美之設計相關。静安研究魏石經,在復原碑圖設計上,用粗體大字標示殘石文字,細體小字表示補出經文,此頗能客觀反映研究對象。然因係手書,書寫者不易明晰,而讀者亦易忽略。雪堂研究漢石經,改進此種標示法。其圖示文字分為兩欄,上欄轉寫殘石文字,大字照録,凡一字僅存數筆而可確知為某字者,用小字側書;下欄則録出相應經文,凡殘石所有之字則用“—”綫表示。至一九三〇年纂合編時,廢弃“—”代字法,直接寫出經文,而在右邊將殘石所有之文字加點標識。若存字較多一望而知其為何經者,則不復録出經文。一石之後標明殘石文字為何經何篇,俾讀者一目瞭然。雪堂纂輯《集録》,原擬附上拓本,因拓本效果不理想,故由其子羅福頤等影寫雙鈎殘石文字,附於書末。雪堂云:“予此書集録外,並附句本,蓋恐予之考證有疏失,後人得據句本以補正之,是區區之微意也。”[④]此區區微意,卻表達出

① 《永豐鄉人書札·致觀堂》第十册,《羅雪堂全集》,第四〇一葉 B。
② 《永豐鄉人書札·致觀堂》第十册,《羅雪堂全集》,第四〇二葉 A。
③ 吴維孝《新出漢魏石經考》四卷,民國十六年(1927)上海文瑞樓書局影印《愨齋叢書》本。
④ 羅振玉《漢熹平石經集録後序》,《歷代石經研究資料輯刊》第五册,第348頁。

嚴謹的學術態度。

雪堂研究之方法極為簡單而篤實,亦即以殘石文字為基點,逐字逐句校覈經文,説明每行字數。然運用此種方法必須有廣博之經史小學涵養,方能在字數、行數差異下發現各種經典文本之異同。

(一)以熹平殘石證所刊經本

後漢立五經十四博士,《詩》有齊、魯、韓三家,《書》有歐陽、大、小夏侯三家,《易》有施、孟、梁丘、京四家,《禮》有大小戴兩家,《春秋》有嚴、顔二家。熹平年間所刊係取何家經本?洪适《隸釋》收入五種殘石,唯《詩》云"石經《魯詩》殘碑",以其文字有異於毛而又有"齊韓"字。又云:"猶《公羊》碑所云顔氏,《論語》碑所云盍毛包周之比也。"[1]静安據之而云"漢石經《公羊》用嚴氏本,而兼存顔氏異字也","《論語》亦用某本"[2]。雪堂初編《集録》時無殘字可新證經本,唯於合編之際得見《書序》和《鄉飲酒第十》殘石。其在《鄉飲酒第十》殘石下云:"右《鄉飲酒》,首行為篇題。此篇《小戴》及《别録》皆第四,此作第十,知石經篇次用《大戴》也。"[3]鄭玄《三禮目録》所引大戴次序,《鄉飲酒》為第十,故雪堂謂"篇次用大戴"。其校讀《書序》僅云"此《序》當在經文之末,《校記》之前","石經有《書序》,亦前人之所未知,至可喜也",[4]未直指其屬何家經本。然其《記小夏侯尚書》一文,從殘石《序記》陰面"易施氏郎中孫進……尚書小夏侯郎中"等字,確定"石經《尚書》乃用小夏侯本"。並云"前人治《尚書》者,採石經異字,知為大小夏侯、歐陽遺説,而不能確知為小

① 洪适《隸釋》卷十四,中華書局1985年影印晦木齋刻本,第152頁上。

② 王國維《魏石經考三》,《觀堂集林》卷十六,《王國維全集》第八卷,第485頁。

③ 羅振玉《漢熹平石經殘字集録補遺》,《羅振玉學術論著集》第二集,第475頁。

④ 羅振玉《漢熹平石經殘字集録補遺》,《羅振玉學術論著集》第二集,第472—473頁。

夏侯,則又於今日所見序記知之"①。又在《記梁丘氏易》一文中,謂"予近得漢熹平石經《周易·雜卦》殘石,其末行後題存'易經梁'三字,知《易》用梁丘氏本。觀往歲所出《序記》殘石,亦有'易梁'字,又有'施氏'、'郎中孫進'……益知《易》用梁丘氏本,而參以施氏諸家者也"②。對數種經本盡可能作了推測。(加註:《石經尚書》為歐陽本)

(二) 以熹平殘石證經本篇什篇次異同

《詩》四家之篇第章次異同,因三家篇章湮埋,無從談起。自宋趙明誠親睹殘石,曾云:"以世所傳經書本校此遺字,其不同者已類百言,又篇第亦時有小異。使完本具存,則其異同可勝數邪?然則豈不可惜也哉!"③八百年來,仍未有論者。即靜安著《魏石經考》而論及熹平石經石數經數,猶未敢置喙。雪堂在系統整理熹平殘石時,終於屢屢發現魯、毛篇第章次之異。如熹平石經五七殘石④:

此為《小雅》殘文。《毛詩》序次是《採芑》《車攻》《吉日》《鴻鴈》《庭燎》《沔水》《鶴鳴》《祈父》《白駒》。此石第一行"其車三千"為

① 羅振玉《記小夏侯〈尚書〉》,《松翁未焚稿》,《羅振玉學術論著集》第十集,第445—447頁。

② 羅振玉《記梁丘氏〈易〉》,《松翁未焚稿》,《羅振玉學術論著集》第十集,第443頁。

③ 趙明誠《金石録》卷十六,四部叢刊本,第十一頁A。

④ 羅振玉《集録》所列殘石無標識,不易檢尋,以下所舉一律用馬衡《漢石經集存》一書之標號,以便按覆。

《採芑》第三章文，第二行“顯允方叔征伐玁狁”為第四章文，第三行“駕彼四牡四牡驛驛”為《車攻》第四章文，第四行“有聞無聲允也君子”為第八章文，第五行“其麌孔有”為《吉日》第三章文，皆與《毛詩》同，唯第六行“所為伊人於焉逍遥”為《白駒》第一章文，中間隔《鴻雁》《庭燎》《沔水》《鶴鳴》《祈父》五詩。《吉日》為《毛詩·南有嘉魚之什》最後一篇，而《白駒》是《毛詩·鴻鴈之什》第六篇，故雪堂云：“此又魯、毛篇次之異矣。”[①]又熹平石經一〇〇殘石：

此為《大雅·旱麓》《靈臺》《思齊》《皇矣》殘石。雪堂云：“今《毛詩》次第為《旱麓》《思齊》《皇矣》《靈臺》，《魯詩》則《旱麓》之次即為《靈臺》也。”又熹平石經一〇三、一〇六兩截殘石：

以上兩塊為《大雅·既醉》至《蕩》殘文。雪堂合《毛詩》校讀後云：“此石前五行為《既醉》、《鳧鷖》，後數行則為《民勞》《板》。案今

---

① 羅振玉《漢熹平石經殘字集録·魯詩》，《羅振玉學術論著集》第二集，第129頁。

《毛詩》之次《鳧鷖》之後為《假樂》《公劉》《泂酌》《卷阿》,以後乃為《民勞》《板》,魯、毛篇次不同。今以《鳧鷖》下接《民勞》,每行均七十字。"《假樂》《公劉》《泂酌》《卷阿》不接《鳧鷖》,已顯示魯、毛篇次之不同。然其安置何處? 是當尋究。雪堂據熹平一一五殘石《韓奕》《公劉》相接,則將其置《韓奕》後,復據一一八殘石《桑柔》《瞻卬》《假樂》相接,知《假樂》在《瞻卬》後。抑不止此,他還因此殘石最後一行為"□□句·生"四字,進行反復推算,其結論云:"今《毛詩·板》為《生民》之卒章,《板》八章章八句,後有'生民之什十篇六十五章四百三十三句'十六字,以後為《蕩之什》。今以《蕩》接《板》,刪去'生民之什'十六字,直以《蕩》接《板》,則下行'興是'二字正與前行殘字相齊,是《魯詩》無《板之什》耳。《假樂》殘石'六句'二字下空一字,有'生'字,乃《生民之什》後題,疑《毛詩·蕩之什》為《魯詩》所無,《魯詩》但有《生民之什》矣。"[1]辨別仔細慎密,考證精詳確鑿。

當然,因石經殘缺過甚,亦有至今難以排列妥切者。如熹平石經二七殘石:

此為《鄭風》殘文。《毛詩》序次是《大叔於田》《清人》《羔裘》《遵大路》《女曰雞鳴》《有女同車》《山有扶蘇》《蘀兮》《狡童》《褰裳》《丰》《東門之墠》。雪堂認第一行"有"上一字為"山",乃"有女同

① 羅振玉《漢熹平石經殘字集録·魯詩》,《羅振玉學術論著集》第二集,第141頁。

車"殘文,第二行"兮"下為"其三"二字,因懷疑《魯詩》《有女同車》在《羔裘》前。張國淦《魯詩碑圖》參考雪堂意見,將《遵大路》《女曰雞鳴》《有女同車》《羔裘》《清人》《山有扶蘇》相次接《大叔於田》後,則《有女同車》和《羔裘》一行僅得五十六字,遠不足一行七十二之數①。馬衡辨識第一行"有"上一字為《羔裘》"孔武有力"之"武",第二行"兮"據《釋文》或本指為《遵大路》"不寁好兮"之"兮",故認為《魯詩》順序應為:《羔裘》《遵大路》《有女同車》《山有扶蘇》《蘀兮》《狡童》《褰裳》《丰》《東門之墠》九篇相接②。按馬説九篇之内字數妥帖,然《清人》《女曰雞鳴》若接《大叔於田》後,必有一行只有六十字左右。唯有去《清人》一詩,方始妥帖,然此事關重大而不敢臆説者也。

(三)以熹平殘石證經文章次異同

兩漢《禮》有大小戴及慶普,《詩》則有魯、齊、韓、毛,各家篇第有異,章次亦有不同。雪堂校讀殘石,所得章次不同者數事。魯、毛章次不同者,如熹平殘石九:

① 張國淦《漢石經碑圖》第三面,1931 年排印本,第 17 頁。
② 馬衡《漢石經集存》,科學出版社 1957 年版,第五葉 B 下。

此為《邶風·日月》至《式微》八篇。其最後一行為"微式微胡不歸微君之故胡為乎中路其二式微□章□四句",是為《式微》文。雪堂由此探索《式微》章次問題,云:"末行'微君之故',數其行字之數,由前行'生'字起,訖'胡不之不得'七十三字,則末行乃《式微》之次章,知《毛詩》以'中露'為首章,《魯詩》則以'泥中'為首章,是毛、魯二家章次有不同矣。"[①]又熹平石經四二:

此為《秦風·終南》至《晨風》殘文。第一行殘文為《終南》第一章"其君施(《毛詩》作'也')哉",第二行為《黄鳥》第一章"殲我良人",《黄鳥》每章四十六字,第三行為"仲行惟"三字,則只能屬於《黄鳥》第三章文。故雪堂云:"《魯詩》則'鍼虎'為次章,'仲行'為三章,此又魯、毛章次之異矣。"[②]至《禮經》章次不同者,如熹平石經四二〇:

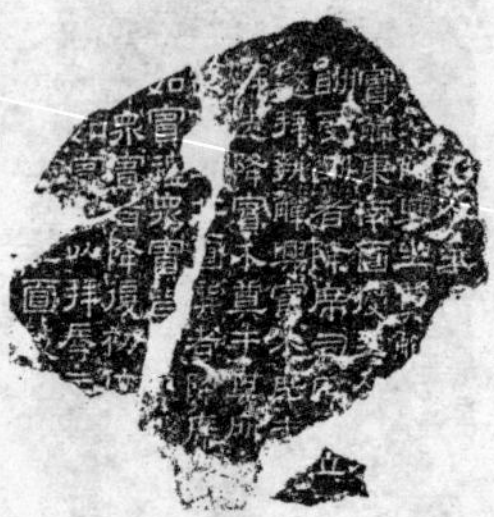

① 羅振玉《漢熹平石經殘字集録·魯詩》,《羅振玉學術論著集》第二集,第118頁。

② 羅振玉《漢熹平石經殘字集録·魯詩》,《羅振玉學術論著集》第二集,第126頁。

此為《儀禮·鄉飲酒禮》殘文。《儀禮》十七篇,有十一篇經文末皆有記文。殘石末行"北面鼓"乃《鄉飲酒禮》之記文,依胡培翬之分段,記文從"鄉朝鵬而謀賓介"始,分為"記鄉鵬及解不宿戒"、"記器具牲羞之屬"、"記禮樂儀節隆殺面位次序"三章。殘文"北面鼓之"在第三章,上距記文開始有二百多字。雪堂校讀排比之後云:"末行之'北面鼓'三字乃記文'磬階間縮霤,北面鼓之'之殘字。由第十行首數至此,得二百餘言,不應行次相連。知《儀禮》章次古今文亦有異同,前此治《禮經》諸儒所未知也。"[1]凡此皆以前單憑經學傳本所無法探知者,因殘石之重現,經悉心之排比,掀開古今經文章節異同之一角。

(四)以熹平殘石證經本章次多寡

先秦經典之流傳,多以簡牘為媒介。簡牘一旦散亂,章節難以連綴,或移甲冠乙,或甲乙顛倒,所在多有。及至各承師法、家法傳授,恪守不敢輕改,是以舛亂狀況,遺留千年。經本章次之多寡,詩章中最易發生。四家詩章節互有異同多寡,雖有鄭玄、孔穎達等人道及,而無從證實。熹平殘石出土,雪堂即據以論證。如熹平石經八四殘石:

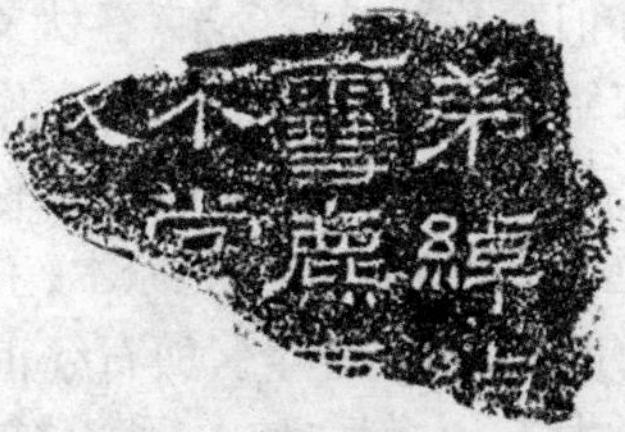

此為《小雅》《角弓》《菀柳》《都人士》殘文。雪堂以之與《毛詩》校讀,謂"首二行均七十字,依行七十字計之,弟四行與前行'不'字並列者,當為《都人士》首章'行歸於周'之'歸',今此石與'不'字齊

① 羅振玉《漢熹平石經殘字集録·儀禮》,《羅振玉學術論著集》第二集,第158頁。

列之字僅存‘戈’旁殘畫,絶非‘歸’字。若删弟一章,則與‘不’字並列者正值次章‘我不見兮’之‘我’。‘我’字殘畫下似存‘不’字首一畫”。他引述四明馬裕藻之言云:“《毛詩正義》謂《韓詩》無首章,石經殆始次章。”以為馬説是,並引鄭玄《緇衣》注“此詩毛氏有之,三家則亡”和孔穎達《毛詩·都人士》正義“今《韓詩》實無此首章”而辨證之:“據《禮記》注,似三家無《都人士》全詩;據《詩正義》,則《韓詩》但無首章。今以此殘字證之,則《魯詩》亦但無首章耳,非全詩俱亡也。”[①]此一經學公案至郭店簡、上博簡《緇衣》出土,方始有一個結論[②]。

(五)以熹平殘石證傳本文字異同

十四博士各以師法家法教授,其經文文字互有異同。熹平石經《詩》取魯,《書》取歐陽,《易》取梁丘氏,《禮》取大戴,《春秋》取《公羊》,故石經與各家之間頗多異文。雪堂《集録》中每逢異文,取校傳本,稽覈《釋文》,參考漢注唐疏及清儒新疏,並引據漢魏六朝碑刻、敦煌殘卷、東瀛藏本予以釋證。前後所見,不勝枚舉,僅選擇數條,以示一斑。

1. 以殘石證今本文字形誤。熹平殘石二九七(《春秋·成公二至十二年》)有“鄭伯紑卒”一句,今本《春秋·成公四年》作“鄭伯堅卒”。雪堂先用宋紹熙余仲仁本校勘,余本作“臤”,注云:“伯臤,苦刃反,本或作‘堅’。”此本《公羊傳釋文》。徐彦疏本作“堅”,與《開成石經》合。雪堂云:“此作‘紑’,見原本《玉篇》:‘古賢、古兩二反。《公羊傳·成公四年》鄭伯紑卆。’與石經正符。今本《玉篇》則誤‘紑’為‘絙’,注:‘古千、古兩二切。《成公四年》鄭伯絙卒’。既譌其文,又删其注,於此知古寫本之可貴矣。”[③]原本《玉篇》係雪堂

① 羅振玉《漢熹平石經殘字集録·魯詩》,《羅振玉學術論著集》第二集,第137頁。

② 參見拙文《從簡本〈緇衣〉論〈都人士〉詩的綴合》,《文學遺産》2007年第5期。

③ 羅振玉《漢熹平石經殘字集録·公羊春秋經》,《羅振玉學術論著集》第二集,第172頁。

從東瀛影寫攜歸,適可印證殘石文字,故以為可貴。熹平殘石九《匏有苦葉》殘文"濟盈不濡軌",亦以殘石文字證《釋文》和《開成石經》及今本《毛詩》之誤。

2. 以殘石印證古今文。熹平殘石四二〇(《儀禮·鄉飲酒禮》)第七行有"僎者降席"殘文,今本《儀禮·鄉飲酒禮》作"遵者降席",鄭注:"今文'遵'為'僎',或為'全'。"雪堂又舉《禮記·冠義》"介僎,象陰陽也"鄭注:"古文禮'僎'皆作'遵'。"《少儀》"僎爵"鄭注:"古文禮'僎'作'遵'。遵謂鄉人為卿大夫來觀禮者。'僎'或為'騶'。"以此證石經作"僎"為今文,與康成注合。又熹平殘石四〇四(《士虞禮》)第三行有"明日以其胖祔"一句。今本《士虞禮》作"明日以其班祔",鄭注:"班,今文為'胖'。"雪堂云:"又《既夕》注亦云'今文班為胖',此正作胖。"[①]石經文字多是鄭注所謂今文,可證當時所鐫確係今文,非鄭玄雜糅古今之本。

3. 分別四家詩異文與《毛詩》異文。清人每見《詩》有異文,則必試圖分隸四家。雪堂則有獨特見解。如熹平殘石一《周南·關雎》"仇"字,今《毛詩》作"逑",王先謙等謂魯、毛異文。雪堂引舉《禮記》《漢書》《後漢書注》及《文選注》引《毛詩》皆作"仇",遂謂"非魯、毛異文也"[②]。此種認識,對進一步整理《詩經》異文有積極意義。

4. 指出殘石文字多譌別字形。熹平石經用漢隸書寫,漢隸乃當時通行文字,就中很多字形以今日標準衡量,屬譌別字形。雪堂在具體校讀中,一一指出分析,並於序中總結舉例云:"唐李陽冰譏中郎以'豊'為'豐',今諸經殘字間有俗作。如禾入水為黍,隸書省作'黍',而《魯詩》'黍苗'作'柔',从禾下木。《鳧鷖》之'鳧'作'鳬',從鳥下力。《儀禮·鄉射》'卻手'字當从卩,乃誤从卩,並為

① 羅振玉《漢熹平石經殘字集録·儀禮》,《羅振玉學術論著集》第二集,第164頁。

② 羅振玉《漢熹平石經殘字集録跋》,《羅振玉學術論著集》第二集,第202頁。

譌別。”①

5. 以新材料證經本異文。清儒疏釋經典異文,廣泛參稽隋唐以前之文獻,已幾無餘藴可發。雪堂身於二十世紀殷墟甲骨、敦煌卷子、居延簡牘重現天日之際,加之親自收集整理研究,又東渡日本,廣收彼邦漢籍古寫本,故凡所舉證,雖以文獻如《釋文》等為主,亦時援古文字、新出土碑刻墓志、敦煌《詩經》殘卷及前所舉日本所藏唐寫本《玉篇》殘卷等。例多不録。

(六) 探索石經書寫款式

雪堂於校讀過程中,不僅關注篇次、章節、文字異同,其於石經書寫款式亦多所留意。如殘石二四一《文言傳》後空二行,推測其一為《文言》末行,一為《説卦傳》題,遂云“觀此知傳題佔一行也”。此種題目空行形式為殘石六、七二塊上下同方位之一綫上皆有空行而證實無疑。又《説卦》次行“故易六畫二成章也”,“也”下空格加點,推測其“每章空一格”。《魯詩》殘石二第二行有小字“其一”,兩字當一格,推測《魯詩》每章末注章次,因批評洪適《隸釋》不録其厶字,乃校録之疏。殘石十七末行有“□國第六”字樣,雪堂推測云:“《毛詩·王風》前篇題為‘王黍離詁訓傳第六’,後題為‘王國十篇二十八章百六十二句’,據此知《魯詩》篇題前題亦稱‘王國’,與後題同,不作‘王黍離’也。”②經雪堂對每行字數、章與章之間空格、篇與篇之間空行和篇題、尾題等推測解釋,其他學者相繼補充,使整個碑圖之恢復有了可能。

(七) 從筆勢字體定熹平石經之補刻

鴻都石經刊成後,未盈一紀,旋有董卓兵火之災,略有損毀,又經永嘉之亂,復有毀壞,雖經補刻,先後難辨。一九二三年曾出土“黍父”,乃有四塊碎石拼接。當時靜安疑為校記,以詢雪堂。雪堂為之連綴疏通。後又出土“黍父”二字一石,與之重複,遂有真僞先後之判。

---

① 羅振玉《漢熹平石經殘字集録序》,《羅振玉學術論著集》第二集,第100頁。

② 羅振玉《漢熹平石經殘字集録·魯詩》,《羅振玉學術論著集》第二集,第121—122頁。

一九三一年，雪堂專就二石作研究，謂“以前曾見《杕杜》《鴇羽》殘字四行，曰‘之杜’，曰‘不’，曰‘黍父’，曰‘常其□鴇羽’，與此殘字重複，故曩疑此非《鴇羽》文，今詳校二石，知此為漢石原刻（引按，指右圖），彼乃後刻也（引按，指左圖）。此刻書法寬博，與他殘字同；彼則書勢局促方峭。且此刻‘臬’字，彼刻作‘黍’，考洪氏著録《魏風》殘字《碩鼠》‘毋食我黍’，字正作‘臬’，與此為一石，在此前十一行。又近出《魯詩》殘字……並書作‘臬’，从禾下木，雖為別搆，然足證其不作‘黍’。此彼為後刻，此為原刻之確證矣”①。並據史書所記，書跡特點，推測補刻在“典午之世”。由此比觀熹平殘石，可以認定有個別殘石文字皆係後刻。雪堂自云“以書勢定原石及補刻”後，其子羅福頤謂《集録》所收《大雅·抑》之“萬民”、“為則”四字，《春秋·莊公二十九年》至《閔公二年》之“許”、“戎”、“於”三字，筆勢皆局促方峭，與此殘字尤酷肖，故亦必為後刻。

以上七點為雪堂校讀熹平殘石所體現之研究方法和所得之學術成果。由於當時經本之複雜和出土殘石之有限，有些問題靠簡單之校讀難以解決。而其在校讀中隨文作解，前後也不免相左。雪堂於殘石絶大多數標出每行之字數，其在最先之《周易》殘石下

---

① 羅振玉《漢石經〈魯詩唐風〉殘字跋》，《松翁未焚稿》，《羅振玉學術論著集》第十集，第463頁。

曾云:“凡每行字數有多寡不等者,皆古今經本有異同也。”①此一凡例,似乎絶對。及其校讀到《儀禮》殘石時發現,“諸經行字皆横直相當,此二行則横列頗參差,‘皆’字下半當‘卒’字上半,‘拜’字在‘卒爵’二字間,‘送’字當‘爵’字下半及下一字上半,知諸經中間有行列參差者也”②。若有個别行間有横列參差,則每行字數必不一律,而字位多寡就未必顯示古今本異同。當然,像殘石三四四《公羊傳》:

其第七行“天下諸侯”與第八行“河上之邑也”之間,對校今本,相差六十餘字,則定係經本大有異同無疑。

《集録》為校讀劄記體式,短小之考證文字往往語焉不詳,須參考雪堂其他題跋融會其意,然讀者每多失於稽覈。如同石“矣”下“里”上之“點”,《集録》僅言其“以畫斷前後文字之首尾而不空格”,而在《漢熹平石經〈公羊春秋傳〉僖公成公殘石跋》中有詳細考證③。故合編本序言云:“《公羊傳》每歲冠以某年,其上空一格加

① 羅振玉《漢熹平石經殘字集録·周易》,《羅振玉學術論著集》第二集,第103頁。

② 羅振玉《漢熹平石經殘字集録·儀禮》,《羅振玉學術論著集》第二集,第165頁。

③ 羅振玉《漢熹平石經〈公羊春秋傳〉僖公成公殘石跋》,《丙寅稿》,《羅振玉學術論著集》第十集,第127—128頁。

點,至每事,則於首末兩字間加點而不空格。”[1]蓋即撮取跋文主意。《集録》在《周易》《尚書》下皆未論及其經本,故讀者多無視其觀點。如馬衡一九二九年著文推測石經《周易》用京氏《易》[2],一九四五年屈萬里撰《漢石經〈周易〉為梁丘氏本考》,後馬衡又作《漢石經〈易〉用梁丘本證》[3],皆不提雪堂意見。其實前舉雪堂《記梁丘氏〈易〉》一文作於一九三三年前。又屈萬里著《漢石經〈尚書〉殘字集證》,詳證石經《尚書》為小夏侯本,復溯其説始於吴維孝而不提雪堂[4]。而雪堂《記小夏侯〈尚書〉》不僅定殘石用小夏侯本,亦勘其文字異同以證之,作年與《記梁丘氏〈易〉》同。凡此,皆另有專文而於《集録》略之,因而為世人所忽[5]。

五、羅振玉熹平石經研究之成就與影響

雪堂自幼嗜好石刻,長遊四方,廣事蒐集輯刻。及與靜安相與研討漢魏石經,於鴻都殘石更增感情。因靜安之慧眼獨具,於考魏石經同時,對漢石經之行款、碑制多有述及,故當時雪堂曾有意囑其畢功於一役。不意靜安英年自沉,即《魏石經殘石考》尚未定稿,遑論熹平石經。雪堂哀悼歎惜之餘,毅然承擔起集録整理熹平殘石之工作。自一九二九年至一九三八年間,分輯編集、刊印乃至合

① 羅振玉《漢熹平石經殘字集録序》,《羅振玉學術論著集》第二集,第98頁。

② 見馬衡《漢熹平石經〈周易〉殘字跋》,《北大圖書館部月刊》一卷二期,1929年12月。

③ 屈氏自謂此文作於1945年3月。刊於1947年《“國立中央”圖書館館刊》復刊第一號。收入《書傭論學集》,臺灣開明書店1969年版,第1—6頁。馬衡《漢石經〈易〉用梁丘本證》糾正自己前説,見《凡將齋金石論叢》,中華書局1977年版,第227—230頁。

④ 屈萬里《漢石經〈尚書〉殘字集證》,《屈萬里全集》第二輯,臺灣聯經出版事業公司1984年,第41葉A。

⑤ 臺灣臺北文華出版公司和大通書局影印之《羅雪堂先生全集》輯印於1968—1977年,遲在屈萬里著漢石經二書之後,宜其為屈氏所未見。

編、修訂,先後凡一十六次,至垂歿始定稿,其堅韌不拔之精神由此可見一斑。

雪堂整理熹平石經時間長達十年,故其對石經之認識亦隨研究深入而臻於完善。方其初編《集録》,揭櫫五點,其一經數確為《周易》《尚書》《魯詩》《儀禮》《春秋經》《公羊傳》《論語》七經。其二經本確為今文,以為此可證成靜安所考定者。其三為每行字數各經不同,各石行字亦不同。其四為各經書寫格式亦不同,以為此可告慰於靜安知而未詳者。其五為《魯詩》篇次不同,此則為靜安所不及知者。至其編輯整理到十次,蒐集漸多,認識加深,乃重新梳理其研究所得,兹擇其犖犖大端者條述於下:

(一) 推明各經書寫款式。凡篇題佔一行。《易》上、下經中諸卦文蟬聯書之;每卦首畫卦象,當一字之位而不空格;《文言》《説卦》每章首空一格,復加點識之。《魯詩》每章末注章次;每篇末章句下空一格加點;每什後題亦加點而不空格。《春秋經》每易一年,空格加點。《公羊傳》每歲冠以某年,上空一格加點;每事則於首末兩字間加點而不空格。《論語》每章首空一格加點。

(二) 推明各經每行字數時有參差,並非一律,然一經大致有一定字數。

(三) 揭示七經所取今文經本,其經文字數與今所見傳本皆有多少之差異。

(四) 揭示經今古文之篇次、章節有差異。《魯詩》和《毛詩》之間,篇次、章次都有不同,由篇次之不同還導致二《雅》中分"什"(如"生民之什")之不同。《儀禮》中亦有章節之錯舛異同。

由以上四點,加之其他如推測諸經皆有校記和校理諸臣姓名,各經並非一人所書等,已可使千百年後之人對熹平石經有一整體之認識。一九三一年,張國淦即據雪堂之研究成果,融會理解,益以自己研究心得,製作成《漢石經碑圖》,將數百塊碎石,復原出一千八百年前一套石經碑式,雖多可商榷而有待修正,卻已展示其大概。然若無《集録》,《碑圖》不可能在短期内速成①。一九三三年,馬衡發表《從實驗上窺見漢石經之一斑》,亦為得見《集録》以後之作②。一九五五年陳夢家、陳公柔等整理馬衡遺著《漢石經集存》,雖在《集録》基礎上增益二千餘字,若除去《隸釋》所録文字,所益無幾,此可見二書遞增之迹。馬書注解,多引用羅説。且羅福頤贈其所藏殘字拓本全部與整理者,亦多有馬衡所欲尋訪而不得者③。上世紀六十年代起,臺灣屈萬里撰著《漢石經周易殘字集證》和《漢石經尚書殘字集證》,雖已可用馬衡《集存》,然亦參考雪堂《集録》。及其弟子劉文獻撰《漢石經儀禮殘字集證》、吕振端撰《漢石經論語殘字集證》、《漢石經春秋殘字集證》和《漢石經公羊傳殘字集證》等,亦無不以《集録》為主要參考書。

《集録》撰著於熹平石經出土七八年之後,又在不斷新發現中蒐集增益,使其殘石字數增至六千餘字,約佔當時所出漢石經總字數之90%。雪堂又在各枚殘石之下附有考證,詳其碑製、書寫款式、經本家法、篇次章次異同,文字正假等,若譽為二十世紀上半葉熹平石經里程碑式著作,誠可無愧。唯欲理解雪堂對熹平殘石整體性研究與看法,猶須結合《集録》外之殘石序跋和其他著作,方能有一全面概觀。

二〇一〇年八月六日至十四日初稿

(作者單位:上海社會科學院)

① 張國淦《漢石經碑圖敘例》述羅氏所收殘石字數,與雪堂一九三〇年合編本《集録》相合,蓋所據為合編本。又謂"羅氏説又視洪氏加密焉。就其殘字以考證之,昔日所致疑於漢石經者,今已瞭然什之七八矣"。故謂非羅書,則張圖一時難以速成。

② 馬氏文末注云,此文乃一九三一年二月為北京大學研究所國學門之講稿,然文中自謂見於《集録》者三千餘字,是亦參考過羅書。

③ 參見《漢石經集存》陳夢家後記,第五八葉A。

《尚書》與清華簡“嗚呼”的語用類型及其特點

錢宗武

馬建忠在《馬氏文通·正名卷之一》給嘆詞下的定義是:“凡虛字以鳴人心中不平之聲者,曰歎字”①。至此之後,關於“嘆詞”究竟是一類什麽樣的詞,學術界爭議不斷,未有定論。有人認為嘆詞屬實詞,因為其可以獨立成句,嘆詞是詞類系統中唯一不和其他詞發生句法組合關係的詞類。有人認為嘆詞屬虛詞,因為嘆詞意義虛化,其所謂的意義便是表示感歎。還有人認為嘆詞是特殊詞類,因其可以單用,但又没有具體的詞彙意義,半實半虛,非實非虛。嘆詞表示人們的喜怒哀樂和呼唤應答,常被視為詞類或詞彙中的邊緣成員甚至非語言成分,在詞類研究中受關注度很少。嘆詞早在甲骨文時代就已出現,而且“嘆詞”二字也經常出現在漢代學者的著述中,儘管漢時的“嘆詞”並不表示一個詞類。“嗚呼”是今古文《尚書》和清華簡唯一的高頻嘆詞,對“嗚呼”進行專題研究,有助於我們對嘆詞的認識。

一、今文《尚書》“嗚呼”的語用類型及其特點

今文《尚書》的嘆詞一共有十個:嗚呼、俞、籲、嗟、咨、已、都、猷、於、噫。總詞次為108見。“嗚呼”凡47見,皆作嘆詞。嗚呼,文獻中或寫作“烏呼、烏乎、嗚虖、於乎、於虖、於戲、籲嗟”等。《説文·烏部》:“烏,孝烏也。孔子曰:烏,呼也,取其助氣,故以為烏

① 馬建忠《馬氏文通》,商務印書館1983年版,第23頁。

呼。"《小爾雅·廣訓》:"烏呼,籲嗟也。籲嗟,嗚呼也。有所歎美,有所傷痛,隨事有義也。"顏師古《匡謬正俗》:"烏呼,歎辭也。或嘉其美,或傷其悲,其語備在《詩》、《書》,不可具載。但古文《尚書》悉為'於戲'字,今文《尚書》悉為'嗚呼'字,而《詩》皆云'於乎'字,中古以來文籍皆為'嗚呼'字。文有古今之變,義無美惡之別。"《馬氏文通·歎字》:"於,歎辭。加一言則'於乎',或作'於戲',又作'嗚呼',其義一也。""嗚呼"疊韻,上古皆為模韻的字。"嗚呼"同為喉音,聲亦相近,嗚,影紐;呼,曉紐。

嗚呼,在今文《尚書》的嘆詞中不僅數量多,而且語用廣泛,"隨事有義","或嘉其美"、"或傷其悲"、"義無美惡之別",可表感歎、祈使、哀傷、讚美、呼喚。茲詳作分析。

1. 表示感歎,没有特定的感情色彩。正如《助字辨略》云"只是嘆詞,非有所讚美傷痛也"(頁 53)。

嗚呼!今予告汝:"不易!" 《商書·盤庚中》

嗚呼!王司敬民。 《商書·高宗肜日》

嗚呼!我生不有命在天? 《商書·西伯戡黎》

嗚呼!天明畏,弼我丕丕基! 《周書·大誥》

嗚呼!曷其奈何弗敬? 《周書·召誥》

嗚呼!有王雖小,元子哉! 《周書·召誥》

嗚呼!若生子,罔不在厥初生,自貽哲命。 《周書·召誥》

嗚呼!我聞曰:"昔在殷王中宗,嚴恭寅畏,天命自度,治民祗懼,不敢荒寧。" 《周書·無逸》

嗚呼!篤棐時二人,我式克至於今日休? 《周書·君奭》

嗚呼!予旦已受人之徽言咸告孺子王矣。 《周書·立政》

2. 表示祈使,主要是表達希望、告誡和命令語氣。漢語嘆詞一般没有這一種語用功能。"嗚呼"在今文《尚書》中這一語用功能卻非常顯明。語言形式都是"嘆詞+祈使句"。我們確定嘆詞語用類型的標準主要根據嘆詞上下文的語境意義。嘆詞只是擬聲,聲緣情發,人的情感是複雜的,因某事而感歎而祈使,合於情理。"嗚呼"的這類語用有 10 例。

嗚呼！無墜天之降寶命！ 《周書・金縢》

嗚呼！肆哉。 《周書・大誥》

嗚呼！肆汝小子封！ 《周書・康誥》

嗚呼！君子所，其無逸。 《周書・無逸》

嗚呼！繼自今嗣王，則其無淫於觀、於逸、於游、於田、以萬民惟正之供。 《周書・無逸》

嗚呼！嗣王其監於兹！ 《周書・無逸》

嗚呼！君肆其監於兹。 《周書・君奭》

嗚呼！繼自今後王立政，其惟克用常人。 《周書・立政》

嗚呼！念之哉！ 《周書・吕刑》

嗚呼！敬之哉！ 《周書・吕刑》

3. 表示呼告，有些學者曾認為古漢語中没有表示"呼喚"的嘆詞[①]。這一結論不符合今文《尚書》的語言實際。在訓誥誓命中，表示"呼喚"的嘆詞相當多，語言形式也十分明確。表示"呼喚"的嘆詞後面，直接出現的是表示呼告物件的專有名詞或專有名詞短語。嘆詞和專有名詞(或短語)分别點斷，是句中的獨立成分。表示"呼喚"是"嗚呼"在今文《尚書》中的主要語用功能之一，有11例。

嗚呼！邦伯師長、百執事之人，尚皆隱哉！ 《商書・盤庚下》

嗚呼！箕子。 《周書・洪範》

嗚呼！封，汝念哉！ 《周書・康誥》

嗚呼！小子封，恫瘝乃身，敬哉！ 《周書・康誥》

嗚呼！封，敬明乃罰。 《周書・康誥》

嗚呼！封，有敘時，乃大明鵬，惟民其勑懋和。 《周書・康誥》

嗚呼！封，敬哉！ 《周書・康誥》

嗚呼！君已曰。 《周書・君奭》

嗚呼！君！ 《周書・君奭》

嗚呼！多士！ 《周書・多方》

---

① 吕叔湘《中國文法要略》，商務印書館 1983 年版，第 324 頁。

嗚呼！嗣孫。　《周書・吕刑》

4. 表示讚歎。“嗚呼”的這一語用功能比較少見，後世文獻亦鮮有例證。今文《尚書》凡 6 例。

嗚呼！古我前後，罔不惟民之承保。　《商書・盤庚中》

嗚呼！厥亦惟我周太王、王季，克自抑畏。　《周書・無逸》

嗚呼！自殷王中宗及高宗及祖甲及我周文王，兹四人迪哲。　《周書・無逸》

嗚呼！猷！告爾有方多士暨殷多士。　《周書・多方》

嗚呼！孺子王矣！　《周書・立政》

嗚呼！有績予一人永綏在位。　《周書・文侯之命》

5. 表示悲痛哀傷。這是整個文獻語言“嗚呼”的主要語用功能。“嗚呼”更與“哀哉”連文，表示極度悲哀，西周《禹鼎》銘文即已出現，後世常用。例如韓愈《祭十二郎文》:“嗚呼！言有窮情不可終，汝其知也耶？嗚呼哀哉！”歷代訓詁學家也早已注意到“嗚呼”表示“哀傷”這一語用功能，《周書・文侯之命》:“嗚呼！閔予小子嗣，造天丕愆。”漢代孔安國傳曰:“歎而自痛傷也。”唐代孔穎達疏曰:“王又歎而自傷。”今文《尚書》“嗚呼”表示“哀傷”出現頻率比較高，有 10 次。

嗚呼！乃罪多，參在上，乃能責命於天？　《商書・西伯戡黎》

嗚呼！允蠢鰥寡，哀哉！　《周書・大誥》

嗚呼！皇天上帝改厥元子，兹大國殷之命。　《周書・召誥》

嗚呼！天亦哀於四方民，其眷命用懋。　《周書・召誥》

嗚呼！我聞曰:古之人猶胥訓告，胥保惠。胥教誨，民無或胥譸張為幻。

今至於爾辟，弗克以爾多方享天之命，嗚呼！　《周書・多方》

嗚呼！休兹知恤，鮮哉！　《周書・立政》

嗚呼！其在受德，暋為羞刑暴德之人，同於厥邦。　《周書・立政》

嗚呼！疾大漸，惟幾，病日臻。　《周書・顧命》

嗚呼！閔予小子嗣，造天丕愆。　《周書・文侯之命》

為了詳盡地考察今文《尚書》嘆詞“嗚呼”共時的語用情況和歷時的演變情況,現將“嗚呼”與今文《尚書》别的 9 個嘆詞“俞”、“籲”、“嗟”、“咨”、“已”、“都”、“猷”、“於”、“噫”在各書各篇中的分佈、語用、詞次列表如下:

書名	詞目	嗚呼					俞	籲		嗟	咨	已			都			猷	於	噫	合計
	語用／詞次／篇目	感慨	祈使	呼告	讚美	哀傷	應答	驚怪	呼告	呼告	呼告	哀傷	呼告	感慨	讚美	呼告	感慨	呼告	讚美	哀傷	
虞夏書	堯典						9	3			11				1				2		26
	皋陶謨						8	3								1	4		1		17
	甘誓									1											1
商書	盤庚中	1			1																2
	盤庚下			1																	1
	高宗肜日	1																			1
	西伯戡黎	1				1															2
周書	牧誓									1											1
	洪範			1																	1
	金縢		1																	1	2
	大誥	1	1			1						2						1			6
	康誥		1	5									3								9
	梓材													1							1
	召誥	3				2															5
	洛誥												1								1
	多士																	1			1
	無逸	1	3		2	1															7

續 表

書名	篇目 \ 詞目 / 語用詞次	嗚呼					俞	籲		嗟	咨	已			都			猷	於	噫	合計
		感慨	祈使	呼告	讚美	哀傷	應答	驚怪	呼告	呼告	呼告	哀傷	呼告	感慨	讚美	呼告	感慨	呼告	讚美	哀傷	
周書	君奭	1	1	2																	4
	多方			1	1	1												2			5
	立政	1	1		1	2															5
	顧命					1															1
	吕刑		2	1					1	1											5
	文侯之命				1	1															2
	費誓									1											1
	秦誓									1											1
合計		10	10	11	6	10	17	6	1	5	11	2	4	1	1	1	4	4	3	1	108

今文《尚書》的十個嘆詞分佈於 24 個篇目(《盤庚中》和《盤庚下》合為一個篇目)。《虞夏書》3 個篇目,出現六個嘆詞:俞、籲、嗟、咨、都、於,凡 44 見。《商書》3 個篇目,僅出現一個嘆詞“嗚呼”,凡 6 見。《周書》18 個篇目,出現六個嘆詞:嗚呼、籲、嗟、已、猷、噫,凡 58 見。

“嗚呼”始見於《商書》的《盤庚中》,是《商書》唯一的嘆詞,也是《周書》的主要嘆詞。在整個文獻語言中,“嗚呼”一直是一個常見嘆詞。

如上表所見,根據語法關係標準和語境意義標準分析,“嗚呼”在今文《尚書》中的語用功能共有五類。

表示感慨:嗚呼,10 見。

表示祈使:嗚呼,10 見。

表示讚美:嗚呼,6 見。

表示哀傷:嗚呼,10 見。

表示呼告:嗚呼,11 見。

除了不能表示"應答"和"驚怪"之外,"嗚呼"幾乎可表今文《尚書》嘆詞所有的語用功能,這一方面表明了"嗚呼"一詞多用,生命力的强盛,另一方面也反映了今文《尚書》嘆詞語用功能的全面性,基本涵蓋了文獻語言嘆詞語用功能的各種表達内容。

今文《尚書》嘆詞的語用以表示"呼告"為主,有 37 見,超過嘆詞總詞次的三分之一。"嗚呼"表示"呼告"有 11 見,近於嘆詞總詞次的三分之一。"嗚呼"的這一語用特點是由《尚書》的文體特點決定的,《尚書》是史官記載君臣之間訓誥誓命的實録,往往以鼓勵、勸誡為主,"呼告"自然成為主要語用功能。

二、古文《尚書》"嗚呼"的語用類型及其特點

古文《尚書》嘆詞共有 11 個,總詞次為 50 見。"嗚呼"凡 35 見,詞次約為嘆詞總詞次的三分之二,而且語用廣泛,可表感歎、祈使、呼唤、讚美、哀傷。

1. 僅表示感歎,没有特定的感情色彩。凡 6 見。

曰:"嗚呼!惟天生民有欲,無主乃亂,惟天生聰明時乂。……"

《商書·仲虺之誥》

"嗚呼!慎厥終,惟其始。殖有禮,覆昏暴。……"

《商書·仲虺之誥》

伊尹申誥於王曰:"嗚呼!惟天無親,克敬惟親。"

《商書·太甲下》

曰:"嗚呼!天難諶,命靡常。" 《商書·咸有一德》

《今古文尚書全譯》:"唉!老天很難相信,因為天命無常。……"[①]此段僅是説明桀失天下、湯得天下原因在於是否道德純一。無具體感情色彩。

"嗚呼!七世之廟,可以觀德;萬夫之長,可以觀政。"

《商書·咸有一德》

① 江灝、錢宗武《今古文尚書全譯》,貴州人民出版社 1990 年版,第 148 頁。

曰:“嗚呼！明王慎德,四夷咸賓。” 《周書·旅獒》

2.“嗚呼”在古文《尚書》中還表示一種希望和告誡的祈使語氣。嘆詞獨立成句,本身僅是擬聲,聲緣情發,其所帶有的祈使語氣,主要是由發聲者思想感情決定的。凡13見。

“嗚呼！威克厥愛,允濟;愛克厥威,允罔功。其爾衆士,懋戒哉!” 《虞夏書·胤征》

“嗚呼！尚克時忱,乃亦有終。” 《商書·湯誥》

“嗚呼！弗慮胡獲？弗為胡成？……” 《商書·太甲下》

群臣咸諫於王曰:“嗚呼！知之曰明哲,明哲實作則。……” 《商書·説命上》

“嗚呼！欽予時命,其惟有終!” 《商書·説命上》

乃進於王曰:“嗚呼！明王奉若天道,……” 《商書·説命中》

嗚呼！乃一德一心,立定厥功,惟克永世。 《周書·泰誓中》

嗚呼,啊,表祈使語氣。《白話尚書》:“啊！你们要一心一德建功立业,就能够长久安定人民。”

“嗚呼！夙夜罔或不勤。……” 《周書·旅獒》

“嗚呼！往哉惟休！無替朕命。” 《周書·微子之命》

王曰:“嗚呼！凡我有官君子,欽乃攸司。……”《周書·周官》

嗚呼！臣人咸若時,惟良顯哉! 《周書·君陳》

“嗚呼！罔曰弗克,惟既厥心……” 《周書·畢命》

王曰:“嗚呼,欽哉！永弼乃後於彝憲。” 《周書·冏命》

3.“嗚呼”表呼告,有10例。

王曰:“嗚呼,説！……” 《商書·説命下》

曰:“嗚呼！西土有衆,咸聽朕言。……” 《周書·泰誓中》

王曰:“嗚呼！我西土君子。……” 《周書·泰誓下》

王若曰:“嗚呼,群后！……” 《周書·武成》

王曰:“嗚呼！小子胡,汝往哉！無荒棄朕命!” 《周書·蔡仲之命》

王曰:“嗚呼！三事暨大夫:敬爾有官,亂爾有政,以佑乃辟。永康兆民,萬邦惟無斁。” 《周書·周官》

王若曰:“嗚呼! 父師。惟文王、武王敷大德於天下……”

《周書·畢命》

王曰:“嗚呼! 父師。今予祇命公以周公之事,往哉! ……”

《周書·畢命》

王曰:“嗚呼! 父師。邦之安危,惟兹殷士。” 《周書·畢命》

王若曰:“嗚呼! 君牙。……” 《周書·君牙》

4. “嗚呼”可表讚歎。通常是對先王功績和品行的讚美。古文《尚書》凡5例。

曰:“嗚呼! 古有夏先后,方懋厥德,罔有天災。……”

《商書·伊訓》

“嗚呼! 先王肇修人紀,從諫弗咈,先民時若……”

《商書·伊訓》

“嗚呼! 惟我文考若日月之照臨,光於四方,顯於西土,惟我有周誕受多方。……” 《周書·泰誓下》

“嗚呼! 乃祖成湯克齊聖廣淵,皇天眷佑,誕受厥命。……”

《周書·微子之命》

嗚呼! 丕顯哉,文王謨。 《周書·君牙》

5. 今文《尚書》中“嗚呼”用來表示悲痛哀傷的有10見,例如:《周書·大誥》:“嗚呼! 允蠢鰥寡,哀哉!”[①]但是,這種用法在古文《尚書》中卻很少見,出現頻率最低,僅有1見。

其五曰:“嗚呼曷歸? 予懷之悲。……”《虞夏書·五子之歌》

其中第五首説:“啊呀! 我們歸向何方啊? 我一想到這點就感到悲傷。……”[②]這是今古文《尚書》嘆詞“嗚呼”的用法的最大差異,對於古文《尚書》真僞考辨有文獻價值。

為了詳盡地考察古文《尚書》嘆詞“嗚呼”共時的語用情況和歷時的演變情況,現將“嗚呼”與古文《尚書》别的10個嘆詞“都”、“格”、“嗟”、“來”、“於”、“毋”、“籲”、“猷”、“俞”、“咨”在各書各篇中

① 錢宗武《今文尚書語法研究》,商務印書館2004年版,第329頁。

② 江灝、錢宗武《今古文尚書全譯》,貴州人民出版社1990年版,第100頁。

的分佈、語用、詞次情況列表如下：

書名	詞目	都	格	嗟	來	於	嗚呼					毋	籲	猷	俞	諮	合計
	語用 詞次 篇目	感慨	呼告	呼告	呼告	祈使	感慨	祈使	讚美	哀傷	呼告	應答	祈使	呼告	應答	呼告	
虞夏書	大禹謨	1	1		1	1						1	1		3	1	10
	五子之歌									1							1
	胤征			1				1									3
商書	仲虺之誥						2										2
	湯誥			1				1									2
	伊訓								2								2
	太甲下						1	1									2
	咸有一德						2										2
	説命上							2									2
	説命中							1									1
	説命下				1						1						2
周書	泰誓上			1													1
	泰誓中							1			1						2
	泰誓下								1		1						2
	武成										1						1
	旅獒						1	1									2
	微子之命							1	1					1			3
	蔡仲之命										1						1
	周官							1			1						2
	君陳							1									1
	畢命							1			3						4
	君牙								1		1						2
	冏命							1									1
合計		1	1	3	2	1	6	13	5	1	10	1	1	1	3	1	51

古文《尚書》的嘆詞主要分佈於23個篇目。《虞夏書》3個篇目,出現10個嘆詞:都、格、嗟、來、於、嗚呼、毋、籲、俞、諮,凡14見。《商書》8個篇目,出現3個嘆詞:嗟、來、嗚呼,凡15見。《周書》12個篇目,出現3個嘆詞:嗟、嗚呼、猷,凡22見。

嗚呼,三書皆備,出現頻次最高,但是未見於《大禹謨》。根據語法關係標準和語境意義標準分析,古文《尚書》"嗚呼"語用功能有五類,與今文《尚書》同。

表示感慨:嗚呼,6見。

表示祈使:嗚呼,13見。

表示讚美:嗚呼,5見。

表示哀傷:嗚呼,1見。

表示呼告:嗚呼,10見。

"嗚呼"主要表示"祈使",凡13見,這也與《尚書》的文體有關。君臣在進行訓誥誓命時,往往要對受衆發出呼籲,以産生共鳴。而進行訓誥誓命的目的往往是要提點受衆吸取經驗教訓,因此"告誡"多祈使語氣也就是符合邏輯的自然現象。其次是表"呼告",有10見,近於表"呼告"嘆詞總詞次的三分之二。

三、清华简"嗚呼"的語用類型及其特點

清華簡是在2008年7月由境外搶救入藏於清華大學的戰國竹簡。2010年12月,清華大學出土文獻研究與保護中心編輯出版了《清華大學藏戰國竹簡》(以下簡稱清華簡)第一册,凡9篇,即:《尹至》、《尹誥》、《程寤》、《保訓》、《耆夜》、《周武王有疾周公所自以代王之志》、《皇門》、《祭公之顧命》、《楚居》。全册内容幾乎皆涉《尚書》,除《尹至》之外的8篇尤為緊密。

清華簡嘆詞不多,僅有三個:"虘(嗟)"、"於虎、於虗、於嗃(嗚呼)"、"殹(噫)"。虘(嗟),僅1見,見於《耆夜》。噫(殹),僅1見,見於《金縢》。

於虎、於虗、於嗃,即"嗚呼",凡13見。

1. 於虎,凡5見,皆見於《祭公之顧命》,皆表示祈使語氣。

於(嗚)虎(呼),公,縢(朕)之皇且(祖)周文王、剌(烈)且(祖)武王,尾(宅)下鄭(國),复(作)戟(陳)周邦。《祭公之顧命》

於(嗚)虎(呼),公,女(汝)念孳(哉)!《祭公之顧命》

於(嗚)虎(呼)!天子,藍(監)於顕(夏)商之既敗(敗)。

《祭公之顧命》

於(嗚)虎(呼),天子,不(丕)則盤(寅)言孳(哉)。

《祭公之顧命》

盤,從寅聲,讀為“寅”。《爾雅·釋詁》:“寅,敬也。”[①]

於(嗚)虎(呼),天子,三公,女(汝)念孳。《祭公之顧命》

這句話的意思是:啊呀,天子,三公,你們要多思考啊!

祭公,周公之後祭公謀父。《祭公之顧命》記載祭公謀父臨終前告誡周穆公和三公的誥詞。嘆詞“嗚呼”與《尚書》相比,有些差異。從其形式上來看是表呼告,即嘆詞後,直接出現表示呼告對象的專有名詞或專有名詞短語。而從其語義上來看,皆表祈使語氣。

2. 於虗,見於《尹誥》,僅1見。表感歎、反思。

於(嗚)虗=(虗虗—呼!吾)可(何)复(作)於民,卑(俾)我衆勿韋(違)朕言?《尹誥》

這句話可以譯成現代漢語為:啊!對民,我要做些什麽?(怎樣才能)使我的民衆不違背我的話?

《尹誥》就是古文《尚書》的《咸有一德》。根據孔穎達《堯典正義》記載,孔壁《尚書》本有此篇。簡文與今傳本《咸有一德》全然不同,可證《孔傳古文尚書》之僞[②]。

嘆詞“嗚呼”亦有別於古文《尚書》之《咸有一德》的用例,簡文“嗚呼”表示的是對自身行為的一種反思。“嗚呼”在《咸有一德》中有兩見。“嗚呼!天難諶,命靡常。”義為:“唉!老天很難相信,天

---

① [清]郝懿行《爾雅義疏·第二册》,中國書店1982年版,第1頁。

② 清華大學出土文獻研究與保護中心《清華大學藏戰國竹簡》第一册,上海文藝出版集團(有限)公司、中西書局2010年版,第132頁。

命無常啊。""嗚呼！七世之廟,可以觀德。"義為:"啊,供奉七世先祖的宗廟,可以看到功德。"嗚呼,是表示感歎聲音的嘆詞。於長虹、韓厥林認為上古音相當於"aha"①。《咸有一德》的"嗚呼"前者表示傷痛,後者表示嘆美。

3. 於虘,見於《程寤》、《保訓》、《皇門》,凡 7 見。

(1) 表示祈使語氣,凡 6 見。

於(嗚)虘(呼),可(何)敬(警)非朋,可(何)戒非商,可(何)甬(用)非桓(樹)=(樹)因欲,不違芽(材)。《程寤》

這一個句子清華簡斷句標點有錯誤,正確的標點斷句應該是:

於(嗚)虘(呼)！可(何)敬(警)非朋？可(何)戒非商？可(何)甬(用)非桓(樹)？=(樹)因欲,不違芽(材)。

可譯為:啊,不是奸佞朋黨,要警惕什麼？不是殷商,要警戒什麼？不是樹木,用什麼東西？應該依循樹木本身的本性功用,不要違背樹木的自然材質。

於(嗚)虘(呼),敬才(哉)。《程寤》

於(嗚)虘(呼),可(何)監非旹(時)。《程寤》

可譯為:啊！警告啊！鑒於此。

於(嗚)虘(呼)！𦚏(祗)之才(哉)！《保訓》

𦚏,三體石經"祗"字古文。《説文·示部》:"祗,敬也。"(頁 7)

於(嗚)虘(呼)！發(發),敬才(哉)！《保訓》

於(嗚)虘(呼)！敬(敬)才(哉)！監於茲。《皇門》

(2) 表示感歎、謙敬語氣,僅 1 見。

於(嗚)虘(呼)！朕寡(寡)邑少(小)邦。《皇門》

寡邑小國,是周之謙稱,相對於"大邦殷",因此"嗚呼"表示的是一種謙虛的語氣。

清華簡嘆詞"於虎、於虘、於虘(嗚呼)"有三個主要特點。

其一,嘆詞的寫形多樣。"嗚呼"13 見,就有 3 種寫形。《祭公

① 于長虹、韓厥林《常用文言虛詞手册》,河北人民出版社 1983 年版,第 402 頁。

之顧命》一種寫形“於虎”，5 見；《尹誥》一種寫形“於虗”，1 見；《程寤》、《保訓》、《皇門》一種寫形“於唐”，7 見。

其二，“於虎、於虗、於唐（嗚呼）”是複音高頻嘆詞。清華簡嘆詞總共僅有 15 見，“於虎、於虗、於唐（嗚呼）”就占了 13 見。“於虎、於虗、於唐（嗚呼）”語用功能也比較豐富，既可以表示祈使語氣，也可以表示嘆美，還可以表示反思，甚至可以表示謙敬語氣。

其三，清華簡的嘆詞主要表示祈使語氣。凡 15 見嘆詞，11 見表示祈使語氣。實際上也就是複音嘆詞“嗚呼”主要表示祈使語氣，因為 11 見表示祈使語氣的嘆詞都是“嗚呼”。

四、今古文《尚書》與清華簡“嗚呼”的語用功能比較分析

“嗚呼”，今文《尚書》凡 47 見，古文《尚書》凡 35 見，清華簡凡 13 見，是《尚書》和清華簡嘆詞類屬中最特殊的一個。不僅是唯一的一個複音嘆詞，相對於其他嘆詞的低頻次，又是唯一的高頻次嘆詞，同時也是唯一一個一詞多用的嘆詞。

今古文《尚書》“嗚呼”不僅語用功能相同，可表感慨、祈使、呼告、讚美、哀傷，而且皆以表示“呼告”和“祈使”為主，這一語用特點取決於《尚書》的文體特點，這在上文已有論述。清華簡則囿於篇幅的關係，僅表祈使、感歎兩種語氣，其中以表“祈使”為主，凡 11 見。表感歎凡 2 見，但所表語氣各不相同，一表反思，一表謙敬，這也有异於今古文《尚書》。今古文《尚書》中“嗚呼”表感歎要麼没有特定的感情色彩，要麼表讚美和哀痛，未見一例表反思或謙敬。

“嗚呼”在今文《尚書》中始見於《商書 · 盤庚中》，而在古文《尚書》的《虞夏書》、《尚書》和《周書》中皆為高頻嘆詞。此外，在文獻語言中，“嗚呼”通常被用來表示悲痛哀傷。有時“嗚呼”與“哀哉”連文，表示極度悲哀，此種用法在西周《禹鼎》銘文即已出現，後世常用。今文《尚書》“嗚呼”用法與金文同，今文《尚書》中“嗚呼”用來表示悲痛哀傷的就有 10 見，例如：《周書 · 大誥》：“嗚呼！允蠢

鰥寡,哀哉!”①但是,這種用法在古文《尚書》中卻很少見,出現頻率最低,僅有1見,《虞夏書·五子之歌》:“其五曰:‘嗚呼曷歸?予懷之悲。’”

今古文《尚書》中“嗚呼”在表示“呼告”時語言形式十分明確,“嗚呼”后直接出現的是表示呼告物件的專有名詞或專有名詞短語。“嗚呼”和專有名詞(或短語)分別點斷,是句中的獨立成分。清華簡中嘆詞“嗚呼”與之相比則有些差異。從其形式上來看是表呼告,即嘆詞後,直接出現表示呼告對象的專有名詞或專有名詞短語,但從其語義上來看,皆表祈使語氣。

考察今古文《尚書》與清華簡“嗚呼”的語用類型,可以説,“嗚呼”在今古文《尚書》與清華簡中的使用情況是嘆詞在整個漢語文獻語言中發生發展的縮影:

今文《尚書》9個嘆詞,其中6個嘆詞僅出現1次,分别是俞、嗟、咨、猷、於、噫。古文《尚書》11個嘆詞,7個嘆詞出現頻次為1次,分別是:都、格、於、毋、籲、猷、諮。“嗟”、“來”、“俞”雖多次出現,但用法卻只有1種。清華簡3個嘆詞中,有2個嘆詞“虘(嗟)”、“殹(噫)”也僅僅各1見。因此,我們説,嘆詞在其發展的開始階段大約都是一字一用,正所謂“隨事見情,因聲擬字”,後來一用多字,即所謂“音同而字異”,例如:“烏呼、烏乎、嗚虖、於乎、於虖、於戲、籲嗟”等。

“嗚呼”是今古文《尚書》和清華簡中唯一一個語用功能多的嘆詞,其出現頻率也最高,在後世文獻中也是一個高頻嘆詞。語言系統是一個不斷變化著的複雜而龐大的系統,不同時代的言語者需要用本時代的詞彙系統與不同時代的詞彙系統溝通,溝通就要選擇,語言的經濟原則總是規約言語者選擇同義系統中的多功能詞彙,因而嘆詞“嗚呼”多功能的特點在同義類化的過程中一直處於優勢態勢。

複音化是文獻語言實詞構詞的趨向,也是文獻語言嘆詞構詞

① 錢宗武《今文尚書語法研究》,商務印書館2004年版,第329頁。

的趨向。"嗚呼"在今古文《尚書》和清華簡中的語用情況也反映了這一趨向。今文《尚書》的《虞夏書》3 個篇目出現六個嘆詞：俞、籲、嗟、咨、都、於，皆為單音嘆詞，卻未見嘆詞"嗚呼"。"嗚呼"始見於《商書》的《盤庚中》，是《商書》唯一的嘆詞，也是《周書》的主要嘆詞。儘管在今古文《尚書》和清華簡中"嗚呼"是僅有的一個複音嘆詞，但其詞次卻佔今文《尚書》總詞次的約三分之一，佔古文《尚書》總詞次約為三分之二，佔清華簡總詞次的約五分之四，除卻嘆詞"虘(嗟)"、"殹(噫)"各 1 見外，幾乎是清華簡嘆詞的全部。這些皆非偶然的語言現象，這些都真實地反映了漢語嘆詞系統中最早出現的嘆詞是單音嘆詞，後來產生複音嘆詞，並在實際語言交際中的使用頻率越來越高。

今文《尚書》與古文《尚書》"嗚呼"的語用功能完全相同，但今文《尚書》的《虞夏書》没有"嗚呼"，而古文《尚書》的《虞夏書》卻有。古文《尚書》的《虞夏書》不僅有"嗚呼"，而且並非孤例，語用亦不單一，既可以表示哀傷，也可以表示祈使。這一特殊現象為古文《尚書》的辨僞亦提供了有力的佐證。

總而言之，在今古文《尚書》和清華簡中，無論是數量上，還是功能上，嘆詞"嗚呼"皆佔絶對優勢，且延用至今，生命力極强。後世"嗚呼"的許多其他用法也與嘆詞"嗚呼"語用相涉。"嗚呼"可作象聲詞，多用作表示人哭聲或鳥鳴聲。三國魏·曹植《平原懿公主誄》："帝用籲嗟，嗚呼失聲。"①北魏·酈道元《水經注·葉榆河》："郡有葉榆縣，縣西北八十里有吊鳥山，衆鳥千百為羣，甚會嗚呼啁哳。"②"嗚呼"還可用作實詞，喻指"死亡"，即因其多表哀痛語氣而又常被用於弔祭哀誄文體，後漸漸衍生"死亡"義項。《警世通言·宋小官團圓破氈笠》："只見街上人紛紛而過，多有説這老和尚，可憐半月前還聽得他念經之聲，今早嗚呼了。"③這些用法與"嗚呼"

① 王雲五《曹集銓評》(二)，商務印書館 1935 年版，第 69 頁。
② 陳橋驛《水經注校証》，中華書局 2007 年版，第 858 頁。
③ 馮夢龍《警世通言》，上海古籍出版社 1992 年版，第 294 頁。

嘆詞用法皆多關聯。因此,探究今古文《尚書》和清華簡"嗚呼"的語用功能,不僅有助於我們探究漢語嘆詞的形成和發展規律,而且對於研究漢語詞類發生和演變機制皆有理論和實踐意義,對於古文《尚書》的辨僞以及文獻典籍的整理研究亦具重要價值。

附記:

余嘗三謁徐老,一生沾溉德澤。

初謁徐老於姑蘇。時,余隨侍源遠師參加中國訓詁學會年會。旅所偶遇,徐老目余良久,撫掌笑曰:"源遠兄,高足眉宇間英氣勃勃,卓爾不凡,《尚書》有傳,可喜可賀!"忽忽卅年,言語神情,歷歷在目,刻骨銘心,每每念及,羞愧莫名,汗濕樑脊。

再謁先生於金陵。落座伊始,徐老即追憶遇夫先生提攜往事,輕聲慢語,娓娓道來,卻字字情真,句句意切。徐老學問淵藪,文章泰斗,名重天下,坐談吾儕小子,不矜己能,反言人恩。人倫之要,知恩感恩,念兹在兹,言傳身教,懿范長存。

三謁徐老於通州。徐老時年已九十又一,不辭舟車勞頓,親臨江蘇省語言學會二十周年慶典會場,滿座歡躍。斯歲,余成拙稿《漢語論叢》,徐老欣然為序,數十萬言,披覽一過,序多的論,迥於常人。會間召見,執余之手,殷殷切切,多所獎掖。今日遥想,慈眉善目,忽焉在前。

嗚呼!徐老,師者之至仁大愛者!仙境邈邈,木鐸鏗鏗。為聯云:

博文約禮,後學遍提攜;經師人師,江水朝宗徐士復。

步章踵黄,先生恒淡定;樂道殉道,鐘山常伴鳴謙翁。

謹以一瓣心香,敬獻徐復先生,以為永誌。

時為壬辰暮春

(作者單位:揚州大學)

《考工記》點校拾遺①

汪少華

提　要　中華書局點校本《周禮正義》第13、14册(《冬官考工記》)存在校對漏誤192處:乙巳本正確,因漏校而誤從楚本;乙巳本錯誤,因漏校而從楚本;乙巳本、楚本兩可,因漏校而從楚本;乙巳本、楚本均誤,因漏校而從楚本;乙巳本、楚本錯誤,改而未出校;乙巳本、楚本不誤,改而未出校;校記失攷;乙巳本、楚本不誤,排印錯訛;乙巳本、楚本訛脱衍誤同失校(涉上下文而訛,形近而訛,義近而訛,脱文,衍文,引文失真、出處錯誤);存在標點失誤48處:敘述語誤為引文;引文誤為敘述語;破句;當分未分;不當分而分;書名篇名人名誤標失標。

關鍵詞　周禮正義　考工記　孫詒讓　校對　標點

王文錦、陳玉霞點校本《周禮正義》②用力勤,校點精,令人欽佩。但是這部86卷200多萬字的鉅著涉獵廣、難點多,點校者萬得之隙也不免有半失之差。筆者曾就其中《冬官考工記》點校失誤撰文商榷③,近年在王、陳點校本基礎上為《孫詒讓全集》重新點校《周禮正義》,又續有訂正,臚列如下,以就教於方家及讀者。

---

①　國家社科基金項目"《考工記》名物新證(11BYY066)"、全國高校古委會項目"《周禮正義》點校本訂正"(1275)成果。

②　《周禮正義》,中華書局1987年第一版,2000年第二次印刷。

③　《〈周禮正義〉點校瑣議》,《吉安師專學報》1993年第3期;《〈考工記〉點校商榷》,《漢語史學報》第7輯,上海教育出版社2008年。

一、校對漏誤

《周禮正義》最重要的本子是乙巳本[①]和楚本[②]。乙巳本經孫詒讓親自校定,錯訛最少,但印刷粗劣,字跡不清;楚本錯訛甚多,但字大紙白,刻印清晰。點校本"以乙巳本做底本,以楚本做工作本。用乙巳本和楚本逐字對校,先用鉛筆把楚本改成乙巳本,然後再進行點校"(《前言》),因而漏校在所不免;孫疏旁徵博引,點校者對引文"偶有校正",不可能逐一核對。例如:

(一) 乙巳本正確,因漏校而誤從楚本:

1. 云"辨猶具也"者,據《特牲饋食禮》注云:"具猶辨也。"(頁 3108)

按:乙巳本無"據"字,此從楚本衍。

2. 賈疏云:"謂若下文'斬轂之道,必矩其陰陽',是記其陰陽之面背也。"(頁 3109)

按:此從楚本訛作"文",乙巳本、賈疏[③]並作"云"。

3. 云"竕胡之笴"者,笴,《唐石經》作"筍",誤,詳後。(頁 3119)

按:此從楚本訛作"筍",乙巳本作"笴"。

4. 摶,《釋文》亦作"摶",云:"李音團,劉音搏。"戴震云:"團音當手旁專,搏音手旁尃,絕然二字,訛溷莫辨。鄭注搏之言拍,取音聲相邇為訓,拍古音揝各反。"(頁 3122)

按:此從楚本訛作"劉音搏",乙巳本、《經典釋文》[④]並作"劉音博"。此從楚本訛作"揝各反",乙巳本、戴震《考工記圖》[⑤]並作"滂

① 孫氏家藏鉛鑄版初印本,1905 年。

② 湖北篴湖精舍以楚學社本補校木刻本,1931 年。

③ (清)阮元《十三經注疏》第 905 頁中,中華書局 1980 年版。

④ (唐)陸德明撰,黄焯彙校《經典釋文彙校》,中華書局 2006 年版,第 299 頁。

⑤ (清)阮元《清經解》第 3 册,上海書店 1988 年版,第 864 頁下。

各反”。

5. 阮元云:“按注,則當從劉昌宗音搏。李軌音團,《釋文》、《唐石經》作‘搏’,誤也。”(頁 3123)

按:此從楚本訛作“音搏”,乙巳本、阮元校勘記[①]並作“音博”。

6. 臧琳云:“《説文・手部》無捖字,惟《刀部》有刓字,云:‘剸也,一曰齊也。’二禮當用此字,磨刮節目,正齊之之意。古元完同聲,因誤作睆,或作捖也。”(頁 3123)

按:此從楚本訛作“磨”,乙巳本、臧琳《經義雜記》[②]並作“摩”。

7. “攻木之工,輪、輿、弓、廬、匠、車、梓”者,此約記六等工之細目也。(頁 3124)

按:此從楚本衍“約”字,乙巳本無。

8. 鄭珍……又云“……其制以柱承平板,牽以横木,交於輢式之梁柱,板上穿孔置軛下,釘鐵圜筌,以受插者,式外如式之長,輢外如輢之長,其名曰扃。”(頁 3131—3132)

按:此從楚本訛作“置軛下”,乙巳本、鄭珍《輪輿私箋》[③]並作“直軛下”。

9. 蓋六尺六寸之戈,迆之為四尺,用股弦求句法,得句迆出者五尺二寸五分弱。若左右横迆,加以車廣,其得丈有七尺,必遮塞道塗矣。(頁 3133)

按:此從楚本訛作“其得”,乙巳本、程瑶田《考工創物小記》[④]並作“共得”。

10. 江永云:“……軸半徑二寸二分,加轐方徑三寸六分,其高五寸八分。”(頁 3138—3139)

按:此從楚本訛作“其高”,乙巳本、江永《周禮疑義舉要》[⑤]並

① (清)阮元《十三經注疏》,第 911 頁中下。
② (清)阮元《清經解》第 1 册,第 843 頁上。
③ (清)王先謙《清經解續編》第 4 册,上海書店 1988 年版,第 307 頁上。
④ (清)阮元《清經解》第 3 册,第 710 頁下。
⑤ (清)阮元《清經解》第 2 册,第 228 頁上。

作“共高”。

11. 徐養原云:“《車人》云:‘渠三柯者三。’鄭司農云:‘渠謂車輮,所謂牙。’《説文·木部》:‘枒,木也,一曰車輞會也。’又《車部》:‘輮,車軔也。軔,礙車木也。’。”(頁3142)

按:此從楚本訛作“輞”,乙巳本、徐養原《周官故書攷》①、《説文》②並作“輞”。

12.《急就篇》“輻轂輨轄輮轓轢”。(頁3143)

按:此從楚本訛作“轓”,乙巳本模糊不清,《急就篇》作“轉”③。

13. 鄭又云:“輻爪之長短廣狹,經注皆無明文。案菑爪為輻上下之枘,其於形制宜同。”(頁3166)

按:此從楚本訛作“案”,乙巳本、鄭珍《輪輿私箋》④並作“按”。

14. 鄭珍云:“……則投訖視之,輻股向内一邊有六分六釐六豪六不盡出牙邊之外,牙句外之厚有六分六釐六不盡出股鑿之外,而牙自平,鑿自中,輻自直,原正而不偏。”(頁3172)

按:“牙句外”之“句”,乙巳本不清晰,此從楚本訛作“句”。當從鄭珍《輪輿私箋》⑤作“向”。

15. 段玉裁云:“《説文·火部》曰‘爣,火煣車輞絕也’,引《周禮》‘煣牙外不爣’。鄭本當同,轉寫失之耳。絕者,賈云絕理。”(頁3175)

按:此從楚本訛作“輞”,乙巳本、《説文解字》⑥作“網”,段玉裁《周禮漢讀考》⑦作“網”,均不從車。

16. 段玉裁云:“各本注誤,惟疏不誤。《説文·十部》曰:‘廿,

① (清)王先謙《清經解續編》第2册,第1229頁下。
② (漢)許慎《説文解字》,中華書局1979年版,第117頁。
③ (漢)史游撰,曾仲珊校點《急就篇》,岳麓書社1989年版,第221頁。
④ (清)王先謙《清經解續編》第4册,第302頁下。
⑤ (清)王先謙《清經解續編》第4册,第303頁中。
⑥ (漢)許慎《説文解字》,第209頁。
⑦ (清)阮元《清經解》第4册,第218頁中。

二十并也,古文省。'又'卅,三十并也,古文省。'"(頁 3182)

按:段玉裁《周禮漢讀考》[①]引《説文》:"廿,二十并也,古文省多。""省多"之意,段玉裁《説文解字注》解釋:"省多者,省作二十兩字為一字也。"[②]乙巳本引文從《周禮漢讀考》。楚本不知"省多"之意,據大徐本(無"多"字)[③]妄改"多"為"又"。

17.《論語·鄉黨》皇疏云:"古人乘路車,如今龍旂車,皆於車中倚立。倚立難久,故於車箱上安一橫木,以手隱憑之,謂之為較,《詩》云'倚重較'是也。又於較之下末,至車牀半許,安一橫木,名為軾。若在車上應為敬時,則落手憑軾。"(頁 3193)

按:此從楚本訛作"末",乙巳本、《論語集解義疏》並作"未",屬下句"又於較之下、未至車牀半許"。

18.《五音集韵》引《字林》云:"侈,大也。"(頁 3203)

按:此從楚本訛作"韵",乙巳本作"韻"。

19. 鄭珍云:"……以此推之,輿底當處鑿深約四分,以授輈與伏兔之鉤人為固。"(頁 3217)

按:此從楚本訛作"授",乙巳本、鄭珍《輪輿私箋》[④]並作"受"。"授"為給予,"受"則接受。

20. 王宗涑云:"七寸七十五分寸之五十一,即七寸六分八釐也。輈自當兔以後,漸殺其下及旁側,以至於踵,則圍得七寸六分八厘,為正方形,徑得一寸九分二釐,此殺之極也。上而不殺,置軫尚平也。"(頁 3220)

按:此從楚本訛作"上而",乙巳本、王宗涑《考工記考辨》[⑤]並作"上面"。

21. 江永云:"輈出前軓,漸曲而上,至衡微鉤而下,軓前十尺,

---

① (清)阮元《清經解》第 4 册,第 218 頁下。
② (清)段玉裁《説文解字注》,上海古籍出版社 1984 年版,第 89 頁。
③ (漢)許慎《説文解字》,第 51 頁。
④ (清)王先謙《清經解續編》第 4 册,第 310 頁中。
⑤ (清)王先謙《清經解續編》第 4 册,第 679 頁中。

揉之以定者也。"(頁 3221)

按:此從楚本訛作"以定",乙巳本、江永《周禮疑義舉要》[①]並作"已定"。

22. 鄭司農云:"契讀為'爰契我龜'之契,需讀為'畏需'之需。為不傷蹄,不需道里。"(頁 3228—3229)

按:此從楚本訛作"為不",乙巳本、《周禮注疏》[②]並作"謂不"。下文"云'謂不傷蹄,不需道里'者"不誤。

23. 蓋筋膠相附纏,加之以漆,則其墳起處,容突紆曲,自成沂鄂。(頁 3232)

按:乙巳本"紆屈"不誤,楚本不必改作"紆曲"。

24. 云"營室,玄武宿,與東壁連體而四星"者,壁,《釋文》作"辟"。案:辟壁字通。《爾雅·釋天》云:"營室謂之定,娵觜之口,營室東壁也。"《爾雅釋文》亦作"東壁"。(頁 3236—3237)

按:"《爾雅釋文》亦作'東壁'"之"壁"從楚本,乙巳本、《經典釋文》[③]並作"辟"。誤作"壁",則不僅"亦"字與上文"壁,《釋文》作'辟'"失去照應,而且"辟壁字通"失去證據。

25. 程瑶田云:"前謂援也。内長則重,而援轉輕,輕則為重者所累,故易掉折,亦啄而不能入也。内短則輕,而不足以為援助,故入之而不疾也。二疾弗除,雖倨句外博,戈亦未盡善也。"(頁 3247)

按:此從楚本涉上文訛作"二疾",乙巳本、程瑶田《考工創物小記》[④]並作"二病"。此"二病"與上文引程瑶田"則二病除",並屬"不入、不決、折前、不疾之四病"(頁 3249)。

26. 鄭意戟有三鋒,中直刃為刺,旁二刃,其一横出者為胡,其一本横而外句微直向上者為援;經言中矩,即指横刃旁出正平,無

① (清)阮元《清經解》第 2 册,第 229 頁下。
② (清)阮元《十三經注疏》,第 914 頁中。
③ (唐)陸德明撰,黄焯彙校《經典釋文彙校》,第 881 頁。
④ (清)阮元《清經解》第 3 册,第 726 頁中。

衺曲,與戈之横刃取圜於磬折者異也。(頁3252)

按:此從楚本訛作“衺曲”,乙巳本作“袤曲”,與“正平”相對。

27. 凡摩鐗攡敝而成圜窒者,通謂之遂。《莊子·天下篇》云:“若磨石之隧。”與此義可互證。攈隧並據當鼓擊處為名。(頁3264)

按:“攈隧”之“攈”,排印錯訛,乙巳本、楚本並作“攡”;“隧”從楚本而訛,乙巳本作“遂”。經“於上之攡謂之隧”,孫疏:“隧當作遂。”

28. 經凡單言銑、言鉦者,皆鍾體之直徑也。自銑閒謂之於外,凡言銑閒、鼓閒者,皆鍾空中相距之横徑也。(頁3265)

按:乙巳本“皆鍾空中相距之直徑也”,楚本改作“皆鍾空中面角相距之横徑也”,不應於此獨改“直徑”為“横徑”,應從乙巳本而出校。

29. 云“則其聲舒而遠聞”者……徐養原云:“疾而短聞,舒而遠聞……”案:依鄭、賈説,則此二句並為聲病。依徐氏説,則為通論鍾聲疾徐遠近之理。(頁3271)

按:此從楚本訛作“疾徐遠近”,乙巳本作“疾舒遠近”。

30. 故書圜或作圍,杜于春云“當為圜”。(頁3271)

按:此從楚本訛作“杜于春”,乙巳本作“杜子春”。

31. 故書狀作壯,杜子春云:“當為狀,為鑄金之形狀。”(頁3283)

按:此從楚本涉上訛作“為鑄金”,乙巳本、《周禮注疏》[①]並作“謂鑄金”。

32. 段玉裁云:“甐與磷同,瓦石皆磨甐之物也。鄰者,古文假借字。”(頁3296)

按:此從楚本訛作“磨甐”,乙巳本、段玉裁《周禮漢讀考》卷六[②]並作“磨甀”。

---

① (清)阮元《十三經注疏》,第917頁中。

② 《續修四庫全書》經部禮類。

33. 江永、錢大昕、錢玷並謂孔誤以緅為縓。(頁 3314)

按:此從楚本訛作"錢玷",乙巳本作"錢坫"。

34. 鄭言此者,明圭為柄,與瓚不同物,瓚即勺也。(頁 3333)

按:此從楚本作"瓚即勺",乙巳本作"瓚則勺"。

35. 云"繅,藉也"者,《聘禮》注云"繅所以蘊藉玉",又云"繅所以藉圭也"。(頁 3334)

按:此從楚本涉上下文訛作"蘊藉",乙巳本、《聘禮》注①並作"緼藉"。

36. 黄以周云:"判圭之義,戴説為合。但戴氏以凡圭例之,僅剡寸半,鄭則謂剡半以上,此其異也。蓋琰之言剡,其首剡然上起,其半以上如規之判也。"(頁 3335)

按:此從楚本涉上下文訛作"判圭",乙巳本、黄以周《禮書通故》第四十七②並作"判規"。

37. 惠士奇亦申賈、馬義云:"二王後二十有四,兩兩列之,則有十二;諸侯十有八,兩兩列之,則九;大夫十,兩兩列之,則五。"(頁 3348)

按:此從楚本訛作"有十二",乙巳本、惠士奇《禮説》③並作"十有二"。

38.《爾雅·釋樂》"大磬謂之毊",郭注謂形似犁錧。犁館則耜金岐出者。(頁 3351)

按:此從楚本訛作"則",乙巳本作"即"。

39. 程瑤田云:"磬之有股,猶鍾之有甬也。鍾縣設於甬,磬縣設於股。恐著鍾磬之本體而為聲疾,故別為甬與股以設之。"(頁 3354)

按:此從楚本訛作"疾",乙巳本、程瑤田《考工創物小記》④並作"病"。

---

① (清)阮元《十三經注疏》,第 1074 頁上中。

② (清)黄以周《禮書通故》,中華書局 2007 年版,第 1894 頁。

③ (清)阮元《清經解》第 2 冊,第 104 頁下。

④ (清)阮元《清經解》第 3 冊,第 737 頁下。

40.《釋名・釋兵》云:“矢,其末者栝,栝,會也,與弦會也。栝旁曰叉,形似叉也。”(頁3362)

按:此從楚本訛作“者栝”,乙巳本、《釋名》[①]並作“曰栝”。

41. 膞讀如“車輇”之詮。(頁3373)

按:此從楚本訛作“詮”,乙巳本、《周禮注疏》[②]並作“輇”。

42. 賈疏謂讀從《襍記》“載以輇車”之輇,以音同也。(頁3373)

按:此從楚本訛作“以音同”,乙巳本、賈疏[③]並作“取音同”。

43. 此外骨、内骨,皆《鼈人》所謂互物者。(頁3377)

按:此從楚本訛作“者”,乙巳本作“也”。

44.《説文・虫部》云:“蟹有二敖,八足,旁行。”(頁3377)

按:此從楚本訛作“蟹”,乙巳本、《説文》[④]並作“蠏”。

45. 臧琳云:“《説文・虫部》:‘蛢,蟜蟥,以翼鳴者。’《爾雅》:‘蛂,蟥蛢。’《御覽》引孫炎注云:‘翼在甲裹。’犮發聲同,古文多通用,故《爾雅》作‘蛂’,《周禮注》作‘發’。《爾雅音義》云:‘蟥本或作黄’。黄與皇亦古通。”(頁3378)

按:此從楚本訛作“古文”,乙巳本、臧琳《經義雜記》[⑤]並作“古人”。

46. 今攷“一豆酒”,豆似亦可讀如字。(頁3390)

按:此從楚本訛作“可”,乙巳本作“當”。

47. 諸書所謂下方者,兼明堂之基及四阿之屋而言也。(頁3444)

按:此從楚本訛作“明堂”,乙巳本作“四堂”。

48.《斯干》孔疏云:“……《樂記》説武王配乎明堂者,彼注云:

---

① (清)王先謙《釋名疏証補》,《爾雅廣雅方言釋名清疏四種合刊》,上海古籍出版社1989年版,第1086頁上。

② (清)阮元《十三經注疏》,第924頁下。

③ (清)阮元《十三經注疏》,第924頁下。

④ (漢)許慎《説文解字》,第282頁。

⑤ (清)阮元《清經解》第1册,第823頁上。

‘文王之廟為明堂制。’”(頁 3458—3459)

按:此從楚本訛作“配”,乙巳本、孔疏[①]並作“祀”。

49. 賈思伯議亦駁蔡説云:“……又《詩·大雅》云:‘邕邕在宮,肅肅在廟。’鄭注云:‘宮即辟雍宮也,所以助王養老則尚和,助祭則尚敬。’又不在明堂之驗矣。”(頁 3463—3464)

按:此從楚本訛作“宮即辟雍宮也”,乙巳本、賈思伯議[②]並作“宮謂辟雍宮也”。

50. 王引之云:“……孟堅作表,又沿其意而變其名,以少師、少傅、少保為孤卿,合六卿為九,於是九卿之名遂以三少廁其間矣。”(頁 3469—3470)

按:此從楚本訛作“九卿之名”,乙巳本、王引之《經義述聞》[③]並作“九卿之官”。

51. 至稱極為阿,義蓋取於高而下也。(頁 3472)

按:此從楚本訛作“下也”,乙巳本作“下迆”。

52. 王宮門阿降於宮隅二丈,此與宮隅同者,以三丈不可再減,亦禮窮則同也。(頁 3476)

按:此從楚本訛作“再減”,乙巳本作“更減”。

53. 賈疏云:“……以此計之,王城隅高九雉,城高七雉;上公之城隅高七雉,城高五雉,侯伯以下城隅高五雉,城高三雉。(頁 3477)

按:此從楚本訛作“以下”,乙巳本、賈疏[④]並作“已下”。

54. 云“其渠二柯者三”者,殺於大車渠二分之一。此蓋亦揉三木為之,每木長六尺,故云二柯者三也。(頁 3521)

按:此從楚本訛作“二分之一”,乙巳本作“三分之一”。孫疏頁 3518:“‘渠三柯者三’者,大車牙大圜之度也。蓋亦揉三木為之,每木長九尺,故云三柯者三。下文柏車之渠云‘二柯者三’,亦以三命

① (清)阮元《十三經注疏》,第 437 頁上。

② (北齊)魏收《魏書》,中華書局 1974 年版,第 1614 頁。

③ (清)王引之《經義述聞》,江蘇古籍出版社 1985 年版,第 228 頁。

④ (清)阮元《十三經注疏》,第 929 頁上。

分,與此文例正同。"

55. 先鄭意蓋謂羊車前有屏蔽,謂之羊門,車因以為名,故云即車羊門也。(頁 3525)

按:此從楚本訛作"即車羊門也",乙巳本作"謂車羊門也",與頁 3524"鄭司農云"相合。

56. 大車轅内止一牛。牽傍又非轅内鬲之所扼,又何必更為衡以持軛乎?(頁 3530)

按:此從楚本訛作"又何必",乙巳本作"復何必"。

57.《廣雅·釋詁》云:"抮,盭也。"又《釋訓》云:"軫軳,轉戾也。"(頁 3536)

按:此從楚本訛作"軳",乙巳本、《廣雅·釋訓》並作"軳"。王念孫疏證:"各本軳訛作軳,自宋時本已然。……軳字或書作軳,故譌而為軳。"[①]

58. 鄭、賈並讀昔為錯,與上'老牛之角紾而昔'同。(頁 3539)

按:此從楚本訛作"並",乙巳本作"亦"。"亦"是承上(頁 3535)"老牛之角紾而昔"鄭司農、鄭玄讀昔為錯而言。

59. 羽讀為扈,扈,綏也。接中動則緩,緩簫應弦,則角幹將發。(頁 3556)

按:此從楚本訛作"綏",乙巳本作"緩"。下文"注云'羽讀為扈,扈,緩也'者"以及孫疏"經典扈無緩訓"可證。

60. 注云"言損贏濟不足"者,賈疏云:"明豐肉寬緩是不足,則危弓濟之;危弓為贏,則以安矢損之;骨直忿埶是贏,則安弓損之;安弓是不足,則以危矢濟之。"(頁 3562)

按:此從楚本訛作"明",乙巳本空缺,賈疏作"言"[②]。

(二) 乙巳本錯誤,因漏校而從楚本:

61. 鄭《目録》云:"象冬所立官也。是官名司空者,冬閉藏萬

---

① (清)王念孫《廣雅疏証》,《爾雅廣雅方言釋名清疏四種合刊》,上海古籍出版社 1989 年版,第 531 頁上。

② (清)阮元《十三經注疏》,第 937 頁上。

物,天子立司空,使掌邦事,亦所以當立家,使民無空者也。司空之篇亡,漢興,購求千金,不得。此前世識其事者,記録以備大數,《古周禮》六篇畢矣。”(頁 3101)

按:此從楚本作“司空之篇亡”,符合上文話題、下文 3102 頁稱引“云‘司空之篇亡……’者”。賈疏引鄭《目録》亦作“司空之篇亡”①。乙巳本訛作“司徒之篇亡”,漏校而未出校。“司徒”則是“地官”,鄭《目録》:“象地所立之官。司徒主眾徒。地者載養萬物,天子立司徒掌邦教,亦所以安擾萬民。”(頁 641)

62. 辨猶具也。(頁 3108)

按:此從楚本作“辨”,對應正文“以辨民器”之“辨”,乙巳本訛作“辦”。

63. 鄭珍……又云“……其制以柱承平板,牽以横木,交於輢式之梁柱,板上穿孔置軘下,釘鐵圍筂,以受插者,式外如式之長,輢外如輢之長,其名曰扃。”(頁 3131—3132)

按:此從楚本作“牽”,與鄭珍《輪輿私箋》②合,下引鄭珍“兩柱上宜牽以一横木,其輢始固”可證。乙巳本訛作“率”。

64.《説文・車部》云:“輻,輪轑也。”(頁 3142)

按:此從楚本作“轑”,符合《説文解字》③。乙巳本訛作“橑”,漏校而未出校。

65. 鄭珍云:“……故先云不漆其踐地者,以明不漆者在踐地一邊。然後接云漆者七寸三分寸之一,不漆者三寸三分寸之二,以明漆其二不漆其一之數。然後即不漆之數析之,云令牙厚一寸三分寸之二,則内外面不漆者各一寸,順文理讀之,明明所云牙厚,為就牙之踐地一邊言,非兼投輻一邊,謂牙上下同厚也。”(頁 3152)

按:此從楚本作“然後接云”,符合鄭珍《輪輿私箋》④,乙巳本

① (清)阮元《十三經注疏》,第 905 頁上。
② (清)王先謙《清經解續編》第 4 册,第 307 頁上。
③ (漢)許慎《説文解字》302 頁,(清)段玉裁《説文解字注》,第 725 頁。
④ (清)王先謙《清經解續編》第 4 册,第 298 頁上。

訛作"落後接云"。

66.《荀子·不苟篇》楊注云:"矩,正方之器也。"(頁 3176)

按:此從楚本作"苟",乙巳本訛作"荀"。

67. 竊謂軾高於軫三尺三寸,君旗齊軫,斷三尺,適可至軾,較雖高出於軾二尺二寸,而兩輢上下通得較偁,自軫以上三尺,雖非較盡之處,而不得謂非較也。(頁 3197)

按:"自軫以上",乙巳本涉上下文訛作"自較以上",楚本改得十分恰當。

68. 凡御者立於輿内近前,行時,惟裳前幅下際,與橫直材相摩拂,易於破敝,故鄭通以裳為釋,明非衣袊,亦不定指禮衣及深衣在旁之衽也。(頁 3230)

按:此從楚本作"裳前幅",乙巳本訛作"裳前輻"。

69. 龙旂九斿,以象大火也。(頁 3233)

按:此從楚本作"九斿",乙巳本訛作"七斿"。

70.《廣雅·釋詁》云:"伸,展也,直也。"(頁 3296)

按:此從楚本作"伸",與《廣雅·釋詁》[①]合,乙巳本訛作"申"。

71. 江永云:"鼖鼓,依密率算之,中围十六尺七寸六分。"(頁 3302)

按:此從楚本作"率",與江永《周禮疑義舉要》[②]合,乙巳本訛作"牽"。

72.《續漢書·輿鵩志》云:"宗廟諸祀皆鵩袀玄。"(頁 3314)

按:此從楚本作"袀",與《續漢書·輿鵩志》[③]合,乙巳本訛作"衿"。

73.《書·顧命》孔疏云:"禮,天子所以執瑁者,諸侯即位,天子賜之以命圭;圭頭邪鋭,其瑁當下邪刻之,其刻闊狹長短如圭頭。"(頁 3326)

---

① (清)王念孫《廣雅疏証》,《爾雅廣雅方言釋名清疏四種合刊》,第 81 頁上。

② (清)阮元《清經解》第 2 册,第 231 頁下。

③ (南朝宋)范曄《後漢書》,中華書局 1962 年版,第 3664 頁。

按:此從楚本作"當下邪",與孔疏[①]合,乙巳本訛作"以下邪"。

74.《玉藻》云:"笏度二尺有六寸,其中博三寸,其殺六分而去一。"注云:"殺猶杼也。天子杼上終葵首,諸侯不終葵首,大夫士又杼其下首,廣二寸半。"(頁 3332)

按:此從楚本作"杼上終葵首",與《玉藻》注[②]合,乙巳本涉下訛作"杼其終葵首"。

75. 云"夏日至之景尺有五寸,冬日至之景丈有三尺"者……(頁 3333)

按:此從楚本作"丈",與上注文合,乙巳本訛作"文"。

76. 云"或作果"者,《大宗伯》云"大賓客攝而載果"。(頁 3333)

按:此從楚本作"載",與《大宗伯》(頁 1409)合,乙巳本訛作"戴"。

77.《急就篇》顔注云:"無足曰檠,有足曰案,所以陳舉食也。"(頁 3346)

按:此從楚本作"曰案",與《急就篇》顔注[③]合,乙巳本涉上訛作"有案"。

78. 江永云:"倨猶直也,句猶曲也。……後世作磬,不知此率,作正方如矩形。"(頁 3351)

按:此從楚本作"如",與江永《周禮疑義舉要》[④]合,乙巳本訛作"知"。

79. 玄謂大上,聲清也。(頁 3355)

按:此從楚本作"聲清",乙巳本訛作"清聲"。

80. "已下則摩其耑"者……(頁 3356)

按:此從楚本作"已下",與經文合,乙巳本訛作"已上"。

---

① (清)阮元《十三經注疏》,第 240 頁下。
② (清)阮元《十三經注疏》,第 1480 頁中。
③ (漢)史游撰,曾仲珊校點《急就篇》,第 169 頁。
④ (清)阮元《清經解》第 2 册,第 232 頁上。

81. 注鄭司農云"轂讀為斛"者……(頁 3368)

按:此從楚本作"鄭司農",乙巳本訛作"司鄭農"。

82. 段玉裁改"為"為"如",云:"各本作'讀為',誤也。此與《典庸器》注,皆擬其音耳。"(頁 3375)

按:此從楚本作"擬",乙巳本訛作"凝"。

83.《左》襄十七年經"邾子牼",牼,《公羊》、《穀梁》作"瞷",是其例。(頁 3382)

按:此從楚本作"襄十七年",與《春秋左傳正義》①合,乙巳本訛作"成十七年"。

84. 又《鄉射禮》"下綱不及地武",鄭注亦云:"武,迹也。中人之迹尺二寸。侯象人,綱即其足也,是以取數焉。"(頁 3396)

按:此從楚本作"二寸",與鄭注②合,乙巳本訛作"三寸"。

85. 鄭司農云:"綱,連侯繩也。縜,籠綱者。縜讀為竹中皮之縜。舌,維持侯者。"(頁 3397)

按:此從楚本作"籠",與《周禮注疏》③合,乙巳本訛作"龍"。

86.《射人》注亦引此經為釋,云五采之侯即五正之侯也。(頁 3399)

按:此從楚本,乙巳本訛作"《射人》注亦引此經為采,云五釋之侯即五正之侯也"。

87. 孫星衍云:"六尺為步,二七十四步,南北得八十四尺也。八十四尺而四分之,其一得二十一尺,以益八十四尺,東西為百五尺也。"(頁 3433)

按:"東西為百五尺也"之"也",此從楚本,與孫星衍《明堂考》卷下合,乙巳本脱。

88. 此經云堂脩七,不言二七,故鄭補之云"令堂脩十四步"。若如今本云"堂脩二七",則其為十四步甚明,何藉為假令之辭乎?

---

① (清)阮元《十三經注疏》,第 1963 頁下。
② (清)阮元《十三經注疏》,第 993 頁下。
③ (清)阮元《十三經注疏》,第 926 頁上。

(頁 3433)

按:此從楚本作"堂脩七",是,上文黄式三、俞樾據宇文愷議考定經文"堂脩二七"當為"堂脩七"。乙巳本訛作"廣脩七"。

89.《御覽·禮部》引《孝經援神契》云:"周之明堂在國之陽,三里之外,七里之内,在辰巳者也。"又引《春秋合誠圖》云:"明堂在辰巳者,言在水火之際。辰,木也;巳,火也。木生數三,火成數七,故在三里之外,七里之内。"(頁 3455)

按:此從楚本作"火成數七",與《太平御覽》[①]合,乙巳本訛作"火盛數七"。

90. 今考上圓下方,為通天臺及堂四向五色之制,於理可信,詳前。(頁 3456)

按:此從楚本作"上圓下方",乙巳本訛作"上方下圓"。

91. 綌,《説文·糸部》作綌。(頁 3471)

按:此從楚本作"部",乙巳本訛作"都"。

92. 程瑤田云:"……是矩也,當其未折時,一直物而無角,其數九,其體略占曲矩之倍;及其折之為曲矩,則横五縱四,其體略存直矩之半,兩矩合之,縱横皆五。"(頁 3507)

按:此從楚本作"直矩",與程瑶田《磬折古義》[②]合,乙巳本訛作"直曲"。

93.《國語·晉語》韋注云:"柯,斧柄,所操以伐木。"(頁 3510)

按:此從楚本作"韋注",乙巳本訛作"韋往"。

94. 王宗涑云:"此篇記文取數不甚密。大車輪徑九尺,除牙徑一尺,轂徑一尺五寸,餘六尺五寸,半之為輻長,得三尺二寸五分,菑爪未入算。"(頁 3517)

按:此從楚本作"三尺二寸五分",與王宗涑《考工記考辨》[③]合,乙巳本訛作"三尺三寸五分"。

---

① (宋)李昉等《太平御覽》,中華書局 1995 年版,第 2419 頁。

② (清)阮元《清經解》第 3 册,第 750 頁下。

③ (清)王先謙《清經解續編》第 4 册,第 684 頁下。

95.《牛人》云:"凡會同、軍旅、行役,共其兵車之牛與其牽徬,以載公任器。"(頁 3522)

按:此從楚本作"徬",乙巳本訛作"傍"。兩字差别正如段玉裁所説:"傍,附也,從人;徬,附行也,從彳,此音同義微别也。"①

96. 大車伏兔居輿下之中,故輹《周易集解》載虞翻本又作"腹",蓋以聲兼義。(頁 3530)

按:此從楚本作"載",乙巳本訛作"戴"。

97. 云"故書勝或作稱"者,故書别本兩"勝"字並作"稱"也。(頁 3558)

按:此從楚本作"故書勝或作稱",乙巳本訛作"故書勝或令稱"。

98. 江永云:"此言尊卑制度如此,至用弓時,自有變通。"(頁 3560)

按:此從楚本作"自",乙巳本訛作"白"。

(三) 乙巳本、楚本兩可,因漏校而從楚本:

99. 彼車枸簍亦呼為篷,疑猶今轎車上隆起為篷,人居其中,漢時蓋已有此制,與此車蓋弓異。(頁 3183)

按:此從楚本作"轎車",乙巳本作"橋車"。

(四) 乙巳本、楚本均誤,因漏校而從楚本:

100. 賈疏云:"漢世去今久遠,亦未知定張車將何所用,但知在宫内所用,故差小,謂之羊車也。"(頁 3525)

按:此從楚本作"故差小,謂之羊車也",乙巳本作"故差小為之,羊車也",當據賈疏補足:"故差小為之,謂之羊車也。"②

(五) 乙巳本、楚本錯誤,改而未出校:

101. 賈疏云:"……一分有三寸三分寸之二,二分總得七寸三分寸之一,是漆之者也。"(頁 3152)

---

① (清)段玉裁《説文解字注》,第 76 頁。

② (清)阮元《十三經注疏》,第 934 頁中。

按:"七寸",乙巳本、楚本並訛作"七分"。此從賈疏[①]改,而未出校。

102. 王宗涑云:"篆刻轂木為垠鄂,篆起如竹有節約然。鄭故訓轂約,小車不皆有篆,孤以上車乃有之。《巾車》云'卿乘夏縵',言不為篆也。篆致飾之一,所以辨等威也。"(頁 3160)

按:"辨等威",與王宗涑《考工記考辨》[②]合,乙巳本、楚本並作"辦等威",改而未出校。又"篆起"屬上句為宜。

103. 賈疏云:"筋之椎打嚼齧,欲得勞敝。"詒讓案:《一切經音義》引《通俗文》云:"咀齧曰嚼。"凡椎打筋謂之嚼,蓋漢人常語。(頁 3541)

按:兩處"椎打",與賈疏[③]合,乙巳本、楚本並訛作"推打"。

(六) 乙巳本、楚本不誤,改而未出校:

104. 賈疏云:"幬,覆也。謂以革覆轂之木,隱著革使之急,是革轂相應也。無贏不足者,若轂有耗瘦,不隱著轂,則革有贏而轂不足;若轂不耗,革無贏,轂亦無不足也。"(頁 3162)

按:"耗瘦"、"不耗",與賈疏[④]合,乙巳本、楚本並作"秏瘦"、"不秏"。"耗"即"秏"之俗(頁 2741),"瘦"、"瘦"異體,不必改,改了也應出校。

105. 鄭珍云:"……如此則植軹不至太長勢危,又與較木相配,令柱上下牽倚得力,又令外闌横閒之木有所交附。否即内焉立寬長之窗,外焉附長狹之闌,皆杌隉不可終日矣。"(頁 3199)

按:"杌隉",孫疏 3151 頁引《説文》:"隉,危也。班固説:不安也。《周書》曰'邦之阢隉'。"《書・秦誓》作"杌隉",孔傳:"杌隉,不安,言危也。"但乙巳本、楚本、鄭珍《輪輿私箋》[⑤]並作"杌楻"。故不必改,即使改了也要出校。

---

① (清)阮元《十三經注疏》,第 908 頁上。
② (清)王先謙《清經解續編》第 4 册,第 665 頁中。
③ (清)阮元《十三經注疏》,第 935 頁中。
④ (清)阮元《十三經注疏》,第 908 頁中。
⑤ (清)王先謙《清經解續編》第 4 册,第 306 頁上。

（七）校記失致：

106. 江永云："為規者，以樹槷之處為心，而畫墨於地為圓形，視朝景端之當規者識之，又視夕景端之當規者識之，作一模線，於規心亦作一模線，與之平行，則東西之位正矣。"——校："模"，《周禮疑義舉要》作"横"，下同。（頁 3419）

按："則東西之位正矣"下《周禮疑義舉要》説"折半作直線，則南北之位正矣"[①]，"直線"與"横線"相對，則"模線"之"模"形近致訛無疑，當據改。

107. 胡培翬云："《爾雅・釋宫》：'户牖之閒謂之扆'。《書・顧命》'牖閒南嚮'。古人宫室之制，内為室，外為堂，牖室皆在室之南壁，向堂開之，户在東，牖在西。"——校記："牖户皆在室之南壁"之"室"原訛"堂"，據文意改。（頁 3439）

按：既然是引胡培翬，"據文意改"不如"據胡培翬"《儀禮正義》[②]改。"

108. 又曰："約之格格，椓之橐橐。"——校："橐橐"原訛"蠹蠹"，據《周禮注疏》改。（頁 3502）

按：楚本亦作"橐橐"，故"據《周禮注疏》改"當言"據楚本及《周禮注疏》改"。

109. 戴震亦云："……田車之輪卑於兵車、乘車三寸。"——校：原"於"字誤"重"，據文意删。（頁 3527）

按："重"字引號應删，是兩個"於"字"誤重"，不是"於"字誤作"重"。校記可改為：據戴震《考工記圖》[③]删。

（八）乙巳本、楚本不誤，排印錯訛：

110. 親授其職，居其官也。（頁 3110）

按：此排印訛作"授"，乙巳本、楚本、鄭注[④]並作"受"。

111. 段玉裁云："灰者，燒骨為灰也。《一切經音義》引《通俗

---

① （清）阮元《清經解》第 2 册，第 232 頁下。

② （清）王光謙《清經解續編》第 3 册，第 677 頁下。

③ （清）阮元《清經解》第 3 册，第 885 頁中。

④ （清）阮元《十三經注疏》，第 905 頁中。

文》曰:'燒骨以漆曰垸。'蓋以桼合和燒骨之灰,摶而丸之,以髹擦物,丸而桼之既乾,如沙磣不光潤,乃摩之,鄭所云'丸漆之,乾乃以石摩平之'也。"(頁 3162)

按:此排印訛作"丸而桼之",乙巳本、楚本、段玉裁《説文解字注》①並作"丸而髹之"。又"既乾"前當標句號。

112. 子尹以車蓋為輪輻轂軸之比例,其説甚當。惟蓋之達常與斗為一木,則與輪轂二木相貫同而實異。(頁 3165)

按:此排印訛作"輪轂",乙巳本、楚本並作"軸轂"。

113. 疏賈云:"此部即達常。以此達常上入部中,遂名此達常為部,其實是達常也。"(頁 3181)

按:此排印訛作"疏賈",乙巳本、楚本並作"賈疏"。

114. 云"無任,言其不勝任"者,賈疏云:"謂折壞不任用也。"阮元云:"《匠人》'凡任索約大汲其版,謂之無任',文意同也。"(頁 3216—3217)

按:此排印訛作"同也",乙巳本、楚本並作"同此"。

115. 謂大車轅直,上阪則勢仰,而後之重勢彌增。即使能登,而重心偏衺外越,非前轅所能制,則易致傾覆也。(頁 3222)

按:此排印訛作"偏衺",乙巳本作"偏衺",楚本訛作"偏衷"。

116. 云"利準則久,利則安"者,《墨子·節用篇》云:"車為鵬重致遠,乘之則安,引之則利,安以不傷人,利以速至,此車之利也。"(頁 3226)

按:此排印涉上下文訛作"利則安",乙巳本、楚本並作"和則安"。

117. 程瑤田云:"鄭意胡既横貫於刺,中矩,則援必不中矩,衺出於刺,其外句成磬折,而為三鋒矣。然胡横貫於刺,其用止能横毄,若斬首,必不能決;而援衺倚於刺,即以刺人,亦恐難勝任也。"(頁 3253)

---

① (清)段玉裁《説文解字注》,第 688 頁。

按:此排印訛作"衺出",乙巳本、楚本、程瑤田《考工創物小記》[①]並作"衺出",下"援衺倚於剌"亦可證。

118.《説文·牛部》云:"犀,南徼外牛,一角在鼻,一角在頂,似豕。"《𤉡部》云:"𤉡,如野牛而青,重文兕,古文從兒。"(頁 3285)

按:此排印訛作"𤉡",乙巳本、楚本、《説文》[②]並作"𤉡"。

119. 阮元云:"邸謂柢之,《爾雅·釋器》文。劉本作'柘',字形之訛。"(頁 3345)

按:此排印訛作"謂柢之",乙巳本、楚本並作"謂之柢"。第 435、2540 頁所引不誤。

120.《爾雅·釋蟲》云:"蜇螽,蜙蝑"。(頁 3375)

按:此排印訛作"蜇",乙巳本、楚本並作"蜇"。

121. 惠士奇云:"馬融《廣成頌》曰:'鷙鳥毅蟲,倨牙黔口,大匈哨後。'然則燿一作'哨',音義宜然,康成讀從之,本師説也。燿一作'臞',細小之貌,與哨通。臞一作'臞',《爾雅》曰:'臞、脙,瘠也。'瘠則細小,音異而義同。"(頁 3380)

按:此排印訛作"燿一作'臞'"、"臞一作'臞'"、"臞、脙,瘠也",乙巳本、楚本、惠士奇《禮説》[③]並作"燿一作'臞'"、"臞一作'臞'"、"臞、脙,瘠也"。

122. 段玉裁云:"《説文·頁部》曰:'顅,頭鬢少髮也,從頁肩聲。'引《周禮》'數目脰顅'。"(頁 3382)

按:此排印訛作"脰顅",乙巳本、楚本、段玉裁《周禮漢讀考》卷六[④]並作"顅脰"。

123. 苟撥爾而怒,則於任重宜。且其匪色,必似鳴矣。……苟穨爾如委,則加在任焉,則必如將廢措,其匪色不必似不鳴矣。(頁 3384—3385)

按:兩處"苟"排印錯訛,"苟"指自急敕;乙巳本、楚本並作

① (清)阮元《清經解》第 3 册,第 717 頁下。

② (漢)許慎《説文解字》,第 198 頁。

③ (清)阮元《清經解》第 2 册,第 105 頁上。

④ 《續修四庫全書》經部禮類。

“苟”,是連詞。

124. 又南郡大守馬季長説,一獻而三酬則一豆,觚當為觶,豆當為斗,與一爵三觗相應。(頁 3388)

按:此排印訛作“觗”,乙巳本、楚本並作“觶”。

125. 然則七節之侯,侯身二丈八尺,上个五丈六尺,上个四丈二尺。(頁 3395)

按:此排印訛作“上个四丈二尺”,乙巳本、楚本並作“下个四丈二尺”。

126.《郊特牲》曰:“天子大蜡八,伊耆氏始為蜡,歲十二月而台聚萬物而索饗之也。”(頁 3402)

按:此排印訛作“台”,乙巳本、楚本並作“合”。

127. 玄謂晉讀如“王搢大圭”之搢,所矜捷也。(頁 3411)

按:此排印訛作“所矜捷”,乙巳本、楚本並作“矜所捷”。

128. 賈疏不察,輒據彼定此羊車小於柏車,貽誤後學,謹附正之。(頁 3524)

按:此排印訛作“貽誤”,乙巳本、楚本並作“疑误”。697 頁亦有“疑误後学”之説。

129. 堂古本音堂,轉為直庚反……注言讀如堂 歫之堂、車堂之堂者,謂其音如此兩堂,其義亦同也。(頁 3557)

按:兩處從正之“堂 ”排印錯訛,當為從止之“堂”。

130.《司弓矢》注説夾臾射豻侯云,“豻侯五十步,及射鳥獸,皆近射也”。(頁 3563)

按:此排印訛作“臾”,乙巳本、楚本並作“庾”,與頁 2553《司弓矢》“夹弓、庾弓以授射豻侯、鸟兽者”合。

(九) 乙巳本、楚本訛脱衍誤同而失校:涉上下文而訛:

131. 賈疏云:“案《老子道經》云:‘三十輻,共一轂,當其無,有車之用。’注:‘無有謂空虛。轂中空虛,輪得用;輿中空虛,人居其上。’引之者,證轂為由空乃得利轉之義也。”(頁 3142)

按:“輪得用”涉上而誤,賈疏原作“輪得行”①。

132. 注云“納徵加於束帛”者……案:據《晉志》説,則天子入幣,又有皮馬為庭實也。賈疏云:“自士以上皆用玄纁皮帛,但天子加以穀圭,諸侯加以大璋也。”(頁 3338)

按:賈疏“皮帛”原作“束帛”②,與所釋鄭注“納徵加於束帛”對應,涉上而訛。

133. 云“鴻,傭也”者,《爾雅·釋言》云:“傭,均也。”郝懿行云:“傭與鴻聲近,鄭蓋以龍蛇之屬,其身摶圜,前後均等,故訓鴻為傭,義本《爾雅》。”案:郝説是也。《典同》先鄭注云“鍾聲上下正傭”,與此義同。(頁 3383)

按:《典同》先鄭注“鍾聲上下正傭”涉上而訛,當為“鍾形上下正傭”,見 1874 頁。孫疏 1876 頁解釋“鍾形上下正傭”:“《爾雅·釋言》云:‘傭,均也。’《説文·人部》云:‘傭,均直也。’言鍾形上鉦與下銑大小均等也。”

134. 賈疏云:“《聘禮》‘五介入境張旜’,是侯伯之卿大夫聘者也。而主國夫人使下大夫勞賓以二竹簋方者,簋法圓,今此竹簋方為之者,此或棗栗與黍稷簋異也。玄被者,以玄繒為表。彼《聘禮》,諸侯大夫使下大夫勞,無案,直有棗栗。此后勞有棗栗,又亦有案。引之者,證此棗栗亦盛於竹簋者也。”(頁 3348)

按:“諸侯大夫使下大夫勞”原作“諸侯夫人使下大夫勞”③,涉下而訛。賈疏上句説“主國夫人使下大夫勞賓以二竹簋方”,上文 3346 頁鄭注引《聘禮》“夫人使下大夫勞以二竹簋方,玄被纁裏”,顯然是“夫人”。

135.《靈台》疏引袁準《正論》云:“……齊宣王問孟子:‘人皆謂我毀明堂,毀諸,已乎?’孟子曰:‘夫明堂者,王者之堂也。王欲行王政,則勿毀之矣。’夫宗廟之設,非獨王者也。若明堂即宗廟,

① (清)阮元《十三經注疏》,第 907 頁下。

② (清)阮元《十三經注疏》,第 923 頁上。

③ (清)阮元《十三經注疏》,第 923 頁下。

不得曰‘夫明堂,王者之宗廟也’。且説諸侯而教毁宗廟,為人君而疑於可毁與否,雖復淺丈夫,未有是也。”(頁 3462—3463)

按:“夫宗廟之設”,孔疏原作“夫宗廟之毁”①,孫詒讓《十三經注疏校記》無異議②,疑涉上而訛。

136. 注云“程人功也”者,賈疏云:“將欲造溝防,先以人數一日之中先作尺數,是程人功法式,後則以此功程,賦其丈尺步數。”(頁 3502)

按:“先作尺數”之“先”,賈疏原作“所”③,疑涉上而訛。

137. 程瑤田云:“宣之言發也,當是起土句鉏之最句者,蓋句庛利發之義。《詩·緜》曰‘乃宣乃畝’,《篤公劉》曰‘既順乃宣’。鄭注曰:‘時耕曰宣,宣之言發也。’《釋名》曰:‘鎛,迫也,迫地去草也。’宣之句地僅半矩,用以去草,夫亦迫地之至矣,豈宣即鎛乎?”(頁 3509)

按:《車人》“半矩謂之宣”,程瑤田認為是角度單位而非長度單位:“百工皆持矩以起度,而倨句之度法遂生於矩焉。矩者,倨句之正方者也。由是而句焉,則半矩謂之宣。”(頁 3507)孫疏贊同程説,指出“半矩之宣,則四十五度也”(頁 3511)。“由是而句焉,半矩謂之宣”,换言之就是“宣之句也僅半矩”④。此處引作“宣之句地僅半矩”,疑涉上下文而訛“也”作“地”。此外,鄭注僅有“時耕曰宣”一句⑤,程瑤田據此認為“宣之言發也”。

138. 鄭司農云“牚讀如牚距之牚、車牚之牚”者,段玉裁云:“注中四‘牚’字,皆‘堂’之誤。”(頁 3557)

按:“牚讀如”當為“堂讀如”,與上文鄭司農所云合。段玉裁云“注中四‘牚’字”,也可證是“堂讀如”。

形近而訛:

---

① (清)阮元《十三經注疏》,第 524 頁下。

② (清)孫詒讓《十三經注疏校記》,中華書局 2009 年,第 65 頁。

③ (清)阮元《十三經注疏》,第 933 頁中。

④ (清)程瑤田《磬折古義》,(清)阮元《清經解》第 3 册,第 752 頁上。

⑤ (清)阮元《十三經注疏》,第 510 頁中。

139.《國語·齊語》云:"今夫工,羣萃而州處,審其四時,辨其工苦,權節其用,論比協材,旦莫從事,施於四方,以飭其子弟,相語以事,相示以巧,相陳以功,少而習焉,其心安焉,不見異物而遷焉。是故其父兄之教,不肅而成,其子弟之學,不勞而能。夫是故工之子恒為工。"(頁 3114)

按:"今",《國語·齊語》原作"令"①。桓公問:"處士、農、工、商若何?"管子答:"昔聖王之處士也,使就閒燕;處工,就官府;處商,就市井;處農,就田野。"具體措施之一就是"令夫工,羣萃而州處……"可見"羣萃而州處,審其四時,辨其工苦,權節其用"云云與"就閒燕"、"就官府"一樣,都是聖王"使"、"令"所致,非"今"士、工自然而然。"工苦",《國語·齊語》原作"功苦"。孫疏頁 569 引《國語·齊語》"辨其功苦",頁 341 釋"功沽"引《國語·齊語》"辨其功苦",指出:"苦與沽亦聲類同。蓋凡器物飲食之精者並謂之功,粗者並謂之沽。"

140. 陳壽祺云:"《左傳音義》:'鸛,嵇康音權,本又作鳹。'"(頁 3116)

按:"鸛",陳壽祺《五經異義疏證》②、《經典釋文》③並作"鸜",當據正,否則就與陳壽祺下文所説"賈又不知《左氏》有作'鸛'之本"自相矛盾。

141. 惠棟云:"殄古文腆字,《毛詩》'籧除不殄',箋'殄當為腆'。《燕禮》'不腆之酒',注云'古文腆作殄'。"(頁 3225)

按:"籧除",惠棟《九經古義》④、《詩經·邶風·新臺》⑤並作"籧篨"。

142. 云"經而無絕"者,賈疏云:"則上文欲其孫,亦一也。"(頁

① 上海師範大學古籍整理研究所校點《國語》,上海古籍出版社 1998 年,第 227 頁。

② (清)阮元《清經解》第 7 册,第 194 頁中。

③ (唐)陸德明撰,黄焯彙校《經典釋文彙校》,第 590 頁。

④ (清)阮元《清經解》第 2 册,第 764 頁中。

⑤ (清)阮元《十三經注疏》,第 311 頁中。

3227)

按:"則",賈疏原作"即":"此云'經而無絕',即上文'欲其孫',亦一也。"[①]3564 頁引賈疏:"即《司弓矢職》云:'王弓、弧弓以受射甲革椹質者。'亦一也。"是同類表述。

143. 金鶚云:"疏纁入黑汁為紺,是紺赤黑閒色也。而《説文》云:'緅,帛深青揚赤色也。'《釋名》:'紺,含也,青而含赤色也。'與賈不同。"(頁 3315)

按:"緅",《説文》[②]、金鶚《求古録禮説·閒色説》[③]並作"紺"。金鶚"與賈疏不同"句前引《説文》新附字:"緅,帛青赤色也。"

144.《隋書·天文志》云:"賈逵、張衡、蔡邕、王蕃、陸續,皆以北極紐星為樞,是不動處。"(頁 3422)

按:"陸續",《隋書·天文志》作"陸績"[④]。據《三國志·吴書》,"陸績字公紀"[⑤]。吉常宏、吉發涵《古人名字解詁》:"績、紀皆為治絲之名,故相協。"[⑥]

145.《淮南子·本經訓》高注云:"明堂,王者布政之堂。王者月居其房,告朔朝厤,頒宣其令,謂之明堂;其中可以敘昭穆,謂之太廟;其上可以望氛祥,書云物,謂之靈台;其外圜以辟雍。"(頁 3462)

按:"其外圜以辟雍"之"以",高注作"似"[⑦]。頁 3461《詩·靈臺》疏引盧植《禮記注》"圜之以水似璧,故謂之辟雍",《明堂月令論》"取其四面周水圓如璧,則曰辟雍"。3464 頁孫疏"明堂古制,外環以水,或通稱辟雍",贊同徐養原云:"凡水形如璧,即曰辟雍。"

146.《管子·度地篇》云:"水之性,行至曲必留退,滿則復推

① (清)阮元《十三經注疏》,第 914 頁上。
② (漢)許慎《説文解字》第 274 頁。
③ (清)王先謙《清經解續編》第 3 册第 272 頁下。
④ (唐)魏徵等《隋書》第 529 頁,中華書局 1973 年。
⑤ (晉)陳壽《三國志》1328 頁,中華書局 1971 年。
⑥ 語文出版社 2003 年,152 頁。
⑦ 何寧《淮南子集釋》第 597 頁,中華書局 1998 年。

前。杜曲則擣毀，杜曲激則躍，躍則倚，倚則環，環則中，中則涵。"（頁3500）

按："復"當為"後"，形近致訛。尹知章注："謂水至處，必流而却退。其處既滿，則後水推前水令去。"①

147. 段玉裁云："《方言》曰：'抮，戾也。'"（頁3536）

按："抮"，《方言》②、段玉裁《周禮漢讀考》卷六③並作"軫"。

148. 云"利射革與質"者，賈疏云："即《司弓矢職》云：'王弓、弧弓以受射甲革椹質者。'亦一也。"（頁3564）

按："受"為接受，"授"則給予。"受射甲革椹質者"之"受"，賈疏④、《司弓矢》原文（頁2553）均作"授"。本頁上文引賈疏稱《司弓矢》"夾弓、庾弓，以授射豻侯、鳥獸者"，頁3565下文引賈疏稱《司弓矢》"唐弓、大弓以授學射者、使者、勞者"，均可證作"授"。

義近而訛：

149. 云"合甲五屬"者，江永云"犀甲、兕甲皆單而不合。合甲則一甲有两甲之力，費多工多而價重。"（頁3285）

按："力"，江永《周禮疑義舉要》原作"革"⑤。邵碧瑛《〈考工記〉之〈函人〉〈畫繢〉研究》已指正⑥。

150. 段玉裁云："先、後鄭讀異而説同。必易三為參者，如《弓人》'為之參均'之參，雖兩池一平，而各居二尺二寸，又各弦直也。異而同曰參。"（頁3300）

按："為之參均"，段玉裁《周禮漢讀考》卷六⑦、《弓人》（頁3557）並作"謂之參均"。

151. 云"故書措作厝，杜子春云，當為措"者，段玉裁云："此古

---

① 黎翔鳳《管子校注》第1055頁，中華書局2004年。

② 華學誠《楊雄方言校釋匯證》第240頁，中華書局2006年。

③ 《續修四庫全書》經部禮類。

④ （清）阮元《十三經注疏》第937頁上。

⑤ （清）阮元《清經解》第2册231頁中。

⑥ 杭州師範大學2007年碩士學位論文，110頁。

⑦ 《續修四庫全書》經部禮類。

文假借也。漢人抱火厝之積薪之下同。子春謂厲石之字非訓,故易為措。古廢置皆曰措。"(頁 3385)

按:"漢人",段玉裁《周禮漢讀考》作"漢書"①,指的是《漢書·賈誼傳》"抱火厝之積薪之下"②。

152.《隋書·宇文愷傳》,愷奏《明堂議》云:"《周官·考工記》曰:'夏后氏世室,堂脩二七,博四脩一。'臣愷案:三王之世,夏最為古,從質尚文,理應漸就寬大,何因夏室乃大殷堂?相形為論,理恐不爾。《記》云'堂脩七,博四脩',若夏度以步,則應脩七步。注云'令堂脩十四步',乃是增益《記》文。殷周二室獨無加字,便是其義類例不同。山東《禮》本輒加'二七'之字,何得殷無加尋之文,周闕增筵之義?研覈其趣,或是不然。讐校古書,並無'二'字,此乃桑間俗儒信情加減。"(頁 3430)

按:"《記》云'堂脩七,博四脩'","脩"下《隋書》有"一"字;"殷周二室獨無加字"之"室",《隋書》作"堂"③。作"堂"是,《考工記》原文"殷人重屋,堂脩七尋"、"周人明堂,南北七筵"(頁 3443—3449),如下文 3430 頁黄式三所説"殷度以尋,堂脩七尋,周度以筵,堂脩七筵",即是"殷周二堂"。

153. 賈疏云:"為門之屋,兩下為之,其脊高五丈。"(頁 3471)

按:"為門之屋"當為"謂門之屋"④。

154.《左》襄十年傳"篳門閨竇之人",杜注云:"竇,小户。穿壁為門,上鋭下方,狀如圭也。"(頁 3506)

按:半門曰"户",既是"小户",則不宜稱"門"。"穿壁為門"之"門",杜注原作"户"⑤。

155. 賈疏云:"以筋在弓皆與幹為力,今弓幹有節目,則用力

---

① (清)阮元《清經解》第 4 册第 222 頁上。
② (漢)班固《漢書》,中華書局 1964 年,第 2230 頁。
③ (唐)魏徵等《隋書》,第 1590 頁。
④ (清)阮元《十三經注疏》,第 928 頁下。
⑤ (清)阮元《十三經注疏》,第 1949 頁上。

不得其所,故筋代幹受病,以為偏用力故也。”(頁 3545)

按:“與幹”,賈疏原作“以幹”;“以為”,賈疏原作“以其”①。

脱文:

156. 賈疏云:“謂有輪人、輿人、車人,就職中仍有輈人,是一器工聚者車最多於餘官也。”(頁 3129)

按:賈疏原作“是一器工聚者車最多,多於餘官也”②。脱一“多”則兩句糅為一句。

157. 賈疏云:“……今以一寸者為九分,寸之二為六分,摠為十五,三分取一得五分,故云徑三寸九分寸之五也。”(頁 3156—3157)

按:“十五”下,賈疏③原有“分”字。

158. 程瑤田……又云:“……《王莽傳》:‘莽進玉具寶劍於孔休,解其璏。’蘇林曰:‘璏,劍鼻也。’《雋不疑傳》‘帶櫑具劍’,應劭曰:‘櫑具,木標首之劍,櫑落壯大也。’晉灼曰:‘古長劍以玉作井鹿盧形,上木作山形,如蓮花初生未敷時。今大劍木首,其狀如此。’然則劍鼻玉謂之璏,以物施置其上則曰具,並謂劍首也。古劍首鑄銅為之,後世異其制,而飾之以玉與?”(頁 3254—3255)

按:“古長劍”下脱“首”字,則“以玉作井鹿盧形”的就是劍而非劍首;“木作山形”上脱“刻”字,則不知“山形”何以然,均當據程瑤田《考工創物小記·桃氏為劍考》④補。

159. 賈疏云:“十二辰各有律十二,律以黄鍾為初。不直言中黄鍾之聲,而云之宫者,十二辰其變聲辰各有五聲,則子上有宫商角徵羽五聲具。今之所中者,中其宫聲,不中商角之等,故以宫言之也。”(頁 3280)

按:賈疏“初”下有“九”字⑤。頁 1832 鄭注“黄鍾初九也,下生

---

① (清)阮元《十三經注疏》,第 935 頁下。
② (清)阮元《十三經注疏》,第 907 頁上。
③ (清)阮元《十三經注疏》,第 908 頁中。
④ (清)阮元《清經解》第 3 册,第 730 頁上。
⑤ (清)阮元《十三經注疏》,第 917 頁上。

林鍾之初六"、1836 頁引賈疏"《律厤志》云黃鍾初九,律之首,陽之變也"、1837 頁引賈疏"其黃鍾在子,一陽爻生,為初九,林鍾在未,二陰爻生,得為初六",均可參證。

160. 賈疏云:"凡樂器,厚則聲清,薄則聲濁。今大上,是聲清,故使薄,薄而廣則濁也。"(頁 3356)

按:"故使薄",賈疏原作"故摩使薄"[①]。下文引賈疏"此聲濁由薄,薄不可使厚,故摩使短,短則形小,形小則厚,厚則聲清也"亦可證。

161.《通典·吉禮》約此經及鄭注説之云:"明堂東西長八十一尺,南北六十三尺。其堂高九尺,於一堂之上為室,每室廣一丈八尺。每室開四門,旁各有窻,九階,外有四門,門之廣壁以蜃蛤灰飾之。"(頁 3452)

按:"於一堂之上為室",《通典》卷四四作"於一堂之上為五室"[②],與孫疏"杜以五室於廣九筵修七筵一堂之上為之"吻合。

162. 賈疏云:"按僖二十五年秋,秦兵伐鄀,秦人過析隈。鄭以為入隈。"(頁 3538)

按:"兵",賈疏[③]、《左传》並作"晉"。

衍文:

163.《漢書·地理志》云:"琅邪郡朱虛東泰山,汶水所出,東至安丘入維。"又泰山郡萊蕪縣云:"《禹貢》汶水所出,西南入泲,桑欽所言。"(頁 3117—3118)

按:後一"汶水所出"涉前一"汶水所出"而衍"所"字,"汶水出西南入泲"一句[④]。

164. 段玉裁云:"《説文·水部》曰:'泐,水石之理也,從水阞。'引《周禮》'石有時而泐',謂石如其理而解散,猶水之依其理也。'阞,地理也',從阞會意。"(頁 3122)

---

① (清)阮元《十三經注疏》,第 923 頁下。
② (唐)杜佑撰,王文錦等點校《通典》,中華書局 2003 年,第 1216 頁。
③ (清)阮元《十三經注疏》,第 935 頁上。
④ (漢)班固《漢書》,第 1582 頁。

按：段玉裁《周禮漢讀考》[①]引《説文》作"水之理也"，無"石"字，並且加注："今本作'水石之理也'，非是。"為何"非是"，段玉裁《説文解字注》："阞，地理也。朸，木之理也。然則泐訓水之理，從水無疑矣。淺人不知水有理，又見下文引《周禮》説'石'，乃妄增一字。"[②]

165. 鄭珍云："……其投轂也，自入鑿至鑿心，如並負轂，迤邐相承，一豪不能上僭，轂亦一豪不能下移。而轂之壓輻，以弱兩邊計之，直是壓七八寸，則輻之承轂，愈固而有力，故雖有重任，轂不折也。"(頁 3166)

按："如並負轂"，鄭珍《輪輿私箋》[③]無"如"字。

166. 此磬之長短，自依律為增減，其度不一，故知經所謂"一矩有半"者，止假以定其倨句之形，非言長瑤短之度也。(頁 3352)

按："瑤"字疑衍，"長短之度"不容"瑤"置其中，例如頁 3508"泛論倨句之形，而非計長短之度"，頁 3510"誤以柯為長短之度"，頁 3511"誤以磬折为长短之度"。

引文失真：

167. 程瑤田云："《王莽傳》'盱衡厲色'，注：'孟康曰：眉上曰衡。盱衡，舉眉揚目也。'《蔡邕傳》'揚衡含笑'，注云：'衡，眉目之閒也。'衡皆指眉言。鄉衡者，飲酒之禮，必立而飲之。《賈子·容經》經立之容，固頤正禮，則不能昂其首矣。試舉古銅爵飲之，爵之兩柱適至於眉，首不昂而實自盡。衡指眉言，兩柱向之，故得謂之鄉衡也。是由觀之，兩柱蓋節飲酒之容，而驗梓人之巧拙也。"(頁 3390)

按："必立而飲之"，程瑤田《考工創物小記·述爵兼訂〈梓人〉"鄉衡"注》原作"必頭容直也"[④]。"必頭容直"雖不如"必立而飲之"推論嚴密，但没有改為後者的必要，疑是孫詒讓誤憶。

---

① (清)阮元《清經解》第 4 册，第 217 頁上。

② (清)段玉裁《説文解字注》，第 559 頁。

③ (清)王先謙《清經解續編》第 4 册，第 302 頁上。

④ (清)阮元《清經解》第 3 册，第 740 頁中下。

出處錯誤：

168.《詩·召南·汝墳》毛傳云："汝，水名也。墳，大防也。"(頁3120)

按："召南"當為"周南"①。頁1778、2927引作"《詩·周南·汝墳》"不誤。

169.《淮南子·詮言訓》云："夫水向冬則凝而为冰，迎春則釋而為水。"(頁3122)

按："詮言訓"當為"俶真訓"②。

170. 案三材，材，《詩·鄘風·伯也》孔疏引作"才"，與《易·説卦》合，當從之。(頁3129)

按："鄘風·伯也"當為"衛風·伯兮"。或將"伯也"置於書名號之外標引號，因為篇名是"伯兮"，孔疏"法《易》之三才六畫"對應的是"伯也执殳"句③。8、1377、2548、3064頁引作《詩·衛風·伯兮》可參證。

171. 鄭珍云："阞者，分理之名，本無專字。……孔氏《正義》謂仂者分散之言，數亦不定，得其義矣。"(頁3156)

按："孔氏"當為"賈氏"，鄭珍誤記。鄭玄注"阞，三分之一也"賈公彦疏："凡言阞者，分散之言，數亦不定。"④

172.《爾雅·釋詁》云："殷，中也。"(頁3191)

按："釋詁"當為"釋言"⑤。頁129引作《爾雅·釋言》不誤。

173.《御覽·天文部》引《范子計然》云："月行疾，二十九日三十日間，一與日合。"(頁3233)

按："天文部"當為"天部"，見《太平御覽》卷四⑥。

174.《吕氏春秋·别類篇》云："金柔錫柔，合兩柔則為剛。"

---

① (清)阮元《十三經注疏》，第282頁下。

② 何寧《淮南子集釋》，第100頁。

③ (清)阮元《十三經注疏》，第327頁上。

④ (清)阮元《十三經注疏》，第908頁中。

⑤ (清)阮元《十三經注疏》，第2581頁上。

⑥ (宋)李昉等《太平御覽》，第22頁上。

(頁3241)

按:"別類篇"當為"召類篇"①。頁56引作"召類篇"不誤。

175. 又《晏子春秋·内篇襍上》云:"景公使晏子於楚,楚王進橘置削。"(頁3242)

按:"襍上"當為"襍下"②。

176. 故《爾雅·釋詁》云:"黼黻,彰也。"彰章字通。《毛詩·王風·揚之水》傳云:"繡,黼也。"(頁3308)

按:"釋詁"當為"釋言"③。"黼"、"黻"同訓"彰",當頓開。"王風"當為"唐風"④

177. 漸車帷裳,《衛風·氓篇》文。毛傳云:"漸,漬也。"(頁3312)

按:"漸,漬也"並非毛傳,而是陸德明釋文⑤。

178.《晏子春秋·諫上篇》"齊景公帶球玉",亦謂笏也。(頁3331)

按:"上篇"當為"下篇"⑥。

179.《左傳》隱六年孔疏引此注云:"八寸者,據上公之臣。"(頁3342)

按:"隱六年"當為"隱七年"⑦。

180.《楚辭·離騷》有"甑窐",王注云:"窐,土甑孔也。"(頁3367)

按:"離騷"當為"哀時命"⑧。

181.《莊子·駢拇篇》云:"陶者曰,吾善治埴,圓者中規,方者

---

① 陳奇猷《吕氏春秋新校釋》,上海古籍出版社2002年,第1370頁。
② 吴則虞《晏子春秋集釋》,中華書局1982年,第396頁。
③ (清)阮元《十三經注疏》,第2582頁上。
④ (清)阮元《十三經注疏》,第362頁下。
⑤ (清)阮元《十三經注疏》,第325頁上。
⑥ 吴則虞《晏子春秋集釋》,第135頁。
⑦ (清)阮元《十三經注疏》,第1732頁上。
⑧ (宋)洪興祖《楚辭補注》,中華書局1983年,第262頁。

中矩。"(頁 3374)

按:"騈拇"當為"馬蹄"①。頁 3123 引"陶者曰,我善治埴"作《莊子·馬蹄篇》,不誤。

182.《爾雅·釋蟲》云:"蠑螈,蜥蜴。"(頁 3379)

按:"釋蟲"當為"釋魚"②。

183.《明堂位》"夏后氏之龍簨虡",注云:"橫曰簨,飾之以鱗屬。"孔疏謂此經筍飾以龍,彼經並云虡者,蓋夏時簨虡皆飾之以鱗,或可因簨連言虡也。又引《漢禮器制度》云:"為龍頭及頷口銜璧,璧下有旄牛尾也。"(頁 3382)

按:"又引"非《明堂位》孔疏又引,而是《詩·周頌·有瞽》孔疏又引,見頁 1922 所引。

184.《禮器》有"樿勺",《士喪禮》有"素勺",亦並以木為之,與蒲勺略同。(頁 3386)

按:"士喪禮"當為"既夕禮"③。

185.《詩·大雅·沔水》箋云:"規,正員之器也。"(頁 3418)

按:"大雅"當為"小雅"④,頁 760 引《沔水》作"小雅"、頁 889 、3176 引箋云作"小雅",均不誤。

186.《公羊》定十一年傳云"百雉而城",何注云:"二萬尺,凡周十一里三十三步二尺,公侯之制也。禮,天子千雉,蓋受百雉之城十,伯七十雉,子男五十雉。"(頁 3425)

按:"十一年"當為"十二年"⑤。

187.《吕氏春秋·别類篇》云"明堂土階三等",即據夏殷制言之。(頁 3436)

按:"别類篇"當為"召類篇"⑥。頁 3458 引"明堂茅茨蒿柱,土

---

① (清)郭慶藩《莊子集釋》,中華書局 1985 年,第 330 頁。
② (清)阮元《十三經注疏》,第 2641 頁中。
③ (清)阮元《十三經注疏》,第 1161 頁上。
④ (清)阮元《十三經注疏》,第 432 頁中。
⑤ (清)阮元《十三經注疏》,第 2342 頁上。
⑥ 陳奇猷《吕氏春秋新校釋》,第 1370 頁。

階三等"作"召類篇"不誤。

188.《御覽·宫室部》引《新論》云:"商人謂路寢為重屋,商於虞夏稍文,加以重檐四阿,故取名。"(頁 3445)

按:"御覽·宫室部"當為"玉海·郊祀"[①],與頁 3432《玉海·郊祀》引《禮記外傳》"夏謂太廟為世室,不毁之義"同出《玉海》卷九五。

189.《文選·東京賦》李注引《三輔黄圖》:"馬宫奏曰:明堂、辟雍,其實一也。"(頁 3461)

按:"東京賦"當為"閑居賦"[②]。

190.《襍記》孔疏云:"闈門謂東邊之門。"(頁 3466)

按:"襍記"當為"奔喪"。《奔喪》鄭注"婦人入者由闈門"孔疏:"'婦人入者由闈門',知入自闈門者,《襍記》篇云:'以諸侯夫人奔喪,入自闈門。'明卿、大夫以下婦人皆從闈門入也。闈門,謂東邊之門。"[③]

191.《爾雅·釋山》云:"大陵曰阿。"(頁 3472)

按:"釋山"當為"釋地"[④]。

192.《史記·商君傳》"治秦,步過六尺者罰",亦用其法。(頁 3514)

按:"《史記·商君傳》"下當補"集解"。《史記·商君列傳》集解引《新序》論曰:"今衛鞅内刻刀鋸之刑,外深鈇鉞之誅,步過六尺者有罰,弃灰於道者被刑。"[⑤]

193.《詩·秦風·小戎》孔疏引李巡注云:"編竹當車前以擁蔽,名之曰禦。"(頁 3525)

按:"秦風·小戎"當為"齊風·載驅"[⑥]。

---

① (宋)王應麟《玉海》,江蘇古籍出版社、上海書店 1987 年影印光緒九年浙江書局刊本,第 1722 頁。

② (梁)蕭統《文選》,中華書局 1977 年,第 226 頁。

③ (清)阮元《十三經注疏》,第 1654 頁中。

④ (清)阮元《十三經注疏》,第 2616 頁上。

⑤ (漢)司馬遷《史記》,中華書局 1963 年,第 2238 頁。

⑥ (清)阮元《十三經注疏》,第 354 頁中。

194. 云“舒,徐也”者,《毛詩·周南·野有死麕》傳文。(頁3545)

按:“周南”當為“召南”①。頁 292 、743 引“野有死麕”作“召南”不誤。

二、標點失誤

誠如姜亮夫《孫詒讓學術檢論》所説,“《周禮正義》把自漢以來直至明清學人全部《周禮》著述的精説都收入書中”②,可見涉獵廣博,内容豐富,考證深入,且是節引,文義理解難,因而標點失誤在所難免。例如:

(一) 敘述語誤為引文:

1. 趙溥云:“廣二寸,總内與援胡言,三者皆徑廣二寸。疏謂‘廣二寸只説胡廣’,則經當言胡廣,不當説戈廣也。”(頁 3245)

按:“廣二寸只説胡廣”是櫽栝賈疏:“‘戈廣二寸’者,據胡寬狹。”③不宜加引號。

2. 注鄭司農云“為圜形似火也”者,《左傳》昭二十五年,杜注云:“火,畫火。”《續漢書·律麻志·律術》云:“陽以圜為形,火,陽氣之尤盛者,故亦為圜形也。”(頁 3309)

按:《續漢書·律麻志》所引《律術》僅有“陽以圜為形”一句④,“火,陽氣之尤盛者,故亦為圜形也”是孫疏據此對鄭司農云的解釋。

3.《白虎通義·文質篇》云:“《禮·王度記》曰:‘天子純玉,尺有二寸;公侯九寸,四玉一石也。伯子男俱三玉二石也。’又云:‘公珪九寸,四玉一石。’何以知不以玉為四器石特為也?以《尚書》合言五玉也。”(頁 3328)

---

① (清)阮元《十三經注疏》,第 293 頁上。
② 《浙江學刊》1999 年第 1 期。
③ (清)阮元《十三經注疏》,第 915 頁中。
④ (南朝宋)范曄《後漢書》,第 3001 頁。

按:"又云"的施事不是"《禮·王度記》"而是"《白虎通義·文質篇》","又云"以下另起引《白虎通義·文質篇》①。

4. "與刺重三鋝"者,亦明戟金全體之重也。程瑤田云:"戈戟廣之數,援之數,胡之數,内之數,並有紀,惟戟之刺無度。然二者並重三鋝,而戈形或豐於戟。兩相較焉,取其戈之所有餘者,以與戟之刺,刺亦如戟之廣,則其長當六寸與? 司馬相如《上林賦》有'雄戟',張揖注云:'胡中有鮔者,蓋言有刺如雞距。'《增韻》云:'凡刀鋒倒刺皆曰距。'然《説文》解刺為直傷,且以有枝對平頭,其非倒刺明矣。有刺謂之雄戟,其名甚正。而曰鮔在胡中,是為倒刺,《記》曰'已句則不決',戟中矩,視戈為句矣,胡中設又加刺,豈能決乎? 蓋所傳聞異辭矣。又云:'戟廣寸有半寸,内三之,胡四之,援五之。'三事並之,長十八寸,與戈三事並數同其辰,而殺於戈之廣者四分之一,則輕於戈者亦四分之一矣。取所殺之長,截之為三,而並之成廣寸半,長六寸,以之為刺,加於胡之上,適與戈同其重,故《記》云'與刺重三鋝'也。"(頁 3251—3252)

按:"雄戟"出自司馬相如《子虛賦》,非《上林賦》;張揖注僅有"胡中有鮔者"②。程瑤田《考工創物小記·冶氏為戈戟考》引"雄戟"張揖注"胡中有鮔者",認為這是"蓋言有刺如雞距",接著説:"雞距出踵後,今戟刺在内之後,正符鮔名。注曰'胡中',恐言之未審,今據字義宜言胡後,古戟之刺正在後,抑又信而有徵者也。"③後來又在引用"《增韻》云'凡刀鋒倒刺皆曰距'"之後説:"今内有刃出於柲後如雞距,惟戟有之。"④可見他堅持"戟刺在内之後"説。"然《説文》解刺為直傷"以下則是孫疏,據《説文》解"刺"為"直傷",且以"有枝"("戟,有枝兵也")對"平頭"("戈,平頭戟也"),證明"其非倒刺",這是對程瑤田説的辯駁。此外,"又云"的施事不是

---

① (清)陳立《白虎通疏證》,中華書局 1994 年版,第 355 頁。
② (梁)蕭統《文選》,第 120 頁下。
③ (清)阮元《清經解》第 3 册,第 715 頁中。
④ (清)阮元《清經解》第 3 册,第 722 頁下。

“《記》”而是程瑶田,“又云”以下另起引程瑶田《冶氏為戈戟考》[①]。

5.《漢書·貢禹傳》云:“昭公曰:‘吾何僭矣!今大夫僭諸侯,諸侯僭天子,天子過天道。’”蓋並本《公羊》文。(頁3309)

按:所本《公羊》文出自《昭公二十五年》:“子家駒曰:‘諸侯僭於天子,大夫僭於諸侯久矣。’昭公曰:‘吾何僭矣哉?’”[②]《漢書·貢禹傳》引“昭公曰”也僅有“吾何僭矣”一句,“今大夫僭諸侯,諸侯僭天子,天子過天道”是貢禹奏言[③]。

6. 戴震云:“案者,棜禁之屬。《儀禮》注曰:‘棜之制,上有四周,下無足,蓋如今承槃。’《禮器》注曰:‘禁,如今方案,隋長局足,高三寸。’棜又名斯禁,斯,盡也,切地無足。此以案承棗栗,上宜有四周。漢制小方案局足,此亦宜有足。”(頁3346)

按:《儀禮》注僅有“棜之制,上有四周,下無足”[④],“蓋如今承槃”是戴震判斷。

7. 今考《司裘》先鄭注說,“凡侯皆有鵠、正、質三等”,其說最是。(頁3402)

按:《司裘》先鄭注:“方十尺曰侯,四尺曰鵠,二尺曰正,四寸曰質。”孫疏認為這是説“鵠最大,正次之,質最小,三射之侯中皆有此三等”(頁502—503)。可見“凡侯皆有鵠、正、質三等”不是《司裘》先鄭注原文,而是孫疏概括,故引號當删。

8.《説文·竹部》云:“筵,竹席也,《周禮》曰:度堂以筵,筵一丈。”案:許説本此經,而長度不合,未詳所據。(頁3457)

按:《説文》引《周禮》僅有“度堂以筵”一句,“度堂以筵”下應標句號。“筵一丈”,如段玉裁所説:“此釋《周禮》也。”[⑤]

9. 前疏引賈、馬九等之階,與世室之九階雖不合,而移以釋明堂,則適相當。故《士冠禮》賈疏亦云“案《匠人》天子之堂九尺,賈、

① (清)阮元《清經解》第3册,第716頁中。
② (清)阮元《十三經注疏》,第2328頁下。
③ (漢)班固《漢書》,第3070頁。
④ (清)阮元《十三經注疏》,第1180頁上。
⑤ (清)段玉裁《説文解字注》,第192頁。

馬以為傍九等為階是也。”(頁 3458)

按:賈疏止於“為階”[①],“是也”是孫疏。

10.《唐六典》云:“凡役有輕重,功有短長。以四、五、六、七月為長功,二、三月,八、九月為中功,以十、十一、十二、正月為短功。中功以十分為率,長功加一分,短功減一分。”此即以日長短程人功之法。(頁 3502)

按:《唐六典·將作都水監》:“凡役有輕重,功有短長。”李林甫注:“凡計功程者,四月、五月、六月、七月為長功,二月、三月、八月、九月為中功,十月、十一月、十二月、正月為短功。”可知《唐六典》引文止於“功有短長”,“以四、五、六、七月為長功”以下為孫疏據李注以解說。

11. 云“徹廣六尺”者,徹即軌也。《匠人》注云:“軌廣八尺者,謂駟馬車徹也。”(頁 3527)

按:《匠人》注僅有“軌廣八尺”(頁 3137),“謂駟馬車徹也”是孫疏。

(二) 引文誤為敘述語:

12. 段玉裁云:“《説文》:‘溓,薄冰也。一曰中絕小水。’故大鄭易經之溓為黏,黏與溓聲類同也。鄭君注《易》‘為其慊於陽也’,慊讀如群公溓之溓。溓,襍也。襍之訓與黏相近。”(頁 3168)

按:“慊讀如群公溓之溓。溓,襍也”是《易》鄭玄注,標引號為宜。

13. 錢坫云:“《春秋穀梁傳》:‘叔孫得臣敗長狄於鹹,斷其首而載之,眉見於軾。’”范注:“兵車之軾,高三尺三寸。”説與鄭合。(頁 3194)

按:引《春秋穀梁傳》及范注均應標單引號,“説與鄭合”也出自錢坫《車制考》[②],而非孫疏。

14. “參分其臘廣,去一以為首廣而圍之”者,《曲禮》云“進劍

---

① (清)阮元《十三經注疏》,第 952 頁中。

② (清)王先謙《清經解續編》第 1 册,第 1013 頁中。

者左首”,孔疏云:“首,劒拊環也。”《少儀》曰“澤劒首”,鄭云:“澤,弄也。”推尋劒刃利,不容可弄,正是劒環也。《春秋》魯定公十年,叔孫之圉人欲殺公若,僞不解禮,而授劍末。杜云:“以劍鋒末授之。”案:解鋒為末,則環是首也。(頁 3256—3257)

按:從“首,劒拊環也”到“則環是首也”,全是引孔疏①。

15. 徐養原云:“狀壯亦形之誤。”王逸《楚詞敘》云:“又以壯為狀,義多乖異。”與此相類。(頁 3283)

按:“與此相類”亦出自徐養原《周官故書攷》②,當置於引號內;引王逸《楚詞敘》改為單引號。

16. 云:“鄭司農説以《論語》曰,繪事後素”者,《八佾篇》文。何晏本繢作“繪”,《釋文》云:“本作繢。”先鄭所引與陸所見或本同。《集解》引鄭注云:“繪,畫文也。”凡繪畫,先布衆色,然後以素分佈其閒,以成其文,與此事同,故引以為證。(頁 3311)

按:“凡繪畫”至“以成其文”,仍為鄭注③,當入引號內。此處邵碧瑛《〈考工記〉之〈函人〉〈畫繢〉研究》已指正④。

17. 聶氏《三禮圖》載《舊圖》引《樂經》云:“黄鍾磬前長三律,二尺七寸:後長一律,一尺八寸。”此謂特縣大磬記鎛鍾者也。(頁 3352)

按:“黄鍾磬前長三律,二尺七寸:後長一律,一尺八寸”出自《舊圖》引《樂經》,“此謂特縣大磬記鎛鍾者也”是聶氏《三禮圖》的判斷。故宜標點為:聶氏《三禮圖》載:“《舊圖》引《樂經》云:‘黄鍾磬前長三律,二尺七寸:後長一律,一尺八寸。’此謂特縣大磬記鎛鍾者也。”

18. 注云“燿讀為哨,頎小也”者……《後漢書》注引此注作“燿”,讀曰哨。哨,小也。疑李賢所改。(頁 3380—3381)

---

① (清)阮元《十三經注疏》,第 1244 頁下。

② (清)王先謙《清經解續編》第 2 册,第 1231 頁上。

③ (清)阮元《十三經注疏》2466 頁中。

④ 杭州師範大學 2007 年碩士學位論文,125 頁。

按:"燿讀曰哨。哨,小也"均為李賢注[①]。

(三)破句:

19. 注云"親受其職,居其官也"者,賈疏云:"此即設官分職、治職、教職之等是也。"(頁 3110)

按:"設官分職"是引述《天官·敘官》(頁 14)語,不與"治職、教職"並列,"分職"下當逗開。《小宰》:"以官府之六職辨邦治:一曰治職,二曰教職,三曰禮職,四曰政職,五曰刑職,六曰事職。"(頁 163)"治職、教職之等"即此。

20.《天官·敘官》典婦功、九嬪教九御亦以婦功,注並釋婦功為絲枲,枲即麻也。(頁 3111)

按:這裡是説鄭注將《天官·敘官》"典婦功"(頁 54)和《九嬪》"教九御婦功"(頁 552)的"婦功"都解釋為"絲枲"。"九嬪"須標書名號,否則誤以為"九嬪教九御婦功"也出自《天官·敘官》。

21. 古人臨戎所需一切,皆宜在其左右。而隧前一分,為人所憑立;隧後二分,又登降無常,如衛蒯聵九上九下,鄭丘緩有險必下。推可見皆不容置物其中,觸礙手足,故必於輿外為闌焉,兵器旗物以插闌上,金鼓諸具庋在闌中,然後可進可戰,非徒孑然一箱也。(頁 3132)

按:"推"當屬上"鄭丘緩有險必下推"一句,《左傳·成公二年》鄭丘緩曰:"自始合,苟有險,余必下推車。"[②]

22. 云"人長八尺,登下以為節"者,據中人之度。《御覽·人事部》引《春秋元命苞》云:"陰極於八,故人旁八,幹長八尺。"(頁 3137)

按:此"幹"非軀幹,而是肋骨,當屬上"人旁八幹"一句;"長八尺"原作"長八寸",是指一"幹"的长度。《太平御覽》卷三七一《人事部》十二《脅》[③]引《春秋元命苞》此語,是用以説明"脅"。上文引

① (南朝宋)范曄《後漢書》,第 1962 頁。
② (清)阮元《十三經注疏》,第 1894 頁中。
③ (宋)李昉等《太平御覽》,第 1712 頁上。

《説文》“骿,并脅也。膀,兩脅旁也”、《通俗文》“腋下謂之脅”、《釋名》“脅,挾也,在兩旁,臂所挾也”,下文又引《春秋元命苞》“顯項骿幹”、《左傳》“重耳骿脅”。“幹”、“脅”互訓,如《字彙·干部》:“幹,脅也。”《儀禮·少牢饋食禮》鄭玄注:“幹,正脅也。”《左傳·昭公二十五年》孔疏引《説文》:“幹,脅。”《左傳·僖公二十三年》孔疏説得很清楚:“脅是腋下之名,其骨謂之肋。”

23. 至其兩旁,則作半規形,與軸相合,而更有二長足,少鍥其軸而夾鉤之,使軸不轉鉤。軸後又有革以固之。(頁 3137—3138)

按:“鉤”當屬下“鉤軸後又有革以固之”一句,因為“二長足少鍥其軸而夾鉤之”的作用就是“使軸不轉”。

24. 注云“利轉者,轂以無有為用也”者,賈疏云:“案《老子道經》云:‘三十輻,共一轂,當其無,有車之用。’注:‘無有謂空虚。轂中空虚,輪得用;輿中空虚,人居其上。’引之者,證轂為由空乃得利轉之義也。”(頁 3142)

按:賈疏所釋對象是“轂以無有為用”,所引證據是“無有謂空虚”,可見《老子道經》“無有”不可分開,“當其無有”一句。

25. 程瑤田云:“《説文》:‘完,全也。’謂之完者,工巧之極,致三材不失職。天時、地氣、材美、工巧兼任之,而要其歸於工巧,當其初成,固已知之,至於輪敝,始可驗耳。”(頁 3143)

按:“致”當屬上“工巧之極致”一句(標句號),頁 3145 引程瑤田云“易直者,輻不失職之極致”、頁 3146 引程瑤田云“急者,轂不失職之極致”,均可證“極致”不得分開。“三材不失職”下應改逗號,“天時、地氣、材美、工巧兼任之”云云,是對“三材不失職”的解説。

26.《説文·金部》云:“鐊鍱,車輪鐵也。”即牙外傅鐵之名。(頁 3152)

按:“鍱”當屬下。《説文·金部》:“鐊,一曰鍱車輪鐵也。”段玉裁注:“鍱車輪,謂以鐵鍱附車輪箸地匝市處也。”①

① (清)段玉裁《説文解字注》,第 713 頁。

27. 疑古車蓋之杠，當為二節，上下各長四尺，蓋與達常為三節也。其建於車上，則別以軸鍵連貫為一。車止時，車右持蓋以從，則但持其上節六尺之部杠而下道右，王下則以蓋從是也。蓋在車上，則建於軾閒，故必八尺之杠而後無蔽目之患。在車下，則人持之，其高下在手，故去其下杠，使輕便易舉。（頁 3181）

按："道右"當屬下"《道右》'王下則以蓋從'是也"一句，這是引《道右》"王下則以蓋從"（頁 2583）為證。孫疏頁 2188 有類似解說："蓋即車蓋也。所以禦雨，亦以蔽日。蓋可建可説，王在車則建之，下則説而車右執之以從，《道右》云'王下則以蓋從'是也。"

28. 鄭珍云："軫圍一尺一寸，兩邊厚一寸四分，兩面廣四寸一分，長六尺六寸。向前一邊中為槽，深七分，以受底版。兩端為中筍，貫左右任木之鑿，達於外，自面槷之。以輈踵承其下，當軫中為圓孔，連踵通之，上大下小。合時，以一圓木旋轉闗之，令上與軫面平，復以橫槷鍵其下。若解輿，則向上旋轉脱之。輈與圍固合而不稍移掉傾脱者，鉤心之後全賴此。軫之名，轉琴柱之名軫，皆由斯義。"（頁 3198）

按："轉"當屬上"軫之名轉"一句，"琴柱之名軫"一句，"皆"字纔有著落。孫疏頁 3130 引鄭珍："輿後橫木名軫，本以紾轉為稱。"鄭珍《輪輿私箋》引《左傳・襄公二十四年》"踞轉而鼓琴"及鵬注："轉，軫也。"①《六書故・工事三》："軫，借其聲為軫轉之軫，琴下轉絃者因謂之軫。"李賀《追和柳惲》王琦注："軫者，琴柱，所以繫絃。"又"輈與圍固合"涉上"軫圍"而誤，鄭珍《輪輿私箋》原作"輈與輿固合"②。

29. 《車人》所謂鑿其鉤，法蓋大小車相同。（頁 3214）

按："法"當屬上"《車人》所謂'鑿其鉤'法"，"蓋"為句首發語詞，例如 957 頁"古正夫餘夫受田之法，蓋約略如是"，頁 2239"六鄉制军命將之法，蓋大略如是"，頁 3416"李筌《太白陰經・水攻具

① （清）王先謙《清經解續編》第 4 册，第 313 頁中。

② （清）王先謙《清經解續編》第 4 册，第 305 頁下。

篇》有水平法,蓋古之遺制也”。

30. 惠士奇云:“……《管子·小匡》‘輕罪入蘭盾、鞈革、二戟’,注云:‘鞈革,重革當心,著之可以禦矢。’鞈省為合,古今文。鞈猶堅也。《荀子·議兵》曰:‘楚人鮫革犀兕以為甲鞈,如金石。’楊注云:‘鞈,堅貌。’”(頁 3286—3287)

按:《管子·小匡》注先釋“鞈革”為“重革”,再說功用“當心著之,可以禦矢”。“可以”,《管子》[①]、惠士奇《禮説》[②]並作“所以”。既然引楊注釋“鞈”為“堅貌”,則《荀子》“鞈”當屬下“鞈如金石”一句,因為楊注又解釋全句:“以鮫魚皮及犀兕為甲,堅如金石之不可入。”[③]

31. 段玉裁云:“泉宗篆相似,正其形之誤,當為線,而後説線即綫字,蓋子春時多用綫字也。《説文》綫為小篆綫,與綫同也。線為古文,謂《縫人》及《考工》故書也。晉灼注《漢書功臣表》云:‘線,古線字。’則晉時綫為古字,線為今字,與許時互易。”(頁 3292)

按:“綫”當屬下“綫與綫同也”一句,“綫為小篆”與“線為古文”相對,陳述《説文》[④]。

32. 《輪人》説轂漆云:“既摩革,色青白,謂之轂之善。”(頁 3350)

按:“革”當屬下“革色青白”一句,見頁 3162。

33. 江永云:“舊讀里為已,非也。以一日之功,築鑿幾何,又以一里之地計,幾何日,幾何人力,則可依附此而計用幾何眾力也。”(頁 3502)

按:“計”當屬下“計幾何日、幾何人力”一句。

34. 《御覽·人事部》引《春秋元命苞》云:“頭者,神所居。上員,象天氣之府也。歲必十二,故人頭長一尺二寸。”(頁 3508)

按:物有方圓,如頁 1229《舍人》鄭注“方曰簠,圓曰簋”,頁 682

---

① 黎翔鳳《管子校注》,第 423 頁。
② (清)阮元《清經解》第 2 册,第 103 頁中。
③ (清)王先謙《荀子集解》,中華書局 1988 年,第 281 頁。
④ (漢)許慎《説文解字》,第 275 頁。

引《吕氏春秋·仲秋紀》高注“圓曰囷,方曰倉”。而“府”(府藏、府庫)無所謂方圓,不得作為圓的喻體,謂圓(員)象府。孫疏頁1395引《白虎通義·文質篇》:“璧者方中圓外。内方象地,外圓象天也。”頁3129説“軫方象地,蓋圜象天”,可見天圓(圜、員)地方,方象地而圓象天,故“上員象天”一句。

(四)當分未分:

35.《爾雅·釋木》云:“槐小葉曰榎。”郭注云:“槐當為楸,楸細葉者為榎。”又云“椅梓”,注云“即楸”。……《釋木》别有“榴山榎”,則又榎之别種。(頁3126)

按:“椅梓”當如頁3374所標“椅,梓”。《爾雅》釋“椅”為“梓”,邢疏:“别二名也。”[①]《詩經·鄘風·定之方中》毛傳“椅,梓屬”孔疏:“《釋木》云:‘椅,梓也。’舍人曰:‘梓一名椅。’”[②]引《釋木》“榴”下亦當逗開。邢疏引李巡云:“山榎,一名榴。”[③]

36.銘刻之也。時,是也。允,信也。臻,至也。極,中也。……注云“銘刻之也”者,《國語·晉語》韋注云:“刻器曰銘。”(頁3282)

按:“刻之也”是對經文“其銘曰”之“銘”的訓釋,故當逗開。

37.《爾雅·釋詁》云:“盝,涸竭也。”(頁3320)

按:《爾雅》“盝”、“涸”同訓“竭”,當頓開。

38.《毛詩·大雅·行葦》傳云:“鍭矢參亭。”(頁3357)

按:《行葦》“四鍭既均”之“鍭”,毛傳釋為“矢參亭”,孔疏:“言鍭是矢參亭者也。”[④]故毛傳“鍭”下應逗開。

39.云“玄謂蜎亦掉也,謂若井中蟲蜎之蜎”者,惠士奇云:“《爾雅·釋魚》‘蜎蠉’,注云:‘井中小蛣蟩,赤蟲。’”……程瑤田云:“後鄭謂蜎亦掉者,非也。《爾雅》‘蜎蠉’,郭注‘一名孑孓’。”(頁3409)

---

① (清)阮元《十三經注疏》,第2637頁下。

② (清)阮元《十三經注疏》,第316頁中。

③ (清)阮元《十三經注疏》,第2636頁中。

④ (清)阮元《十三經注疏》,第534頁下。

按:兩處引《爾雅》"蜎蠉","蜎"下當逗開。邢昺疏:"一名蜎,一名蠉,又名蛣蟩,又一名孑孓。"[①]

40. 故《玉海·郊祀》引《禮記外傳》《孝經援神契》云:"明堂之制,東西九筵,南北七筵。筵長九尺,東西八十一尺,南北六十三尺,故謂之大室。"(頁 3449)

按:《孝經援神契》所云,為《禮記外傳》所引[②]。孫星衍《明堂考》卷中引《孝經援神契》此段,出處亦標作"《玉海》引《禮記外傳》"。故"《禮記外傳》"下應標冒號。

41. 賈思伯議亦駁蔡説云:"……又《詩·大雅》云:'邕邕在宫,肅肅在廟。'鄭注云:'宫即辟雍宫也,所以助王養老則尚和,助祭則尚敬。'"(頁 3463—3464)

按:"所以助王"下當標句號,鄭箋:"宫謂辟廱宫也。羣臣助文王,養老則尚和,助祭於廟則尚敬,言得禮之宜。"[③]賈思伯引鄭箋雖有差異,但"養老則尚和,助祭則尚敬"是對應的兩句,孔疏:"養老申慈愛之意,故尚和;祭祀展肅敬之心,故尚敬。"

42. "九夫為井,井閒廣四尺,深四尺,謂之溝"者,程瑶田云:"遂流井外,溝横承之。井中無溝,溝當兩井之閒,故以井閒命之。其長連十井,不嫌井閒之稱溷十井之縱者,其縱亦遂之在屋閒而受甽者也。"案:程謂遂長連十井,此約計大數也。以井田實地計之,遂長實止連八井,詳後。云"方十里為成,成閒廣八尺,深八尺,謂之洫"者,程瑶田云:"溝十之,含百井,為一成。十溝之水,咸入於洫,洫縱當兩成之閒,故曰'成閒有洫'也。洫之長連十成,亦不嫌成閒之稱溷十成之横者,其横亦溝之在井閒而受遂水者也。"案:程亦約計之也。以井田實地計之,成中含六十四井,溝長亦止連八成,詳後。(頁 3484)

按:"溝當兩井之閒,故以井閒命之",可是遂長連十井,卻"不

---

① (清)阮元《十三經注疏》,第 2640 頁下。

② (宋)王應麟《玉海》,江蘇古籍出版社、上海書店 1987 年影印光緒九年浙江書局刊本,第 1724 頁。

③ (清)阮元《十三經注疏》,第 517 頁上。

嫌井閒之稱”;同樣,“洫之長連十成,亦不嫌成閒之稱”。可見“不嫌井閒之稱”、“亦不嫌成閒之稱”下均當斷開①。

（五）不當分而分：

43. 先鄭云“軹,𨊻也”,後鄭云“轂,末也”,不從先鄭。(頁3138)

按:上文“玄謂軹,轂末也”,可見後鄭以“轂末”釋“軹”。“轂”下逗開,就成了以“末”釋“轂”。

（六）書名篇名人名誤標失標：

44. 然《山海經·海内南經》、《周書·王會篇》及《伊尹獻令》竝有匈奴,則匈奴之名不自秦漢始矣。(頁3113)

按:“《伊尹獻令》”當標為“伊尹《獻令》”。頁2691引《周書·王會篇》云:“湯問伊尹曰:‘諸侯來獻,或無牛馬之所生,而獻遠方之物,事實相反,不利。今吾欲因其地勢所有獻之,易得而必貴,其為四方獻令。’”於是“伊尹受命,於是為四方令曰……”②所謂“獻令”即此。

45. 孔廣森云:“車上設蓋,陰則御雨,晴則蔽日。道右王下則以蓋從。”(頁3189)

按:“道右”當標書名號,上文引《道右職》云“王式則下,前馬,王下則以蓋從”可證。

46. 故《越絕書·外傳》記寶劍云:“風胡子曰:神農、赫胥之時,以石為兵,黄帝時以玉為兵,禹之時以銅為兵,當今之時作鐵兵。”(頁3240)

按:“外傳記寶劍”是篇名③,當標書名號。

47.《詩·小雅》“小宛”,毛傳云:“宛,小貌。”(頁3289)

按:“小宛”是篇名,當置於書名號内,毛傳所釋對應的是其中

---

① 《程瑤田全集》,第330頁(黄山書社2009年版)斷句誤同《周禮正義》點校本。

② 黄懷信等《逸周書彙校集注》,上海古籍出版社1995年,第970頁。

③ (東漢)袁康、吴平輯録,樂祖謀點校《越絕書》,上海古籍出版社1985年,第79頁。

“宛彼鳴鳩”[①]。

48.《吕氏春秋·開春論》云:“昔王季歷葬於渦山之尾,欒水齧其墓,見棺之前和。”(頁3500)

按:“王季歷”當一併標人名線(如頁1676所標),孫疏頁1150引惠士奇:“太王亶父以王季當立,故易名為歷。”。頁11、136等“王季”均標人名線。

49.《荀子·正論篇》曰:“羿逢門者,天下之善射者也,不能以撥弓曲矢中。”

按:楊倞注:“逢門即逢蒙,學射於羿。”[②]可見“羿”、“逢門”為兩人,人名線應斷開。

(作者單位:復旦大學出土文獻與古文字研究中心)

① (清)阮元《十三經注疏》,第451頁下。

② (清)王先謙《荀子集解》,第215頁。

讀《禮記·曲禮》劄記[①]

王　鍔

摘要:《禮記》自漢鄭玄以來,陸德明、孔穎達、朱熹、陳澔、孫希旦、郭嵩燾等人,皆有訓詁註釋,然對某些字詞之解説,見解不同,莫衷一是。本文就諸家解説《曲禮》上之十二條,參考前賢之説,發表己見。

關鍵詞:禮記　曲禮　劄記

1. 若夫,坐如尸,立如齊[②]。

若夫,坐如尸。鄭玄《禮記注》曰:"言若欲為丈夫也。《春秋傳》曰:'是謂我非夫。'"陸德明《禮記釋文》曰:"夫,丈夫也。"孔穎達《禮記正義》卷一曰:"'若夫'者,凡人若為丈夫之法,必當如下所陳,故目丈夫於上,下乃論其行以結之。"

鍔案:鄭、陸、孔所説,俱誤。若夫,發語詞。王引之《經傳釋詞》卷七:"若夫,發語詞也。《大戴記·衛將軍文子》篇:'文子曰:若夫知賢人莫不離。'《孝經》:'曾子曰:若夫慈愛恭敬,安親揚名,則聞命矣'是也。"[③]尸,代替死者接受祭祀之人。男者,以其孫或孫輩為之;女者,必異姓,以其孫輩之婦為尸。《儀禮·士虞禮》:"祝迎尸。"鄭玄:"尸,主也。孝子之祭,不見親之形象,心無所繫,立尸而主意焉。"坐如尸者,孔穎達曰:"尸居神位,坐必矜莊。言人

① 此文部分條目曾刊發於《南京師範大學文學院學報》2012 年第 2 期,此次刊發,略有修訂補充。

② [漢]鄭玄注,[唐]孔穎達正義,呂友仁整理《禮記正義》,上海古籍出版社 2008 年版,上册第 11 頁。

③ [清]王引之《經傳釋詞》,岳麓書社 1984 年版,第 153 頁。

雖不為尸,若所在坐法,必當如尸之坐。”[1]此謂人之坐姿,當如祭祀時尸坐一樣端莊。

立如齊。鄭玄《禮記注》曰:“磬且聽也。齊,謂祭祀時。”孔穎達《禮記正義》卷一曰:“立如齊者,人之倚立,多慢不恭,故戒之云:倚立之時,雖不齊,亦當如祭前之齊,必須磬折屈身。”《朱子語類》卷八十七:“‘若夫坐如尸,立如齊’,本《大戴禮》之文。上言事親,因假說此乃成人之儀,非所以事親也。《記·曲禮》撮其言,反帶‘若夫’二字,不成文理。而鄭康成又以‘丈夫’解之,益謬!他也是解書多後,更不暇仔細。”[2]

鍔案:朱子所說近是,然謂《曲禮》撮《曾子事父母》之言,非也。《大戴禮記·曾子事父母》:“若夫坐如尸,立如齊,弗訊不言,言必齊色,此成人之善者也,未得為人子之道也。”盧辯《注》曰:“齊,謂祭祀時也。訊,問也。齊色,嚴敬其色也。為人父之事。”[3]單居離問曾子,“事父母有道乎?”曾子引《曲禮》文字回答。“立如齊”,謂人之站立,身體當如祭祀時一樣,磬折恭敬。今人常言:人當“坐有坐相,站有站相”,蓋謂此也。

2. 君臣、上下、父子、兄弟,非禮不定[4]。

陸德明《禮記釋文》:“上謂公卿,下謂大夫、士。”孔穎達《禮記正義》卷一曰:“上,謂公卿大夫;下,謂士也。君父南面,臣子北面,公卿大夫則列位於上,士則列位於下,兄前弟後,惟禮能定也。”

鍔案:陸、孔所說非也。上下是相對而言,君對臣,君為上,臣為下,公、卿、大夫、士之間亦然。君臣、上下,以義決者;父子、兄弟,以恩斷者。陳澔《禮記集說》卷一曰:“一主於義,一主於恩,恩、

---

① [清]阮元校刻《十三經注疏》,中華書局1980年版,上册第1168頁上欄。

② [宋]黎靖德編《朱子語類》,中華書局1986年版,第六册第2228頁。

③ [清]王聘珍《大戴禮記解詁》,中華書局1983年版,第86頁。

④ 《禮記正義》上册第19頁。

義非禮,則不能定。”[①]《喪鵬四制》:“門内之治恩掩義,門外之治義斷恩。”[②]

3. 是以君子恭敬、撙節、退讓以明禮[③]。

鄭玄《禮記注》曰:“撙,猶趨也。”陸德明《禮記釋文》曰:“撙,祖本反。趨,七倶反,就也,向也。”何胤:“在貌為恭,在心為敬。”孔穎達《禮記正義》卷一曰:“君子是有德有爵之通稱。貌多心少為恭,心多貌少為敬。通而言之,則恭敬是一。撙者,趨也。節,法度也。言恒趨於法度。應進而遷曰退,應受而推曰讓。”

鍔案:陸以就、向解撙,孔以趨向解撙,以法度解節,非是。孫希旦《禮記集解》卷一:“君子,以德言之。恭、敬、撙、節、退、讓,六字平列。《荀子》‘不恤是非、然不之情,以相薦撙’。楊倞注曰:‘撙,抑也。’《漢書·王吉傳》:‘伏軾撙銜。’臣瓚曰:‘撙,促也。’師古曰:‘撙,挫也。’揚雄《賦》曰:‘齊總總撙撙,其相膠葛。’亦是相迫促之意。鄭氏訓為趨,當讀為‘趨數煩志’之趨(cù),疏以趨向之義解之,非矣。有所抑而不敢肆,謂之撙;有所制而不敢過,謂之節。恭、敬所以盡禮之實,撙、節所以約禮之用,退、讓所以達禮之文。凡事不可以無禮,故君子必恭、敬、撙、節、退、讓以明之,禮主其減故也。凡君子,有專以德言者,有兼德與位言者,又有專以人君言者。”[④]《經義述聞》卷十四:“家大人曰:《釋文》誤解‘趨’字,《正義》並誤解‘節’字。段謂趨音促,是也。而訓趨為疾,於義尚有未安。今案,恭、敬、撙、節、退、讓,六字平列。恭與敬義相因,撙與節義相因,退與讓義相因,而撙節與退讓,義亦相因。撙猶趨也者,趨讀局促之促,謂自抑損也。撙之言損也。《管子·五輔篇》曰:‘整齊撙詘,以辟刑僇。’尹知章注:‘撙,節也。言自節而卑詘。’又

① [元]陳澔《禮記集説》,上海古籍出版社1987年版,第2頁。

② 《禮記正義》下册第2352頁。

③ 《禮記正義》上册第19頁。

④ [清]孫希旦撰,沈嘯寰、王星賢點校,《禮記集解》,中華書局1989年版,上册第10頁。

曰:'節飲食,撙衣鵰。'是撙與節義相因也。《荀子·仲尼篇》:'恭敬而僔。'楊倞注:'僔與撙同。'卑,退也。是撙節與退讓,義亦相因也。《五輔篇》又曰:'夫人必知禮然後恭敬,恭敬然後尊讓。'尊亦與撙同。恭敬尊讓,即《曲禮》之'恭敬、撙節、退讓'也。"①尊、撙、僔、縛並同。撙節,自我節制。君子當以恭敬、撙節、退讓的態度體現禮。孙、王所说,甚是。

4. 夫禮者,自卑而尊人,雖負販者,必有尊也,而況富貴乎②?

鄭玄《禮記注》曰:"負販者尤輕恌志利,宜若無禮然。"

鍔案:鄭説不確。自卑而尊人,卑者,貶低。此謂貶低自己而尊重别人。陳澔《禮記集説》卷一:"負者事於力,販者事於利。雖卑賤,不可以無禮也。"③負販者,蓋泛指體力勞動者,即下文"貧賤"者。貧賤者,大多志利,似不講禮,然仍有個别,人品極佳,甚於富貴者。故經云"必有尊也"。朱彬《禮記訓纂》卷一謂"販",當如《論語·鄉黨》"式負版者"之版,非是。"負販",正與下文"富貴"相對,而與"貧賤"互文。下文曰:"貧賤而知好禮,則志不懾。"鄭玄:"懾,猶怯惑。"孫希旦《禮記集解》卷一引馬晞孟曰:"富貴之所以驕淫,貧賤之所以怯懾者,以内無素定之分,而與物為輕重也。好禮則有得於内,而在外者莫能奪矣。"④負販、貧賤者,若依禮而行,則内心不卑怯也。

5. 謀於長者,必操几杖以從之⑤。

孙希旦《禮記集解》卷一引吕祖謙曰:"古者弟子見長者,不敢以賓客之禮見。長者處未必無几杖,所以操而從之者,蓋從養其弟

① [清]王引之《經義述聞》,《續修四庫全書》本,上海古籍出版社 2002 年版,第 174 册第 562 頁。

② 《禮記正義》上册第 22 頁。

③ 《禮記集説》第 3 頁。

④ 《禮記集解》上册第 12 頁。

⑤ 《禮記正義》上册第 29 頁。

讓之心也。與長者語,須是虛心而受,若率爾而對,自以為能,便是實了此心,雖有法語之言,精微之理,亦不能入。”①陳澔《禮記集説》卷一引應氏曰:“操几杖以從,非謂長者所無也,執子弟之役,其禮然耳。”②

锷案:吕祖謙、應氏、陳澔所説,求之太過,俱誤。鄭玄《禮記注》曰:“從,猶就也。”孔穎達《禮記正義》卷一曰:“操,執持也。杖可以策身,几可以扶己,俱是養尊者之物,故於謀議之時將就也。”操,執也,持也。從,跟隨。操几杖以從之者,謂弟子請教於長者之時,若長者起身移動,則持長者所使用之几杖以從,非謂持几杖去請教也。此禮民間猶行,均可驗證也。

6. 夫为人子者,三赐不及车马③。

鄭玄《禮記注》曰:“三賜,三命也。凡仕者,一命而受爵,再命而受衣鵬,三命而受車馬。車馬,而身所以尊者備矣。卿、大夫、士之子不受,不敢以成尊比踰於父;天子、諸侯之子不受,自卑遠於君。”孔穎達《禮記正義》卷一曰:“許受三命而不許受車馬者,命是榮美光顯祖父,故受也;車馬是安身,身安不關先祖,故不受也。不云‘不受’而云‘不及’者,受是已到之目,明人子非唯外跡不受,抑亦心所不及於此賜也。”王引之《經義述聞》卷十四:“經言三賜,不言三命,鄭謂三命不受車馬之賜,非也。長者賜,少者、賤者不敢辭,況君賜乎?今案賜,猶予也。謂為人子者,不敢以車馬予人也。《爾雅》曰:‘予,賜也。’是賜與予同義。三賜者,多予之辭,約言之為三耳。猶《論語》言‘三仕’、‘三已’、‘三以天下讓’也。賜予雖多,不及車馬,不敢自專也。《坊記》曰:‘父母在,饋獻不及車馬。’示民不敢專也,其明證矣。《逸周書·太子晉》篇:‘師曠請歸,王子賜之乘車四馬。’孔晁注曰:‘禮,為人子,三賜不及車馬。’此賜則白

① 《禮記集解》上册第16頁。
② 《禮記集説》第3頁。
③ 《禮記正義》上册第30頁。

王然後行可知也。此解'三賜不及車馬',是謂人子不敢以車馬予人。蓋《禮記》舊注有如此解者,故晁本之為説。"[①]

鍔案:鄭、孔謂不及車馬者,乃不接受車馬也,不確。王解"三"、"赐"之义甚精,然於此不合经义。孫希旦《禮記集解》卷一:"吕氏大臨曰:'事宗子者,不敢以富貴入宗子之家,雖衆車徒,舍於外,以寡約入,則事親者,車馬之盛,宜在所不受也。'朱子:'按《左氏傳》,魯叔孫豹聘於王,王賜之大路,豹以上卿無路而不敢乘。疑此不及車馬,亦謂受之而不敢用耳。若天子之賜,又爵秩所當得,豈容獨辭而不受耶?'愚謂車馬衣鵬,所以賜有功也。三賜不及車馬者,賜物車馬為重,雖有三命之尊,獨不敢及於此也。不及,以心言,非以事言。註疏之説已得之,而吕氏得其比例之確,朱子盡其情事之詳,三説參觀之,其義乃備。"[②]孫説是。三賜,三命也。當如朱熹所言,乃是接受車馬之賜而不敢享受使用也,以免遭"踰父"之譏。王引之所説,雖有證據,但於上下文意不合。前云"夫為人子者",夫,猶凡也。蓋泛言之,並非家均有車馬可予人也。若人子有功於國,得天子"三命"之賜,爵命高於祖父,雖接受天子之賜,光宗耀祖,但不享受車馬,以尊臨卑,如此,鄉人才稱其為孝子也。《坊記》明言"父母在,饋獻不及車馬",則其家定有車馬,故謂不得以車馬饋獻於人。然不能證此文也。比較而言,朱説為確,三賜不及車馬,即接受車馬之賜而不敢用也。

7. 夫為人子者,出必告,反必面;所遊必有常,所習必有業[③]。

鍔案:鄭玄《禮記注》曰:"告、面同耳。反言面者,從外來,宜知親之顔色安否。緣親之意欲知之。"告、面互文,乃當面向父母禀告出行事宜和外出所見所聞也。陳澔《禮記集説》卷一:"遊有常,身不他往也。習有業,心不他用也。"[④]《論語·里仁》:"父母在,不遠

① 《經義述聞》第174册第563頁。
② 《禮記集解》上册第18頁。
③ 《禮記正義》上册第33頁。
④ 《禮記集説》第4頁。

遊,遊必有方。”[①]二文可互證。方,常也。業,木版,用以記事,猶今之筆記本也。《詩經·周頌·有瞽》:“設業設虡。”[②]業,本指懸挂樂器的木架横梁上之大木板,刻如鋸齒狀。《釋名》:“筍上之版曰業,刻為牙,捷業如鋸齒也。”[③]《毛詩傳箋通釋》卷二十九:“至弟子之言習業、請業,皆謂書所問於版以備遺忘。蓋弟子之有業版,猶人臣之有笏,學者習而不察久矣。”[④]父母愛子至矣,所遊欲其平安順利,所習欲其記録備忘。若輕身而不自愛,不勤奮向上,令父母擔憂,亦無法養其志向。

8. 孤子當室,冠衣不純采[⑤]。

鄭玄《禮記注》:“早喪親,雖除喪,不忘哀也。謂年未三十者,三十壯有室,有代親之端,不為孤也。當室,適子也。”孔穎達《禮記正義》卷一:“上言有親而不素,此言有親而素者也。孤子,謂二十九以下而無父者。當室,謂適子也。既少孤,故雖除鵰,猶自素也。然《深衣》云:‘孤子,衣純以素’,則適庶悉然。今云‘當室’,則似庶子不同。所以爾者,通者有二,云凡子皆然,豈唯當室。但適子内理蒸嘗,外交宗族,代親既備,嫌或不同,故特明之。所以鄭引《深衣》為注,會證凡孤子悉同也。”

锷案:鄭、孔之説不確。《禮記正義》引崔靈恩云:“指謂當室者。不當室則純採。所以然者,當室之故,内理蒸嘗,外交宗族,所履之事,莫不傷心,故特純素示哀也。《深衣》不云當室者,文略耳。”孫希旦《礼记集解》卷一:“吕氏大臨曰:‘少而無父者,雖人之窮,然既除喪矣,冠衣猶不改素,則無窮也。先王制禮,豈可獨遂其

---

① [宋]朱熹《四書章句集注》,中華書局1983年版,第73頁。

② [宋]朱熹《詩集傳》,中華書局1958年版,第229頁。

③ [漢]劉熙撰,[清]畢沅疏證,王先謙補,祝敏徹、孫玉文點校《釋名》,中華書局2008年版,第227頁。

④ [清]馬瑞辰撰,陳金生點校《毛詩傳箋通釋》,中華書局2004年版,第1076頁。

⑤ 《禮記正義》上册第37頁。

無窮之情哉?故惟當室者行之,非當室者則不然也。《深衣》之言略矣。'愚謂《深衣》云'具父母,衣純以青;孤子,衣純以素。'是非具父母即為孤子矣。鄭云未三十無父者乃為孤,非也。孔氏謂凡孤皆不純採,崔氏謂惟當室者不純採,吕氏説與崔氏同,朱子則存孔氏之説。然考《問喪》云:'童子不緦,惟當室緦。緦者其免也,當室則免而杖矣。'是童子當室者之服皆重於其不當室者。若此冠衣不純採,凡孤皆然,則不必嫌當室者之不然而特明之矣。今特言'孤子當室',則是惟當室者有此禮,而餘孤不然也。蓋以適子傳重,所感彌深故也。《深衣》不言'當室',乃文略爾。"[①]崔、吕、孫之説,甚有理。少而無父曰孤,冠後成人,則不得言孤矣,非"三十以前"也。當室,適子也。適子少而無父,衣冠不用彩色布帛鑲邊,不忘哀情也。

9. 幼子常視,毋誑[②]。

鍔案:鄭玄《禮記注》:"視,今之示字。小未有所知,常示以正物,以正教之,無誑欺。"陸德明《禮記釋文》:"視,音示。誑,本或作'詿',同九況反,欺也。"孔穎達《禮記正義》卷一曰:"小兒恒習效長者,長者常示以正事,不宜示以欺誑,恐即學之。故曾子兒啼,妻云:'兒莫啼,吾當與汝殺豕。'兒聞輒止。妻後向曾子説之,曾子曰:'勿教兒欺。'即殺豕食耳,是不誑也。古者觀視於物及以物視人,則皆作'示'傍著'見'。後世已來,觀視於物,作'示'傍著'見',以物示人,單作'示'字,故鄭注經中'視'字者,是今之以物示人之'示'也,是舉今以辨古。《昏禮》:'視諸衿鞶。'注云:'視乃正字。今文視作示,俗誤行之。'言視正字也。言古之以物示人,作'視'字為正,故云'視乃正字'。今文《儀禮》,應為古'視'字,乃作今'示'字,故言俗誤也。"《説文》:"視,瞻也。"[③]視,觀看。視、示,古今字。

---

① 《禮記集解》上册第 23 頁。

② 《禮記正義》上册第 38 頁。

③ [漢]許慎撰,[清]段玉裁注,許惟賢整理《説文解字注》,鳳凰出版社 2009 年版,上册第 713 頁。

觀視於物，及以物視人，本皆作視；後以觀物曰視，以物示人曰示。鄭意，視是正字，今文作示，乃俗误也。誑，欺騙。小兒淳樸，故示之以誠信，則其心篤信；示之以詐僞，則其心奸詐。故此句当在“视”下断句。

10. 負、劍，辟咡詔之，則掩口而對[①]。

鄭玄《禮記注》曰：“負，謂置之於背。劍，謂挾之於旁。辟咡詔之，謂傾頭與語。口旁曰咡。習其鄉尊者屏氣也。”陸德明《禮記釋文》曰：“何云：‘口耳之間曰咡。’”

孔穎達《禮記正義》卷一曰：“‘負、劍，辟咡詔之’者，豈但在行須教正，在抱時亦令習也。負，謂致兒背上也。劍，謂挾於脅下，如帶劍也。辟，傾也。咡，口旁也。詔，告也。長者或若負兒之時而與之語，當傾頭以告之也。不正嚮之，令氣不觸兒也。亦令見長者所為而復習之也。張逸云：‘辟咡詔之，傾頭以告，教之也。’此長者之為也。此負，謂兒在人背上曰負。兒在懷中亦稱負，謂兒負之。故《内則》云：‘三日始負子。’注云：‘負之，謂抱之。’《管子書·弟子職》云：‘食已，循咡覆手。’謂弟子食訖，以手循覆於咡，故知是口旁也。‘則掩口而對’者，向長者告語之。此是童子答長者，童子雖未能掩口而對，長者亦教其為之其禮，以為後世法。掩口，恐氣觸人。張逸云：‘謂令小者如是所習，嚮尊者屏息也。’”

陳澔《禮記集説》卷一引劉氏曰：“長者或從童子背後而俯首與之語，則童子如負長者然。長者以手挾童子於脅下，則如帶劍然。蓋長者俯與童子語，有負劍之狀，非真負劍也。辟，偏也。咡，口旁。詔，告語也。掩口而對，謂童子當以手障口氣而應對，不敢使氣觸長者也。”[②]

郭嵩燾《禮記質疑》卷一曰：“《史記·始皇本紀》‘王負劍。’凡倚著於背皆謂之負。《明堂位》‘天子負斧依’，《孔子閒居》‘負牆而

① 《禮記正義》上册第38頁。
② 《禮記集説》卷之一，第6頁。

立’,《孟子》‘虎負嵎’,《國語》‘一個負矢’,《史記·司馬相如傳》‘縣令負弩矢’。負小兒於背,狀如負劍,因以名之。《史記·夏侯嬰傳》‘面擁樹乃馳’,蘇林曰:‘南陽人謂抱小兒為擁樹。’然則置於背曰‘負劍’,挾於懷曰‘擁樹’,皆取形似。鄭注分負與劍為二,恐非。而就此節經義求之,當連上‘長者與之提攜,則兩手奉長者之手’為文,蓋謂長者挈之以行而奉長者之手,以示不敢受長者之挈,因復以背承之,若負劍然,使長者得憑之以行。負小兒為‘負劍’,負長者之手亦可以為‘負劍’,取義同也。‘辟咡’謂側面向長者屏氣,不敢舒也。‘辟’讀若《周官注》‘辟行人’之辟,謂旁止其吻。言‘辟咡’,則側面可知。‘負劍’、‘辟咡’,二事各為句,皆少者之儀也。陳氏《集説》析‘負劍’二者而分屬之二人,於詞尤不文。據下‘掩口而對’,是皆教之以禮,非待抱負者也。”①

鍔案:鄭、孔將“負劍”分開解釋,謂負是致童子於背,劍是挾童子於脅下,如帶劍也,均是長者之動作;陳澔引劉氏,認為“負”是童子動作,“劍”是長者行為,將“負劍”分屬二人。郭氏認為“負劍”、“辟咡”,俱是童子動作,謂童子以背承長者,使長者憑藉以行,若負劍然;負長者手亦可曰負劍。“辟咡”謂側面向長者屏氣,不敢舒也。諸家之説,於上下經文俱不協,於理難通。愚意,“負劍”、“辟咡”俱長者動作。“負劍”乃先秦之成語,文獻常見。《戰國策·趙策一》“張孟談既固趙宗章”有“君其負劍而御臣以之國”②,《戰國策·燕策三》“燕太子丹質於秦章”有“王負劍”③,《史記·刺客列傳》“王負劍”,《索隱》王劭曰:“古者帶劍上長,拔之不出室,欲王推之於背,令前短易拔,故云‘王負劍’。”④“負劍”猶背劍,負童子於背,猶負劍於背也。“辟咡”謂側面也。“詔之”,謂長者有話語童子也。上言“長者與之提攜,則兩手奉長者之手”者,謂長者牽童子手

---

① [清]郭嵩燾撰,陳戍國、鄔錫非點校,《禮記質疑》,岳麓書社 1992 年版,第 4 頁。

② 繆文遠《戰國策校注》,巴蜀書社 1992 年版,下册第 598 頁。

③ 《戰國策校注》下册第 1122 頁。

④ [漢]司馬遷《史記》卷八六,中華書局 1959 年版,第八册,第 2535 頁。

而行時,童子雙手奉長者之手,一防止童子丟失,二可教童子習奉長者之禮。此"負劍辟咡詔之"者,接上句言,謂長者負兒童於背時,若有話語兒童,須側面而告。"負劍"、"辟咡",皆非少者之儀也,乃長者之動作。"則掩口而對"者,乃童子之儀,謂童子當以手障口氣而應對,不敢使氣觸長者也,尊敬長者也。

11. 不與之言,則趨而退[①]**。**

鄭玄《禮記注》:"為其不欲與己並行。"

鍔案:鄭説非也。孫希旦《禮記集解》卷一:"愚謂不與言則退者,不敢以無事稽先生之行也。注説非是。蓋此童子既知禮,自能隨行後長,先生不必以與己並行為慮也。"[②]孫説是。前文曰:"遭先生於道,趨而進,正立拱手;先生與之言,則對。"孔穎達《禮記正義》卷二:"此謂問時事之言則對,若問己大事,則辭讓然後對。故前文云:'長者問,不辭讓而對,非禮也。'"先生問弟子一般之事,若弟子能準確回答,則對;若問難以回答或不知是否該回答之事,則先辭讓之,或先生再問,然後對也;若無事可言,則可能先生有事在身,弟子疾退可也。又前文曰:"五年以長,則肩隨之。"鄭玄:"肩隨者,與之並行差退。"弟子定知此禮,非因先生不欲與己並行而退也。

12. 將適舍,求毋固[③]**。**

鄭玄曰:"謂行而就人館。固,猶常也。求主人物,不可以舊常,致時乏無。《周禮·土訓》:'辨地物,原其生,以詔地求。'"孔穎達:"適,猶往也。舍,主人家也。固,猶常也。凡往人家,不可責求於主人,覓常舊有之物,故曰'求毋故'也。《地官·土訓》職云:'辨地物。'鄭注云:'别其所有所無。原其生者,生有時。以告王之求也,若地所無及物未生,則不求。'與此相類也。故引之證'求毋

① 《禮記正義》上册第45頁。
② 《禮記集解》上册第25頁。
③ 《禮記正義》上册第45頁。

固’也。”

鍔案:郑、孔解“固”为常旧有之物,不确。固,猶必也,固執。《論語·子罕》“毋意,毋必,毋固,毋我。”朱熹《論語集注》卷五:“固,執滯也。”[①]《郭店楚簡·語叢三》:“亡(毋)意,亡(毋)古(固),亡(毋)義(我),亡(毋)必。”[②]次序與《子罕》不同,意義全同。則“四毋”為當時成語。《説文》曰:“固,四塞也。”段玉裁注:“四塞者,無罅漏之謂。凡堅牢曰固。又事之已然者曰固,即故之假借字也。”[③]《經傳釋詞》卷五曰:“固,猶必也。”[④]孫希旦:“黄氏幹曰:‘注義或迂。求毋固者,謂凡求物於主人,毋固毋必,隨其有無。’毋固之義,鄭氏與黄氏雖異,而皆以為有求於主人之法。然下文方言上堂入户,此發端,乃遽言求主人之物,非其序也。固,謂鄙野而不達於禮。下篇云:‘輟朝而顧,君子謂之固。’《哀公問》曰:‘寡人固。’《左傳》:‘我偈固而授之末。’此言將適人之所居,凡事當求合禮,而不可失之鄙野。下文所言,皆毋固之事也。”[⑤]孫説是。《土訓》謂若地所無和物未生時,王均不當求也,若求無有之物,則固執而不合禮。舍,主人家也。固,固執。謂到别人家,不要固執、不合禮地從主人求取財物。

2006 年 4 月 10 日初稿,2013 年 1 月 26 日修改

(作者單位:南京師範大學)

① 《四書章句集注》第 109 頁。

② 劉釗《郭店楚簡校釋》,福建人民出版社 2005 年 1 月版,第 221 頁。

③ 《説文解字注》上册第 490 頁。

④ 《經傳釋詞》第 117 頁。

⑤ 《禮記集解》上册第 26 頁。

《荀子》疑義新證

趙生群

摘　要　本文在前人研究的基礎上,對《荀子》若干訓詁問題作了新的探索。

關鍵字　《荀子》　疑義　訓詁

數年前讀《荀子》,參考楊倞、孫詒讓、王先謙諸家之説,撰成劄記數十條,今擇取其中有關訓詁者若干,以請益於專家賢達。

笑語卒獲

《修身》第二:"《詩》曰:'禮儀卒度,笑語卒獲。'"

楊倞《注》:"獲,得也。"①

按:郭晉稀曰:"獲當讀為蒦。"②

郭説是也。《説文·蒦部》:"蒦,規蒦,商也……一曰:蒦,度也。彠,蒦或從尋,尋亦度也。"《廣雅·釋詁二》:"彠、隱,度也。"王念孫《疏證》:"《離騷》:'求榘彠之所同。'今本作矱。《漢書·律歷志》云:'寸者,忖也;尺者,蒦也。'彠、矱、蒦竝同。"

"禮儀卒度,笑語卒獲",謂禮儀動作皆合於法度,正與上文"扁善之度"相應。

---

① 楊倞《荀子注》,中華書局 1954 年版《諸子集成》第 2 册,《荀子集解》卷一,第 14 頁。

② 郭晉稀《詩經蠡測》,巴蜀書社 2006 年版,第 100 頁。

末世窮年

《勸學》第一:"上不能好其人,下不能隆禮,安特將學雜識志順《詩》《書》而已耳,則末世窮年,不免為陋儒而已。"

按:《小爾雅·廣言》:"末,終也。"末世,猶言終身。

《尚書·立政》:"自一話一言,我則末惟成德之彥,以乂我受民。"孔《傳》:"我則終惟有成德之美。"孔穎達《疏》:"末訓為終。"

《荀子·解蔽》:"以可以知人之性,求可以知物之理,而無所疑止之,則沒世窮年不能徧也。""沒世"與"末世"同義。

道順

《修身》第二:"勇膽猛戾,則輔之以道順。"

楊倞曰:"膽,有膽氣。戾,忿惡也。此性多不順,故以道順輔之也。"①

按:道,通"導",順也。道、訓二字義同,故楊《注》以"不順"、"道順"相對。

《管子·君臣上》:"順理而不失之謂道。"《管子·任法》:"道法以從其事。"丁士涵曰:"道,順也,從也。"

《國語·晉語七》:"使張老延君譽於四方,且觀道逆者。"王引之《經義述聞》曰:"道,猶順也。謂觀察諸侯之順命與逆命者。"

齊明

《修身》第二:"道雖邇,不行不至;事雖小,不為不成。其為人也多暇日者,其出入不遠矣。好法而行,士也。篤志而體,君子也。齊明而不竭,聖人也。"

① 楊倞《荀子注》,《荀子集解》卷一,第14頁。

楊倞曰："齊謂無偏無頗也。"[①]王先謙曰："王引之曰：'齊者，智慮之敏也。'故以齊明連文。楊説失之。"[②]

按：齊，讀作"齋"，敬也。明亦敬也。"齊明"同義連文。好法、篤志、齊明皆以心志而言。

《詩·大雅·思齊》："思齊大任，文王之母。"毛《傳》："齊，莊。"

"明"亦有"敬"義。《管子·牧民》："順民之經，在明鬼神，祇山川，敬宗廟，恭祖舊。""明"、"祇"、"敬"、"恭"四字義同。

《國語·周語上》："國之將興，其君齊明、衷正、精潔、惠和，其德足以昭其馨香，其惠足以同其民人。"《楚語下》："民之精爽不攜貳者，而又能齊肅衷正……如是則明神降之。"韋昭《注》："肅，敬也。"《楚語》之"齊肅、衷正"與《周語》之"齊明、衷正"同義。

名聲與舜禹俱傳而不息

《不苟》第三："盜跖吟口，名聲若日月，與舜、禹俱傳而不息。"

按：息，熄也，滅也。《荀子·非相》："故曰文久而息，節族久而絕。"又曰："是以文久而滅，節族久而絕。"《荀子·成相》："禮樂滅息。"《吕氏春秋·孝行覽·本味》："士有孤而自恃，人主有奮而好獨者，則名號必廢熄。"高誘《注》："熄，滅也。"

操彌約而事彌大

《不苟》第三："推禮義之統，分是非之分，總天下之要，治海內之衆，若使一人，故操彌約而事彌大。"

按：事，功也。操彌約而事彌大，言操持者約而成功大也。《史記·太史公自序》："指約而易操，事少而功多。"《荀子·非十二子》："多事而寡功。"與操約事大義正相反。

---

① 楊倞《荀子注》，《荀子集解》卷一，第 19 頁。

② 王先謙《荀子集解》卷一，中華書局 1954 年版，第 20 頁。

《周禮·夏官·大司馬》:"及戰,巡陳眡事而賞罰。"鄭玄《注》:"事謂戰功也。"

知行淺薄

《非相》第五:"知行淺薄,曲直有以相縣矣,然而仁人不能推,知士不能明,是人之三必窮也。"

按:知行淺薄,言行薄而知淺。所謂知淺,與上文"聞見之不衆"義近。

《逸周書·文酌》:"商之淺資。"朱右曾《集訓校釋》:"淺,少也。"《荀子·修身》曰:"多聞曰博,少聞曰淺,多見曰閑,少見曰陋。"

賢而能容罷　博而能容淺

《非相》第五:"故君子賢而能容罷,知而能容愚,博而能容淺,粹而能容雜。"

楊倞曰:"罷,弱不任事者。"①

按:賢罷、知愚、博淺、粹雜文相對,罷當指不賢之人。《王制》曰:"賢能不待次而舉,罷不能不待須而廢。"

《荀子》多稱"罷"、"賢",其義皆同。

力之少而任重

《儒效》第八:"能小而事大,辟之是猶力之少而任重也,舍粹折無適也。"

按:少,小也。力之少而任重,謂力小而任重也。

《説文·小部》:"少,不多也。從小,丿聲。"段玉裁《注》:"不多則小,故古少、小互訓通用。"古文小、少本為一字,故義亦相通。

① 楊倞《荀子注》,《荀子集解》卷三,第54頁。

知之曰知之

《儒效》第八："知之曰知之，不知曰不知，内不自以誣，外不自以欺。"

按：曰，為也。此二語本於《論語》而稍易其辭。《戰國策·韓策二》："臣曰世子得新城、陽人，以與公叔爭國而得全，魏必急韓氏。"《楚策一》"曰"作"為"。桓公四年《公羊傳》："一曰乾豆，二曰賓客，三曰充君之庖。"《穀梁傳》三"曰"字皆作"為"。

法而不議

《王制》第九："故法而不議，則法之所不至者必廢。"

楊倞曰："議，謂講論也。雖有法度而不能講論，則不周洽，故法所不至者必廢也。"①

按：議，謀也。《説文·言部》："議，語也。一曰謀也。"②《廣雅·釋詁上》："議、慮，謀也。"昭公六年《左傳》："昔先王議事以制，不為刑辟，懼民之有爭心也。"議事以制，謂謀其事而制斷之。

"法而不議"二句，謂專據法，而不用謀，則則法之所不至者必廢矣。下文曰"其有法者以法行，無法者以類舉"，即其義也。

職之所不及者必隊

《王制》第九："故法而不議，則法之所不至者必廢；職而不通，則職之所不及者必隊。故法而議，職而通，無隱謀，無遺善。"

楊倞曰："雖舉當其職，而不能通明其類，則職所不及者必隊。

---

① 楊倞《荀子注》，《荀子集解》卷五，第96頁。

② 段玉裁《説文解字注》，上海古籍出版社，1981年，第92頁。

隊,與墜同。"①

按:隊,惰也,廢也。"職而不通"二句,與上文相對,謂守職而不能通變,則職之所不及者必廢。

優多

《王制》第九:"春耕夏耘,秋收冬藏,四者不失時,故五穀不絶而百姓有餘食也。汙池淵沼川澤,謹其時禁,故魚鱉優多而百姓有餘用也。"

按:優,饒也,多也。"優多"二字義近。《説文》:"優,饒也。"

《詩·小雅·信南山》:"既優既渥,既霑既足,生我百穀。"朱熹《集傳》:"優、渥、霑、足皆饒洽之意也。"《國語·魯語上》:"小賜不咸,獨恭不優。不咸,民不歸也;不優,神弗福也。將何以戰?夫民求不匱於財,而神求優裕於享者也。"韋昭《注》:"優,裕也。裕,饒也。"《淮南子·俶真篇》:"渾渾蒼蒼,純樸未散,旁薄為一,而萬物大優。"

《國語·周語上》:"若是,乃能媚於神而和於民矣,則享祀時至而布施優裕也。"韋昭《注》:"優,饒也。"

《禮記·中庸》:"優優大哉!禮儀三百,威儀三千。""優優"形容衆盛。

大絫也

《王霸》第十一:"得道以持之,則大安也,大榮也;不得道以持之,則大危也,大絫也。"

按:絫,辱也。"大榮"與"大絫"相對。

《詩·小雅·無將大車》:"無將大車,祇自塵兮。"鄭《箋》:"鄙事者,賤者之所為也。君子為之,不堪其勞。以喻大夫而進舉小

---

① 楊倞《荀子注》,《荀子集解》卷五,第96頁。

人，適自作憂累，故悔之。”陸德明《釋文》：“累，劣僞反，篇末同。本或作辱。”《文選》王褒《四子講德論》：“鄙殆之累，傷乎王道。”吕延濟《注》：“累，辱也。”

又，王先謙曰：“（後）兩‘也’字《群書治要》竝作‘矣’。”①

按：“矣”與“也”同。今本“也”字，疑為後人所改。《荀子·仲尼》：“是何也？則墮之者眾，而持之者寡矣。”“矣”亦同“也”。

襲然終始猶一

《王霸》第十一：“今亦以天下之顯諸侯，誠義乎志意，加義乎法則度量，箸之以政事，案申之以貴賤殺生，使襲然終始猶一也。”

楊倞曰：“使相掩襲無閒隙終始如一也。”②王念孫曰：“襲然，合一之貌。《周語》及《淮南子·天文篇》注竝云：‘襲，合也。’故曰‘襲然終始猶一’。”③

按：王説是也。《荀子·不苟》：“山淵平，天地比，齊秦襲。”楊倞《注》：“襲，合也。齊在東，秦在西，相去甚遠。若以天地之大包之，則曾無隔異，亦可合為一國也。”

千歲之固

《王霸》第十一：“故一朝之日也，一日之人也，然而厭焉有千歲之固，何也？”

按：固，安也。千歲之固，即千歲之安。

《國語·魯語上》：“晉始伯而欲固諸侯。”韋昭《注》：“固，猶安也。”又曰：“帝嚳能序三辰以固民。”韋《注》：“固，安也。”《晉語二》：“夫固國者，在親眾而善鄰，在因民順之。”固民亦謂安民。

---

① 《荀子集解》卷七，第131頁。

② 《荀子集解》卷七，第132頁。

③ 王念孫《讀書雜志·荀子第四·王霸》，江蘇古籍出版社1985年版，第682頁。

賞克罰偷

《君道》第十二:"至道大形,隆禮至法則國有常,尚賢使能則民知方,纂論公察則民不疑,賞克罰偷則民不怠。"

王念孫曰:"克,當為免,字之誤也。免,與勉同。言勉者賞之,偷者罰之也。《王制篇》曰'百吏免盡,而眾庶不偷',是其證也。"①

按:王以克為免字之誤,釋為勉,是也。偷為怠惰之義,與"免"相對。

《國語·齊語》:"政不旅舊,則民不偷。"《管子·小匡》"偷"作"惰"。

《晏子春秋·内篇問上》:"軍吏怠,戎士偷,則王子成甫暱侍。""怠"、"偷"對文。

銀雀山出土《孫臏兵法·將失》:"令數變,衆偷,可敗也。"謂眾怠惰,則其軍可敗。

《荀子·修身》:"勞苦之事,則偷儒轉脱。"杨倞《注》:"偷謂苟避於事,儒亦謂懦弱畏事,皆懶惰之義。"《禮論》:"苟怠惰偷懦之為安居,若者必危。"楊《注》:"懦讀為儒。言苟以怠惰為安居,不能恭敬辭讓,若此者必危也。"

《説苑·建本》:"偷慢懈墮多暇日之故也。""偷慢懈墮"四字平列。

君不能者

《議兵》第十五:"君賢者,其國治;君不能者,其國亂。"

按:能,賢也。"賢"與"不能"相對。

《説文·能部》:"能獸堅中,故偁賢能。"《説文·网部》:"罷,遣有辠也。從网、能。网,辠网也。言有賢能而入网,即貰遣之。"

---

① 《讀書雜志·荀子第四·君道》,第690頁。

攻完

《議兵》第十五："械用兵革攻完便利者強，械用兵革窳楛不便者弱。"

楊倞曰："攻當為功。功，精好加功者也。"[①]盧文弨曰："攻與功、工古多通用。攻，治也。即依本字不改亦可。"

按：攻同功，堅也。"攻完"同義連文，謂堅固，與"窳楛"相對。

《爾雅·釋詁上》："攻、穀、介、徽，善也。"邢昺《疏》："攻者，堅緻之善。"《廣雅·釋詁下》："攻，堅也。"王念孫《疏證》："攻之言鞏固也。"

《詩·小雅·車攻》："我車既攻。"毛《傳》："攻，堅也。"《孔子家語·六本》："孔子曰：'巧而好度，必攻。'"王肅《注》："攻，堅。"

《文选》左思《魏都赋》："器周用而長務，物背窳而就攻。"李善《注》："攻者，堅也。"左《賦》亦以"窳""攻"相對。

敦惡

《議兵》第十五："有離俗不順上，則百姓莫不敦惡，莫不毒孽，若祓不祥。"

楊倞曰："敦，厚也。毒，害也。"[②]王念孫曰："《禮論篇》：'師旅有制，刑法有等，莫不稱罪，是君子之所以為憚詭其所敦惡之文也。'楊《注》曰：'敦，厚也。厚惡，深惡也。或曰：敦讀為頓，困躓也。'《説文》：'憝，怨也。'《廣雅》：'憝，惡也。'《康誥》：'罔不憝。'《傳》曰：'人無不惡之者。'《孟子·萬章篇》引《書》作'譈'。《法言·重黎篇》：'楚懟群策，而自屈其力。'李軌曰：'懟，惡也。'譈、懟、敦竝與憝同。本篇之'敦惡'與'毒孽'對文。《禮論篇》之'敦

---

① 楊倞《荀子注》，《荀子集解》卷十，第 179 頁。
② 楊倞《荀子注》，《荀子集解》卷十，第 190 頁。

惡’與‘喜樂哀痛’對文。則敦不得訓為厚,亦不得讀為困頓之頓也。盧引《方言》‘諄,憎所疾也。宋、魯凡相惡謂之諄憎’。諄與敦亦聲之轉。”①

按:敦,怒也,怨也。《説文·攴部》:“敦,怒也。”《心部》:“憝,怨也。”又曰:“怒,恚也。”又曰:“怨,恚也。”敦、憝、怒、怨諸字,義皆相通。《荀子》之文,依本字讀之,亦自可通。

耘耨失薉

《天論》第十七:“楛耕傷稼,耘耨失薉,政險失民。”

楊倞曰:“楛耕,謂麤惡不精也。失薉,謂耕耘失時使穢也……薉與穢同。”②王念孫曰:“楛耘失歲,上對‘楛耕傷稼’,下對‘政險失民’,今本作‘耘耨失薉’,則文不成義。歲之為穢,乃涉下文‘田稼薉惡’而誤。而楊所見本已然,故強為之説而不可通。”③

按:王説是也。歲誤為薉、枯誤為耘,蓋因後人不明文義而誤改。

歲,年也,穀也。穀為五穀之總稱。《爾雅·釋天》:“載,歲也。夏曰歲,商曰祀,周曰年。”邢昺《疏》:“年者,禾熟之名。每歲一熟,故以為歲名。”

哀公十六年《左傳》:“國人望君,如望歲焉。”杜預《注》:“歲,年穀也。”昭公三十二年《傳》:“余一人無日忘之,閔閔焉如農夫之望歲。”“望歲”,謂盼望年穀豐熟。

《墨子·襍守》:“取疏,令民家有三年畜蔬食,以備湛旱、歲不為。”歲不為,謂年穀不成。

① 《讀書雜誌·荀子第五·議兵》,第699頁。

② 楊倞《荀子注》,《荀子集解》卷一一,第209頁。

③ 《讀書雜誌·荀子第五·天論》,第699頁。

淺者之傳，陋者之説

《正論》第十八：“夫曰堯舜擅讓，是虚言也。是淺者之傳，陋者之説也。”

按：“淺者”、“陋者”，謂少見寡聞之人。《修身》曰：“多聞曰博，少聞曰淺，多見曰閑，少見曰陋。”

重有餘

《正論》第十八：“凡人之盜也，必以有為。不以備不足，則以重有餘也。”

按：重，益也。《荀子·禮論》曰：“禮者，斷長續短，損有餘，益不足。”“損有餘”與“重有餘”，義正相反。

《墨子·非攻下》第十九：“今又以爭地之故，而反相賊也，然則是虧不足，而重有餘也。”虧，損也，與“重”相對。

然而縱之

《禮論》第十九：“將由夫愚陋淫邪之人與，則彼朝死而夕忘之，然而縱之，則是曾鳥獸之不若也。”

按：縱，舍也。《廣雅·釋詁四》：“縱……置也。”置即舍棄之義。

治辨之主也

《禮論》第十九：“君者，治辨之主也，文理之原也。”

按：主，本也。《禮論》篇首曰：“禮有三本。天地者，生之本也；先祖者，類之本也；君師者，治之本也。”

寢石 伏虎

《解蔽》第二十一:“冥冥而行者,見寢石,以為伏虎也;見植林,以為後人也。”

按:寢、伏皆訓卧。《説文》:“寢,病卧也。”段玉裁《注》:“寝者,卧也。寢者,病卧也。此二字之别。今字槩作寢矣。”

《説文·卧部》:“卧,休也。從人、臣,取其伏也。”下文曰:“明月而宵行,俯見其影,以為伏鬼也;卬見其髮,以為立魅也。”“伏”、“立”相對成文。哀公二年《左傳》:“痁作而伏。”

必以其感忽之間疑玄之時正之

《解蔽》第二十一:“凡人之有鬼也,必以其感忽之間疑玄之時正之。”

楊倞曰:“感,驚動也;感忽,猶慌惚也。玄亦幽深難測也。必以此時定其有鬼也。”[①]王念孫曰:“‘正’當為‘定’,聲之誤也。必以其感忽之閒、疑玄之時定之者,必以感忽之閒、疑眩之時而定其有鬼也。據楊《注》云‘必以此時定其有鬼’,則所見本是‘定’字明矣。‘定’字上文凡六見。”[②]

按:《説文》:“定,安也。從宀,從正。”段玉裁《注》據《韵會》,以為“從正”當作“正聲”。

定、正同聲,故義得互通。《爾雅·釋天》:“營室謂之定。”郭璞《注》:“定,正也。作宫室皆以營室中為正。”

《尚書·堯典》:“以閏月定四時。”《史記·五帝本紀》“定”作“正”。《管子·小匡》“君若欲正卒伍”,《漢書·刑法志》作“公欲定卒伍”。

① 楊倞《荀子注》,《荀子集解》卷一五,第270頁。
② 《讀書雜志·荀子第六·解蔽》,第721頁。

《詩 · 邶風 · 日月》:“胡能有定。”馬瑞辰《傳箋通釋》:“定訓止,又訓為正。”

《周禮 · 天官 · 宰夫》:“歲終,則令群吏正歲會。”鄭玄《注》:“正,猶定也。”

《管子 · 法法》:“政者,正也。正也者,所以正定萬物之命也。”“正定”為同義連文。

楊《注》曰“必以此時定其有鬼”,以“定”釋“正”,非所見之本作“定”也。

後王之成名

《正名》第二十二:“後王之成名,刑名從商,爵名從周,文名從禮。”

楊倞曰:“後之王者有素定成就之名,謂舊名可法效者也。”①

按:成,定也。成名,即定名,故曰“刑名從商,爵名從周,文名從禮”也。下文曰:“故王者之制名,名定而實辨。”

《管子 · 小匡》:“卒伍定矣,事已成矣。”戴望《校正》:“(宋本)成作定。”

《國語 · 周語下》:“聽無聳,成也。”《晉語二》:“謀既成矣。”《晉語四》:“民無成君。”《吳語》:“吳、晉爭長未成。”韋昭《注》皆曰:“成,定也。”

《國語 · 魯語上》:“黄帝能成命百物。”《禮記 · 祭義》作“黄帝正名百物。”成、正皆訓定,謂定百物之名。

詐態

《成相》第二十五:“讒夫多進,反覆言語生詐態。”

王念孫曰:“‘態’讀為姦慝之‘慝’,言言語反覆則詐慝從此生

① 楊倞《荀子注》,《荀子集解》卷一六,第274頁。

也。以態為慝者,古聲不分去入也。"①

按:《釋名·釋天》:"慝,態也,有姦態也。"態、慝音近義通。

文公用其盜

《堯問》第三十二:"語曰:桓公用其賊,文公用其盜。故明主任計不信怒,闇主信怒不任計。"

楊倞曰:"謂管仲、寺人勃鞮也。盜亦賊也。"②

按:盜當指頭須。"桓公"二句,引出下文"明主任計不信怒,闇主信怒不任計",不必皆指賊害之人也。

僖公二十四年《左傳》:"初,晉侯之豎頭須,守藏者也。其出也,竊藏以逃,盡用以求納之。及入,求見。公辭焉以沐。謂僕人曰:'沐則心覆,心覆則圖反,宜吾不得見也。居者為社稷之守,行者為羈絏之僕,其亦可也,何必罪居者?國君而讎匹夫,懼者其衆矣。'僕人以告,公遽見之。"

"盜"與"賊"義雖可通,而此文所指則異。《荀子·正論》曰:"故盜不竊,賊不刺。"楊倞《注》:"盜賊通名。分而言之,則私竊謂之盜,劫殺謂之賊。"《修身》:"害良曰賊……竊貨曰盜。"《儒效》:"故人無師無法而知,則必為盜;勇則必為賊。"《君子》:"天下曉然皆知夫盜竊之人不可以為富也,皆知夫賊害之人不可以為壽也。"《賦篇》:"不盜不竊,穿窬而行。"

(作者單位:南京師範大學文學院)

① 《讀書雜志·荀子第八·成相》,第733頁。
② 楊倞《荀子注》,《荀子集解》卷二〇,第358頁。

儒藏本《春秋公羊傳注疏》校點後記[1]

浦衛忠

《公羊傳》,是《春秋》經學的一個支派。何休《春秋公羊注序》言"傳《春秋》者非一",正是《春秋》各傳漢初流傳形態的一個説明。《漢書·藝文志》載《春秋古經》十二篇,《漢書補注》曰:"錢大昕曰'謂《左氏經》也'。"《經》十一卷,班固自注:"《公羊》、《穀梁》二家。"《漢書·藝文志》又載《左氏傳》三十卷、《公羊傳》十一卷、《穀梁傳》十一卷、《鄒氏傳》十一卷、《夾氏傳》十一卷,"《鄒氏》無師,《夾氏》未有書"。《漢書補注》曰:"周壽昌曰:《王吉傳》'能為《鄒氏春秋》',據此,當時應有師授,因未立學官失傳耳。先謙曰:《鄒氏》有書無師,蓋據班氏時言之。"又於"《夾氏》未有書"下注曰:"先謙曰:口説流傳,未著竹帛也。《後書·范升傳》云:'《春秋》之家有《鄒》、《夾》,如令《左氏》得置博士,《鄒》、《夾》並複求立。'是後漢時《鄒》、《夾》私學猶存,其後乃盡亡耳。"是漢時《左氏》、《公羊》、《穀梁》、《鄒氏》、《夾氏》並皆流傳,只是立於學官有先後,興衰各有不同而已。

《公羊》於漢景帝時立於學官。《漢書·儒林傳》曰:"孝惠、高后時,公卿皆武力功臣,孝文時頗登用。然孝文本好刑名之言,及至孝景,不任儒,竇太后又好黄老術,故諸博士具官待問,未有進者。漢興……言《春秋》,於齊則胡毋生,於趙則董仲舒。及竇太后崩,武安君田蚡為丞相,黜黄老刑名百家之言,延文學儒者以百數,而公孫弘以治《春秋》,為丞相、封侯,天下學士靡然鄉風矣。"又曰:"胡毋生,字子都,齊人也。治《公羊春秋》,為景帝博士,與董仲舒同業,仲舒著書稱其德。年老,歸教於齊,齊之言《春秋》者宗事之。

---

① 謹以此文紀念我師徐復先生百年誕辰。

公孫弘亦頗受焉。"徐彦《公羊傳疏》於"傳《春秋》者非一"下疏曰:"孔子至聖,卻觀無窮,知秦無道,將必燔書,故《春秋》之説口授子夏。度秦至漢,乃著竹帛,故《説題辭》云:'傳我書者,公羊高也。'戴宏序云'子夏傳與公羊高,高傳與其子平,平傳與其子地,地傳與其子敢,敢傳與其子壽。至漢景帝時,壽乃共弟子齊人胡毋子都著於竹帛,與董仲舒皆見於圖讖'是也。舊云'傳《春秋》者非一'者,謂本出孔子而傳五家,故曰'非一'。"《六藝論》云:"治《公羊》者,胡毋生、董仲舒,董仲舒弟子嬴公,嬴公弟子眭孟,眭孟弟子莊彭祖及顔安樂,安樂弟子陰豐、劉向、王彦。"據此,則漢初傳《春秋》者,以《公羊》大師胡毋生、董仲舒為著。而董仲舒學派,則除嬴公及嬴公弟子眭孟外,還有公孫弘等人。其後,董仲舒學派又衍變為莊彭祖、顔安樂兩家。據《漢石經》所載,嚴、顔兩家之文是有不同的。如桓公二年,顔氏有"所見異辭,所聞異辭,所傳聞異辭"三句,嚴氏無;僖公三十年,顔氏有"君出則己入"之語,嚴氏無;襄公十二年,顔氏無"伐而不言圍者非取邑之辭也"十餘字。由於漢石經殘缺,顔、嚴二家之異之可以考見者,僅此而已。但由此也可以説明,《春秋公羊傳》之版本有别,則自漢時已因師法、家法而有歧異。

流傳下來的《公羊傳》各種版本,除阮元《〈十三經注疏〉校勘記》中所列舉之唐石經《春秋公羊》十二卷外,經傳注合刻本有《春秋公羊經傳解詁》,單疏本有《春秋公羊疏》,此外還有十行本的經傳注疏合刻本,如臺灣藝文印書館印行的嘉慶本等。

正如《漢書·藝文志》所載,《春秋》之學,流行之初,經傳别行,故有"《春秋古經》十二篇"、"《經》十一卷"之言。漢石經所載,皆《公羊傳》文,而無《春秋》經正文。也就是説,直至漢石經刊石時,《春秋》經文與三傳傳文是分别刊行的,經則為經,傳則為傳。

如隱公五年"棠者何?濟上之邑也",阮元《〈春秋公羊傳注疏〉校勘記序》曰:

《隸釋》載石經《公羊》殘碑,此下直接下傳"曷為或言率師或不言率師",無"夏四月葬衛桓公秋衛師入盛"十二字,蓋古者經傳異本，後儒省兩讀始合併之。漢石經《公羊》有傳無經，此漢以前舊式可考者。

又如：哀公十四年"何以書？記異也"，阮元《〈春秋公羊傳注疏〉校勘記序》曰：

《隸釋》載漢石經《公羊》殘碑，"何以書"上有"十有四年"字，據此及隱公傳，知經傳别行，傳首皆載某公年數。後人以經合傳，始删傳中紀年矣。

由此可以確定的是，漢代經傳别行，漢石經《公羊傳》有傳無經，此其一；漢石經《公羊傳》傳中有紀年，"傳首皆載某公年數"，此其二。那麽，以傳附經，始於何時呢？據魏正始三體石經所載，《春秋》與《左傳》亦分别刊行，這就意味著，魏刊刻三體石經時，經傳猶尚别行。阮元《〈春秋公羊傳注疏〉校勘記序》曰："《公羊傳》文初不與經相連綴，《漢志》各自為卷。孔穎達《詩正義》云漢世為傳訓者，皆與經别行，故蔡邕石經《公羊》殘碑無經，《解詁》亦但釋傳也。分經附傳，大氐漢後人為之，而唐開成始取而刻石。"《四庫全書總目》曰："三傳與經文，漢志皆各為卷帙，以《左傳》附經，始於杜預；《公羊傳》附經，則不知始自何人。觀何休解詁，但釋傳而不釋經，與杜異例，知漢末猶自别行。今所傳蔡邕石經殘字，《公羊傳》亦無經文，足以互證。今本以傳附經，或徐彦作疏之時所合併歟？彦疏，《文獻通考》作三十卷，今本乃止二十八卷，或彦本以經文並為二卷，被冠於前，後人又散入傳中，故少此二卷，亦未可知也。"

經傳别行，表現了文人學士對儒家經典的崇尚；而經傳合一則表明，隨著時代的演進，經傳之"傳"的學術地位在逐步上升，"經"之"神化"在逐漸淡化，而經學之學術意味則越來越突出。

以傳合經，固然方便了閱讀，但所造成的岐誤也是非常明顯的。馬宗霍先生《中國經學史》引盧文弨曰："唐人之為義疏也，本單行不與經注合，故單行經注，唐以後尚多善本。自宋後附疏於經注,而所附之經注非必孔賈諸人所據之本也,則兩相齟齬矣。南宋後,又附《經典釋文》於注疏間,而陸氏所據之經注又非孔賈諸人所據也,則齟齬更多矣。淺人必比而同之,則彼此互改,多失其真。幸有改之不盡,以滋其齟齬,啓人考核者。故注、疏、《釋文》合刻,似便而非古法也。"

《春秋》經有五傳之别——《左氏》、《公羊》、《穀梁》、《鄒氏》、《夾氏》,其自漢已然,而注、疏之作本各有所據之本,如何休《解詁》據阮元等所考證為顔氏《春秋》,而顔氏之無襄公十二年"伐而不言圍者非取邑之辭也"十二字,今本不闕,大概也是後人所補。《經典釋文》所據本亦有不同,《公羊音義》常有"本或作某"之語,如《公羊傳》隱公元年"儀父"條,《釋文》曰:"音甫,本亦作甫。"哀公五年"城比"條,《釋文》曰:"本又作芘,亦作庇。"據此,則《經典釋文》所依據《公羊傳》的版本,至少有三個。

至如現存最早的古書"唐石經",從它誕生之日始,就一直遭到學者們的非議。王朝璩《唐石經考正序》曰:

唐文宗時,宰臣鄭覃以經籍刓謬,博士淺陋不能正,建言:願與鉅學鴻生共力讎校,準漢舊事,鏤石太學,示萬世法。太和七年十二月,敕於國子監講論堂兩廊創立石九經,並《孝經》、《論語》、《爾雅》,共一百五十餘卷。開成二年十月告成。今在西安府學……然《舊唐書》謂其字乖師法,立後數十年,名儒皆不窺之,以為蕪累。元明以前護持珍惜之者,唯劉鄩、尹玉羽、吕汲公、司馬温公、周益公諸人。嗜金石文字如歐陽公,闡明經學如朱子,而《集古録》無其跋尾,《集注》中嘗採晁氏所稱之蜀石經,而斯石無聞,殆囿於家有所未聚,目有所未逮乎?國初趙子函、鈕玉樵輩咸云非近今所及,則徒取其用筆也。顧寧人謂其謬戾非一,嘗著論一篇為之博考,而曆舉朱竹垞因附刻五經文字序中"貞觀"二字,與宋人《書苑菁華》所載不同,遂謂斯石非唐人之舊。蓋是碑一厄於韓建之築新城,再厄於嘉靖乙卯之地震,其不與漢魏孟蜀諸石經同歸湮滅也,亦僅矣！……丁未春，去陝北上，購石經全拓以行。落第歸里，迭張於座右，遍讀而詳校之，始知乖法蕪累，洵如劉氏所譏，而聖經本真，沿訛於剞劂，屏棄於墨守。藉斯石以考正者亦自不鮮，若顧氏所舉之謬戾，則多屬明王堯惠等所補，非石經本文；朱氏所辯亦爾。意其所閱本皆裝潢家羼入補字者，是以淹洽如寧人、竹垞，亦遂未遑詳别也……俾研經者得所考，以求其正，故名之曰《唐石經考正》。

歷數唐石經刻成之後不為人所重視之境況。唐石經之"字乖師法"，從徐彦《公羊傳疏》中也可見一斑。如莊公四年"其餘從同同"，唐石經、諸本同。徐彦疏曰："考諸古本，傳及此注'同'字之下皆無重語，有者衍文。"襄公七年"鄭伯髡原如會"，唐石經作"髡原"。《釋文》曰："《左氏》作'髡頑'。"徐彦疏本作"髡頑"，解云："正本作'頑'字，亦有一本作'原'字，非也。"阮元《〈春秋公羊傳注疏〉校勘記》因此説："疏文所據之本，較之《釋文》，多得其正。"由此也可見唐石經與當時諸本多有不同。阮元《〈春秋公羊傳注疏〉校勘記》也認為唐石經多有訛誤之處。如《公羊傳》隱公元年"何以名"，阮元《校勘記》曰："鄂本以下同。唐石經作'何以不名'。按此設為問答之辭，此問'何以名'，故下答之曰'非名也，字也'。若作'何以不名'，則與下'曷為稱字'意複，此下'字也'一句為贅矣。注云據齊侯以禄父為名，故疑儀父亦名，則何注本無'不'字，唐石經當衍。"定公十二年"公會晉侯盟於黄"，阮元《校勘記》曰："唐石經、諸本同。按：《左氏》、《穀梁》皆作'齊侯'，此作'晉'，誤也。宋張洽云：黄，齊地。《公羊》作'晉侯'，誤。"唐石經有助於後世校勘，阮元《〈春秋公羊傳注疏〉校勘記》多有取資，自不待言，但其訛誤也確乎存在，正如錢大昕所説："故知唐石經未必是，歷來版本未必非也。"

學派有别，經注、疏所據版本又各有不同，流傳下來的宋版書又罕得一見，由此而言，何休之《春秋公羊經傳解詁》就更為珍貴了。

何休是一代大儒，其《公羊解詁》乃其十餘年精心研究的成果，可以説是兩漢《公羊》學之集大成者,受到當時學者的推崇。其後,徐彦據《春秋公羊經傳解詁》而作疏,陸德明為《春秋公羊經傳解詁》而作音義,由此而奠定了此書在《公羊》學研究中的重要地位,成為歷代學者研究《公羊傳》的必讀書。迄今為止,流傳下來的漢代《公羊》學研究著述,何休之《春秋公羊經傳解詁》大概是最早而且唯一完整的一部,所以更顯得珍貴。

我們在上文已經説到,《公羊傳》文初不與經相連綴,《漢志》各自為卷。我們現在所看到的何休《春秋公羊經傳解詁》,已經附於《春秋》經文,而非何休之原貌了。據史載,宋太宗端拱時,曾以孔穎達《五經正義》詔國子監鏤板印行。真宗咸平年間,命祭酒邢昺等校刊《九經正義》頒行。北京圖書館藏有南宋紹熙三年兩浙東路茶鹽司所刻的《禮記正義》,書後載有主持刻印此書的兩浙東路茶鹽司提舉黄唐的跋文,其曰:"六經疏義自京監、蜀本皆省正文及注,又篇章散亂,覽者病焉。本司舊刊《易》、《書》、《周禮》,正經、注、疏,萃見一書,便於披繹。它經獨闕。紹熙辛亥仲冬,唐備員司庾,遂取《毛詩》、《禮記》疏義,如前三經編匯,精加讎正,用鋟諸木,庶廣前人之所未備。"這段話是説,六經的義疏,自京城的國子監,乃至川蜀間的刊本,都是把經文、注文省去,只刻義疏單行的。也就是説,南宋之時,經注、義疏分刻,仍然十分普遍,所以黄唐把自己合刻經、注、義疏視為一大創造。因此我們認為,經注疏之合刊乃至成為時尚,大概是在版刻流行之後,宋初校定九經開始的。汪紹楹《阮氏重刻宋本十三經注疏考》曰:"考正經注疏萃刻本,莫先於浙東提學茶鹽司本《易》、《書》、《周禮》三書,見於紹熙壬子(1192)三山黄唐《刊禮記正義跋》。"[1]亦即謂浙東提學茶鹽司本《周易》、《尚書》、《周禮》三書乃為現存最早的經傳注疏合刻

① 汪紹楹《阮氏重刻宋本十三經注疏考》,《文史(第三輯)》,中華書局1963年版,第25—60頁。

本[1]。自黄唐等刻五經——《周易》、《尚書》、《周禮》、《毛詩》、《禮記》,經、傳、注、疏乃萃為一書,並由此而流行,黄唐之後,紹興府刊刻《春秋左傳正義》,與兩浙東路茶鹽司萃刻《尚書》、《周易》、《周禮》、《毛詩》、《禮記》"合五為六",成為流傳下來的時代最早的合刻本之一。但《公羊傳注疏》不在此中,亦可知《公羊傳注疏》合刻本,必晚於此六經之後。據《福建古代刻書》所述宋代福建刻書的特點之一,即經、注、疏合刻:"唐五代之前的經史典籍,正文和注疏是分開的,印本書初期也是這樣。後從南宋開始,建陽書坊中出現了經疏合刊本,有的是三位一體,有的是四位一體,即把經、注、疏、音義、釋文等刻在一起……因為這類帶有圖譜、重言、重意、互注、圈點句讀的經書,增加了上下文的聯繫,便於讀者對全文的理解與查考,也便於監生舉子們課讀,故版行之後銷售很快,往往供不應求。"[2]三位一體或四位一體的經疏合刊本是其時尚,但此時單注、單疏刻本也還流行,如余仁仲萬卷堂刊刻之《春秋公羊經傳解詁》就是在此時刊行的。由此可見,單注本與經、注、疏合刻本在當時都是流行的版式。它至少可以説明這樣一個問題,即雖然經、注、疏合刻已成為當時的風尚,但單注、單疏刻本在南宋時仍有流行。

《春秋公羊經傳解詁》現存年代較早的宋版書有兩本,一為余仁仲萬卷堂刊本,刊刻於南宋紹熙二年。建安余氏是中國版刻史上的名家,葉德輝《書林清話》曾説:"夫刻書之盛,首推閩中,而閩中尤以建安為最,建安尤以余氏為最。"岳珂校刻九經,參校多種版本,"論書板之精者,稱建安余仁仲"。余仁仲萬卷堂所刊《春秋公羊經傳解詁》十二卷,便是岳氏當年推崇的九經之一。由於岳珂所撰《九經三傳沿革例》流布甚廣,影響甚大,所以余仁仲萬卷堂所刻書籍一直受到後人的推崇。《天禄琳琅書目》稱萬卷堂所刻《周禮注》"字數點畫完好,紙色極佳";《鐵琴銅劍樓藏書目録》稱萬卷堂

① 據汪紹楹考證,《周易注疏》十三卷、《尚書注疏》二十卷現藏於日本足利學。《周禮注疏》曾見《結一廬書目》。汪紹楹謂:"《十三經影譜》引河右正司氏謂周禮疏萃刻最早,未為無見。"

② 謝水順等《福建古代刻書》,福建人民出版社 1997 年版,第 166 頁。

所刻《春秋穀梁傳》"此本其字畫端謹,楮墨精妙,為當時初印佳本";而民國間李盛鐸跋余仁仲萬卷堂刊本《春秋公羊經傳解詁》亦曰"開卷展讀,楮墨精妙,神採煥然",故黄丕烈將余仁仲萬卷堂刊本《春秋公羊經傳解詁》視為至寶。另一本為宋淳熙撫州公使庫刻紹熙四年重修本,現存北京圖書館,北京書目文獻出版社(1988)、北京圖書館出版社(2003)分别影印出版。北京圖書館出版社為線裝本,1 函 7 册。

《四部叢刊》影印余仁仲萬卷堂刊本《春秋公羊經傳解詁》,後附有余仁仲記此書之刊刻經過:"《公羊》、《穀梁》二書,書肆苦無善本,謹以家藏監本及江浙諸處官本參校,頗加釐正。惟是陸氏釋音字或與正文字不同,如此序'釀嘲',陸氏'釀'作'讓';隱元年'嫡子'作'適'……若此者衆,皆不敢以臆見更定,姑兩存之,以俟知者。紹熙辛亥孟冬朔日建安余仁仲敬書。"也就是説,此書刊刻於南宋紹熙二年,即 1191 年。

據北京圖書館李致忠先生所著《宋版書敘録》,北圖現藏有余仁仲萬卷堂刊本《春秋公羊經傳解詁》十二卷。該書每半葉十一行,行十九字;注文雙行,行二十七字。細黑口,左右雙邊。此本卷前有袁克文手書隸字"宋紹熙余仁仲萬卷堂刊本春秋公羊經傳解詁十二卷"題名四行,題名上方鈐袁氏"軒轅之裔"朱文印記一方。其次為袁克文 28 歲時讀書小像、黄彭年跋文、漢司空掾任城樊何休序、余仁仲刻書記。接下來是正文。"卷一後三行並排鐫經傳、注、音義字數,後鐫'余氏刊於萬卷堂'。卷二後所鐫經傳、注、音義字數形式與卷一同,後鐫'余仁仲刊於家塾'。卷三後所鐫字數形式變縱行連刊。卷四後三行並排鐫經傳、注、音義字數,後鐫'仁仲比校訖'。卷五後縱行連刊經傳、注、音義字數。卷六後並排三行鐫字數,後鐫'余仁仲刊於家塾'。此後卷七、九、十一後均並排鐫經傳、注、音義字數。卷八、十縱行連鐫經傳、注、音義字數。卷十二抄配,不足為據"①。此書先後曾為徐乾學、季振宜、汪中、袁克

① 李致忠《宋版書敘録》,北京圖書館出版社 1997 年版,第 193 頁。

文等人所收藏，所鈐印記有“乾學”、“滄葦”、“季振宜讀書”、“汪喜孫孟慈藏”、“寒雲如意”、“虎山之印”、“寒雲鑒賞之印”、“袁二”、“惟庚寅吾以降”、“後百宋一廛”、“軒轅之裔”、“寒雲小印”、“流水音”、“與身得存亡”等等。此外，該書還附有黄彭年、李盛鐸、袁克文跋。袁氏所跋曰：“余仁仲所刻經傳於世者，曰《周禮》，盧雅雨、陳仲魚皆有之；曰《禮記》，曾見於《天禄目》；曰《公羊》，惟此及鐵琴銅劍樓所藏；曰《穀梁》，瞿氏有殘本，完者在日本阿汲侯家。此《公羊》即汪刻祖本，阮元所見缺兩葉者，慕邢為予購致。爰據瞿氏校勘記校定此本，補葉之脱誤。”其於卷十二之補葉書楣上又有民國五年丙辰(西元 1916 年)的一段識語：“此葉所據，絶非出自余氏原本，又不若卷六補葉之舊，因依瞿氏校勘記改定之。兹取瞿校與此本細參，而瞿本頗多增改，且尾有‘重校訖’一行，是必為重修本也。故此尾葉之異同兩存之。”此書又有李盛鐸跋，稱：“今世所存宋槧諸經板本，依岳氏《沿革》所舉，惟有蜀大字本、撫州本、建安余氏本……余仁仲本《周官》，亦只殘帙，惟《公》、《穀》二傳，烜赫人間。自蕘圃、閬源遞相傳寶，卒歸虞山瞿氏。百年轉徙，未出吴中。同時汪孟慈太守别得《公羊》一本，付之影刊。據瞿氏《藏書志》所校，知翻本頗有刊改，未為盡善。而汪藏原書，兵燹以後沉晦數十年，一旦忽見於京師，為寒雲購得。”李之跋文寫於民國四年。由此跋可知，汪氏曾經翻刻過《春秋公羊經傳解詁》，並“頗有刊改”。另有一本藏於鐵琴銅劍樓，曾為黄丕烈所收藏。袁克文認為，瞿氏所藏“頗多增改”，乃重修本。

《四部叢刊》影印余仁仲萬卷堂刊本《春秋公羊經傳解詁》，卷第十二後載有黄丕烈識語，其曰：“《九經三傳沿革例》載有建余氏本。余所見殘本《穀梁》在周香嚴家，即萬卷堂余仁仲校刻者也。此外有《周禮》，亦缺‘秋官’，藏顧抱沖所。今秋得此《春秋公羊經傳解詁》十二卷，完善無缺，實為至寶。得之價白金一百二十兩，不特書估居奇，亦余之愛書有以致此。初，是書出鎮江蔣春農家，書估以賤直購之，攜至吾郡，迭為有識者稱讚，故索價竟至不減。余務在必得，惜書而不惜錢物，書魔故智有如是者。《春秋》五傳，鄒、夾已亡,《左》、《穀》二家僅存晉人之注,惟《公羊》注猶漢人,安得不以至寶視之? 倘有餘力,尚當付諸剞劂,以廣其傳焉。嘉慶戊辰秋七月黄丕烈識。”據黄丕烈識語,此書得之於嘉慶戊辰秋(1808),其後是否如其所言將余本重新刊刻,今已不可得知。該本各卷後所識,與北圖所藏本略有不同,卷十二後並排三行記經傳、注、音義字數,隔行鐫“余仁仲刊於家塾”,又隔行鐫“癸丑仲秋重校”。則此書蓋刊成於癸丑年,即1193年。袁克文跋中所謂“且尾有‘重校訖’一行,是必為重修本也”,蓋即指此。余仁仲萬卷堂刊刻之《春秋穀梁經傳集解》卷十二後亦鐫有“癸丑仲冬重校訖”,蓋同時刊刻之書,而又同時畢其役也。然此本實記為“重校”,無“訖”字,此中緣故,不可得知。

阮元《〈春秋公羊傳注疏〉校勘記》乃有清一代《春秋公羊傳注疏》校勘之集大成者,其所據校勘之善本,今已難以見到。其《序》曰:“元舊有校本,今更以何煌所校蜀大字本、宋鄂州官本及唐石經本、宋元以來各注疏本,屬武進監生臧庸臚其同異之字,元為訂其是非,成《公羊注疏校勘記》十一卷,《釋文校勘記》一卷。後之為是學者,俾得有所考焉。”其臚列引據各本目録有“唐石經《春秋公羊》十二卷,《經典釋文·公羊音義》一卷,以及惠棟校本《春秋公羊傳注疏》二十八卷、監本附音《春秋公羊注疏》二十八卷、閩本《春秋公羊傳注疏》二十八卷、監本《春秋公羊傳注疏》二十八卷、毛本《春秋公羊傳注疏》二十八卷、浦鏜《春秋公羊傳注疏正誤》四卷”。不知何故,余仁仲刊刻的《春秋公羊經傳解詁》卻未列其中,但實際上,余本也是其參校的本子之一。如阮元《校勘記》卷一分别於“元年者何”等下引據宋余仁仲本。如“元年者何”阮校曰:“宋余仁仲本同,閩本、監本、毛本上增‘傳’字,非。通書並同。”然據《校勘記》,阮氏所據余仁仲本有闕頁:卷五僖公十五年闕一頁,卷六文公十三年闕一頁。據袁氏跋文,阮元所見闕兩葉之余仁仲本,後即歸其所有。然據《宋版書録敘》,北京圖書館藏余本所闕兩頁,一為卷六,一為卷十二,與阮元《校勘記》不符。而據袁氏跋文,稱其所藏余本即阮元所據余仁仲本。本人認為,其中必有謬誤,蓋袁氏未詳考證,而誤此本為阮元所據本也。

與阮元所據校勘諸本相較,余仁仲本與鄂州本多有相同之處,而優於閩、監、毛本。如余仁仲本僖公三年“夏四月,不雨。何以書?記異也”下何休注“比致三旱”,阮校本作“比致三年”,徐彥疏標起訖亦作“比致三年”,曰:“即上二年冬十月不雨,三年春王正月不雨,夏四月不雨是也。”而二年冬至三年夏乃兩年三旱,所以,作“三年”則誤,當作“三旱”是。僖公二十八年“楚殺其大夫得臣”下何休注曰:“楚無大夫,其言大夫者,欲起上‘楚人’,本當言‘子玉得臣’,所以詳録霸事。不氏者,子玉得臣,楚之驕蹇臣,數道其君侵中國,故貶,明當與君俱治也。”鄂本無“明當與君俱治也”之“也”字,阮校本“治”作“昭”。依上下文義,則作“治”是。余本與鄂本雖有不少相同之處,如僖公十九年“後會也”何注“既在人間”,余本、鄂本同,而阮校本作“既在會間”,阮氏《校勘記》曰:“鄂本‘會’誤‘人’。”僖公三十三年“或曰往矣,或曰反矣”下何注“……或曰緒出,當遂往之”,余本、鄂本同。阮氏《校勘記》曰:鄂本蓋誤。閩、監本作“既出”。然而總的來説,鄂本勝於余本,如余本僖公十九年“魚爛而亡也”,何休注“……者其自亡者”,阮氏《校勘記》曰:鄂本、宋本作“著其自亡者”。僖公二十七年,阮氏《校勘記》曰:唐石經作“廿有七年”,鄂本“二十”下有“有”字。余本每傳紀年,均作“二十有六年”、“二十有八年”,獨此作“二十七年”,蓋脱“有”字。類似之鄂本勝於余本之處還有不少。此外,余本還有一些明顯的訛誤。由此可見,岳珂所謂“余本間不免誤舛,不足以言善也”,雖言之過重,但也並非虚言。此本“殷”、“完”、“桓”、“慎”、“貞”、“莫”、“恒”等字缺筆(隱元年“鄭伯入許”注“又複構怨入許”之“構”字,似不缺筆)。

單疏本《春秋公羊疏》,據筆者所知,存於世者有兩本,一為收入《續古逸叢書》中的七卷殘本(上海涵芬樓景印南海潘氏藏宋本),一為舊鈔本《春秋公羊疏》三十卷,今藏於名古屋市蓬左文庫,原係尾張藩侯德川氏所儲。日本學者杉浦豐治治《公羊》學,做《公羊疏論考》一書,其中《公羊疏校記》一卷,乃以阮刻《重栞宋本公羊注疏附校勘記二十八卷》本為底本,與單疏殘本、單疏鈔本對校而成。其功之巨，不在阮氏《〈春秋公羊傳注疏〉校勘記》之下。杉浦豐治先生在《公羊疏校記·序》中對舊鈔本《春秋公羊疏》三十卷作了頗為詳細的介紹曰：

舊鈔本《春秋公羊疏》三十卷，每册鈐有印記，曰御本，俗稱駿河御讓本之一，乃德川家康逝世後所遺者也。是書分訂六册，無界欄，每半葉十二行，行二十字至二十五字不等。雖不詳寫手何人，而字跡古雅，要為四百年外物耳。書中避宋諱，闕筆至征、貞、桓、完而止，則鈔自宋本殆無疑焉。予謂宋槧經籍流衍我邦，自昔極夥，如金澤文庫足利學校所藏各書，世所熟聞矣。此書卷十一、卷十二均有"金澤文庫"四字，亦其證也。鈔本首載景德二年六月中書門下牒，稱《公羊正義》，卷末具列校書人名，云崔偓佺、王煥、孫奭、李維、舒雅、杜鎬等校，劉士玄、李慕清等再校，邢昺都校，惟不書撰人名氏，是與隋唐志、《崇文總目》合，其分卷三十，亦與《郡齋讀書志》、《直齋書録解題》合。十行本以下各本分為二十八卷者，知非原式。疏中標起止，校以十行本，多有不同，如曰某某至某某，或曰某某者，或曰某某云云者，或曰某某云云某某者，其下直書疏文，間有"解云"二字隔之。此皆宋刻單疏舊式也。[①]

杉浦豐治先生有《公羊疏》研究的專論，有關徐彦及其疏，論之甚詳，此不再贅述。

現存陸德明《經典釋文》較好的版本，為北京圖書館所藏宋元遞修單刻本，上海古籍出版社曾影印出版。宋代刊刻諸經，卷末多附陸氏所撰音義，以後更將音義散於經注之下，《經典釋文》的單刻本反而甚少流通，所以宋本極為罕見。阮元校勘十三經，所參用的是清葉林宗影寫錢牧齋所獲明文淵閣所藏宋槧之鈔本。後來，通志堂和抱經堂先後據葉鈔本重刊，刊行之後，校勘者很多，發現這

① 杉浦豐治《公羊疏校記·序》，昭和三十六年三月。

兩種刻本雖有去塵掃葉之功，但也有很多臆改之處。葉鈔本今已散佚，無可得知。因此，北圖所藏本的珍貴是顯而易見的。

現在學界通用的《公羊傳注疏》，來自於阮元《重刊宋本十三經注疏附校勘記》。阮元《重刊宋本十三經注疏附校勘記》，據其重刻自序，乃肇工於嘉慶二十年乙亥(1815)，刊成於二十一年丙子(1816)。但據江西重校宋本《十三經注疏》後朱華臨所跋“嘉慶丙子仲春開雕，閱十九月，至丁醜仲秋板成……嗣宫保升任兩廣制軍，來庵(即盧宣旬)以創始者樂於觀成，板甫就，急思印本呈制軍……局中襄事者未及細校，故書一出，頗有淮風别雨之訛”，則阮元所主之《重刊宋本十三經注疏附校勘記》，實則在阮元離開江西之後，“是殆始事雖擬議於二十年乙亥，而刊刻實在翌年丙子”。[①]汪紹楹先生論之甚詳，此不贅述。

自阮元《重刊宋本十三經注疏附校勘記》問世後，翻刻本甚多。據《書目答問》和《書目答問補正》所載，則阮元《重栞宋本十三經注疏附校勘記》有南昌局補印原刻本、四川書坊翻刻本、湖南翻刻本、上海坊間石印本等。“四川書坊翻刻阮本，訛謬太多，不可讀，且削去其圈，尤謬”。[②] 有道光重刊本，北京大學圖書館有藏；清同治十二年(西元 1873 年)江西書局重修刻本，二十函一百八十册，尺寸為 30.3 釐米×17.5 釐米；清光緒十三年(西元 1887 年)脈望山館石印本，四函 32 册，尺寸為 13.2 釐米×19.6 釐米。此外，還有點石齋石印本(清光緒二十三年，1897)、上海世界書局石印本(1935)等印本。上海世界書局石印本因中華書局一九八〇年重新影印出版，流傳頗廣。中華書局影印該本時曾有《影印説明》，指出：“影印前曾與清江西書局重修阮本及點石齋石印本核對，改正文字訛脱及剪貼錯誤三百餘處。又影印本《公羊傳注疏》卷二十三阮元《校勘記》末漏脱二十二行，《論語注疏》卷首漏脱阮元《校勘記序》一

① 汪紹楹《阮氏重刻宋本十三經注疏考》，《文史(第三輯)》，中華書局 1963 年版，第 28 頁。

② 范希曾編，瞿鳳起校點《書目答問補正》，上海古籍出版社 1983 年版，第 1 頁。

篇。均補印於全書之末。”此後,中華書局影印出版清嘉慶本《十三經注疏》,其《影印説明》稱:“目前《十三經注疏》的通行版本,是我局一九八〇年影印的上海世界書局縮印本……該本以清道光重刊本為底本,每頁九拼頁縮印,注疏字太小,不利閲讀,為此,我們决定影印出版《十三經注疏》嘉慶原刊本,以滿足讀者閲讀的需要……”據此,則世界書局石印本乃據清道光重刊本為底本。然據《阮元年譜·譜附》[①],則稱“1935年上海世界書局據南昌府學初刻本縮小石印”。方向東先生為檢世界書局印本,該印本扉頁云:“粹芬閣主人於清光緒初年向舊藏家購得阮刻初印本,今本局向主人商借付印,以利學子。”所謂“阮刻初印本”,蓋指南昌府學本,故《阮元年譜》有此言。筆者未對南昌府學本和道光本進行對勘,未敢妄言[②]。

本次校點《公羊傳注疏》的參校本,有京都大學人文科學研究所東洋學文獻中心藏本《監本附音春秋公羊注疏》二十八卷(簡稱京都本)。嚴紹璗教授編著的《日藏漢籍善本書録》[③],將其定為“金刊明遞修本”,曰:“每半葉有界十行,行十六字至十八字不等。此本與静嘉堂文庫藏本系同一刊本,版式行款相同。惟此本明代修補葉較多,版心屢見明代刊工姓名……此本與静嘉堂藏本編次略異,首有宋景德二年六月中書門下牒……牒後有監本附音春秋公羊注疏序,卷中天頭地邊處間有朱墨書寫的識文。”又曰:“此本或定為宋刊本,然依版式及刻工推考,繫金大定年間(1161—1189)刊,明正德至隆慶年間遞修本。”所謂“天頭地邊處間有朱墨書寫的識文”,乃為校點者所做校語,如何休序“治世之要務也”,疏曰“凡諸經藝”,校語識曰:“藝,北監本作‘義’。”北京大學儒藏中心李峻岫博士在與筆者的書信往來中認為:“對於宋元版經籍,日本學者長澤規矩也、阿部隆一都曾做過專門研究,歸納了宋、元、明刻工的

① 王章濤《阮元年譜》,黄山書社2003年版,第1042頁。

② 北大儒藏中心李俊岫博士等曾以中華書局影印世界書局本與北大藏道光重刻本對校,發現80餘處錯誤中,其中四分之三是從道光重刻本就誤刻,認為另外四分之一則是世界書局或中華影印時誤改的。

③ 嚴紹璗教授編《日藏漢籍善本書録》中華書局2007年版。

情況，對宋元版書籍的判斷提供了更明確的指征。我去學校翻看了一下《阿部隆一遺稿集》第一卷《宋元版篇》(汲古書院 1993 年版)，其中《日本國見在宋元版本志·經部》一篇，列舉了各經在日本的收藏情況。《監本附音春秋公羊注疏》，也就是十行本的《公羊傳注疏》，著録了静嘉堂文庫、東洋大學東洋文化研究所、京都大學人文研究所三個藏本，並判定這三個本子都是元刻明遞修本……所以阿部隆一列舉的京都大學的本子應該就是我們手上有的這個。阿部隆一列舉了十行本的一些版本特徵，我比對了一下，都與我們看到的京都本相同。比如元代刊刻版心上象鼻列大小字數，下象鼻列刻工名。明代修補版上象鼻有'侯吉劉校'、'運司蔡重校'等字。刻工名中'元壽'等是元代刻工，'蓬頭'、'王進富'、'江盛'等是明代刻工。所以我覺得將京都本定為元刻明修本應該是没有問題的。"李峻岫博士曾就京都本刻印之年的認定諮詢了日本學者，其答復是"京都這套是元版明修，有目共睹，毫無問題。京都大學的目録著録為宋刊，並不代表他們認為這是真宋本，而是暫且因襲過去的版本學認識未及改訂"。嚴紹璗教授何以將此本定為"金刊明遞修本"，不可得知，但李峻岫博士的考證亦為可信，故以此為元刻明修本。

《中華再造善本》中的《監本附音春秋公羊注疏》，乃為據北京市文物局藏《十三經注疏》本影印，也是元刻明遞修本，"而且其中明代補版占的篇幅比較大"。首行"中書門下牒"下鐫有"積學齋徐乃昌藏書"字樣，並有"劉盼遂印"等。其版刻與京都本極為相似，有些錯訛之處也完全一樣。李峻岫博士將京都本和《再造善本》中《公羊傳注疏》進行了比較，認為"行款、字體、刻工姓名是一樣的，只是前面中書門下牒部分字體稍有差異"。本次校點，也將此作為參校本之一。

本次校點，以《重栞宋本公羊注疏附校勘記》(嘉慶二十年江西南昌府學開雕[1]，臺灣藝文印書館重印)為底本，對校了《四部叢

---

① 原標識如此。

刊》宋余仁仲本《春秋公羊經傳解詁》、中華書局1980年影印原世界書局縮印《春秋公羊傳注疏》，參校了《春秋公羊疏》單疏本(存七卷，《續古逸叢書》本)、京都大學人文科學研究所東洋學文獻中心藏本《監本附音春秋公羊注疏》二十八卷(元刻明修本)、《中華再造善本·金元編·春秋公羊注疏》(積學齋徐乃昌藏本，元刻明修本，現藏北京市文物局)、文淵閣《四庫全書》本《春秋公羊傳注疏》(清人齊召南、陳浩等考證，武漢大學出版社出版)、《四部備要》本陳立《公羊義疏》(中華書局、中國書店1989年影印)以及《經典釋文》(上海古籍出版社1985年10月影印北京圖書館藏宋元遞修《經典釋文》單刻本)。參考了北京大學出版社《十三經注疏》繁體豎排本(2000年12月版)的標點部分，並在校勘中引録了阮元《十三經注疏校勘記》、孫詒讓《十三經注疏校記》和王引之《經義述聞》、杉浦豐治《公羊疏校記》以及劉承幹《北宋殘本春秋公羊疏校勘記》(《嘉業堂叢書》本)等。校記中凡所曰"單疏鈔本"之語，均來自杉浦豐治《公羊疏校記》。所曰"唐石經"、"何校本"、"鄂本"、"元本"、"閩本"、"監本"、"毛本"等諸語，均來自阮元《校勘記》。校點之前，拜讀了日本學者野間文史所著《評李學勤主編之〈標點本十三經注疏〉》等文，汲取了他們有益的研究成果。

我於1984年從徐復先生學，做《左盦集》校注，對《春秋》三傳有了初步的瞭解，受益頗多，終身難忘師恩。1987年後又從楊向奎先生專攻中國經學。在兩位先生的指導下，曾經無數次研讀《春秋》三傳。1997年間，受彭林先生之托，曾為上海一家出版社校點《春秋公羊經傳解詁》。1999年，北京大學出版社《十三經注疏》標點本，我完成了《春秋公羊傳》的點校工作。北大版《十三經注疏》標點本是在出版機構提供底本的基礎上點校的，我主要完成的是斷句和標點工作。

儘管今天我們的研究視野畢竟與古代經學家有所不同，但在研究展開之前，讀懂文本，則是其前提，因此，讀書不能不求善本。然如我輩者一介書生，善本之難求亦不言而喻矣。加之條件所限，古今版本之善者難以搜尋獲得，各種參考資料難以齊備，故讀書探究必有不盡如人意之處。古人云校書如掃地,也説明古往今來之校勘古籍,確非容易之事。孤陋之處,期望方家指正。

2012 年 2 月 8 日

(作者單位:北京青年政治學院)

九世紀日本僧人漢文撰述中的口語成分

董志翹

摘要:九世紀(晚唐)是漢語史上近代漢語的起始階段,這一時期,"文言由盛而衰,白話由微而著"。但是由於受歷來"重文輕俗"觀念的影響,當時的實際口語很少有被記録、保存的機會,雖然在一些較為通俗的文獻中,或多或少地有所反映,但畢竟均經過文人之手,難免有較多的修飾痕跡。而這一時期入唐的一些日本僧人的漢文撰述中,卻較好地保留著當時的口語成分,比如九世紀入唐的日本高僧圓仁的《入唐求法巡禮行記》、圓珍的《在唐巡禮記》(又名《入唐記》或《行歷記》,可惜今已不傳,僅有後人從中録出的《行歷抄》一卷行世,另有更為簡略的節録本《在唐日録》一卷),其中口語化的程度大大高於同時期的其他漢文文獻。因此具有很高的漢語史語料價值。

關鍵詞:九世紀　日本僧人　漢文　口語成分

在中日文化交流史上,唐代是一個巔峰時期。從唐太宗貞觀四年(630),日本第一次派出遣唐使,到唐昭宗景福二年(894)正式決定停派,日本共任命十九批遣唐使,其中除三次未能成行,一次未能到唐外,實際到唐的使節達十五次(其中再除去兩次為陪送唐使歸國,一次為迎接唐使),實際來唐的正式遣唐使共有十二次。每次遣唐使中均有不少學問僧、請益僧,其人數遠超留學生。在九世紀,更是有空海、最澄、圓仁、圓珍等日本高僧隨遣唐使入唐,他們來唐的目的是為求佛法,其使命主要是把唐代盛行的佛教各主要宗派移入日本。因而他們主要活動是進入唐土的著名寺院,尋師問法,參加寺院的各種佛事活動,抄寫、搜集購買經卷、佛畫、佛具等佛事器物。同時,也與中國文人交往,把一些儒家經書、文集等帶回日本。促成了日本歷史上的"唐風文化"時期。

在漢語史上,九世紀屬於近代漢語階段的起始階段,正如吕叔湘先生所云,這一時期是“文言由盛而衰,白話由微而顯”的重要轉折時期。但由於中國歷來在正式場合均以文言占主導地位,具有一定文化素養的人一般也都重“文”輕“俗”,因而能較好反映當時口語特點的文獻資料實屬鳳毛麟角。日本漢學家太田辰夫先生也曾頗有感慨地説過:“中國文藝的諸形態多發源於民間,一經知識人吸收並獲可嘉的發展,便逐漸僵化而死亡,這在文學史上有一致的見解。語言也同樣,常常是新的因素從民間産生,開始作為卑俗的東西,筆下自不必説了,就是口頭上也很少用。但不久成為普通話,成為文學語言,隨之便死亡了。”“在這種狀況下,口語不單單是缺乏被記録的機會,它的發展也不能不受到抑壓。這是通貫中國各時代都可以看到的傾向。”①然而這一時期,在一些日本僧人的漢文撰述中,卻非常寶貴地透露出當時實際口語的狀況。因為他們是外國人,從客觀上講,相對地較少受傳統文言的制約;從主觀上講,因囿於漢語的水準,大抵只能耳聽手記,較多使用當時通行的實際語言,不可能進行太多的文飾。因此他們的漢文著述往往在語言學上更具有研究價值。這使我們很自然地想到漢譯佛典,魏晉以前,佛經翻譯,主譯者多為來自天竺、安息、康居、月支等地的外國僧人(如:安世高、支婁迦讖等),由他們口譯,中國助手筆録。這些外國僧人雖稱“轉能漢言,音譯流便”,但實際上他們的漢語素養是不能與中土文人相提並論的。充其量也不過掌握了當時的一般口語。故有“隨方俗語,能示正義”之説。② 而助譯者亦多為民間信徒,因此無論是“轉言”者,還是“筆録”者,所使用的一般均為大衆語言。前期漢譯佛典不加文飾,多當時口語的語言特徵,除為了爭取群衆,以利傳播的目的而外,外國主譯的漢語水準也應是重要的原因之一。

本文就晚唐日本僧人圓仁《入唐求法巡禮行記》及圓珍《行歷

① 〔日〕太田辰夫著,江藍生、白維國譯《漢語史通考》,重慶出版社 1991 年版,第 206、194 頁。

② (梁)慧皎撰《高僧傳》卷三“譯經下”《論》,中華書局 1992 年版,第 141 頁。

抄》等漢文撰述中的一些唐代口語成分作一大致研究介紹。為了便於比較對照,我們選取了主要産生於初唐的比較通俗的《王梵志詩》以及撰作於中唐的較為典雅的杜甫詩文,對兩者相應的口語狀況作了調查統計。

一、《入唐求法巡禮行記》、《行歷抄》中常用詞的口語化傾向

王力先生早就指出:"古語的死亡,大約有四種原因:……第二是今字代替了古字。例如'怕'字替代了'懼'……第三是同義的兩字競爭,結果是甲字戰勝了乙字。例如'狗'戰勝了'犬'……"[①]語言中的辭彙的變化是最迅捷的,每個時期都會有不少新詞的産生,舊詞的死亡,以及詞義的演變。《行記》及《行歷抄》中就有不少九世紀漢語的新詞新義,但常用詞是辭彙系統的核心部分,它具有常見性和穩固性兩大特點,因此常用詞的變化更能説明漢語辭彙系統的顯著變化,常用詞的口語化傾向,更能證明這一語言的口語化趨勢。漢語中一些同義常用詞的口語形式,有的早在漢魏時期已經出現,但從文言形式和口語形式出現的頻率(也就是"量")而言,口語形式到了唐代才有了長足的進展。從《行記》、《行歷抄》來看,一些同義常用詞中,口語形式占了絕對優勢或達到了完全替代文言形式的地步。其口語形式的比率大大超過同時代的其他漢文文獻。下面我們從常用詞中選取與"衣"、"食""住"、"行(行為)"等有關的幾組加以分析:

【著(著)(zhuó)/衣、鵬、冠】

表"穿、戴"之義,文言中用"衣""鵬"或"冠"。如:"赤之適齊也,乘肥馬,衣輕裘。"(《論語·雍也》)到了漢代,"著(著)"從"附

① 王力《古語的死亡殘留和轉生》,《龍蟲並雕齋文集》第一册,中華書局1990年版,第414頁。

著"義引申出了"穿、戴"義,成了較為口語化的形式。如:"大加、主簿皆著幘。"(《後漢書·東夷傳·高句驪》)"謝公清晨卒來,不暇著衣。"(《世説新語·排調》)到了唐代,表"穿戴"義的"著(著)"已占絶對優勢。《王梵志詩》中,"衣"、"鵰"共5例,"著(著)"共19例,口語化的"著(著)"占總數的79%。《杜甫全集》中"衣"共3例,"著(著)"共7例,口語化的"著(著)"占總數的70%。而《行記》中"著(著)"已完全取代了較古的形式"衣"、"鵰"、"冠"。全書32處表"穿、戴"義,無一例外地用"著(著)"。《行歷抄》表"穿、戴"義雖僅1處,但也用"著",口語化的"著(著)占總數的100%。不僅"衣"、"裙"、"冠"、"鞋"、"靴"、"襪"等可用"著(著)",連吧"枷"及比較抽象的"紫(紫衣)""孝(孝鵰)"也可用"著(著)"。如:

(1) 其劉勉著紫朝鵰,當村押官亦同著紫衣。(《行記》開成三年七月九日,第11頁)

(2) 法相請益法師不得入京,更令弟僧義澄著冠、成判官傔從令入京。(《行記》開成四年二月廿日,第114—115頁)

(3) 第四舶射手一人、水手二人緣强淩唐人,先日捉縛,將州著枷,未被免。(《行記》開成四年二月廿日,第115頁)

(4) 自餘皆王子,不著冠,其形體屈醜,著皮氈等。(《行記》開成四年二月廿七日,第123頁)

(5) 開成天子今年正月三日崩,天下三日舉哀著鵰。(《行記》開成五年二月廿二日,第214—215頁)

(6) 此清涼山,五月之夜極寒。尋常著綿襖子。(《行記》開成五年五月十六日,第277頁)

(7) 著黄丹衣及白裙。於衣上襲披皮裘,毛色斑駁而赤白黑。(《行記》開成五年五月廿日,第288頁)

(8) 步軍並皆著錦採(來)帽子、錦袍。其大將軍著衣冠靴,皆繡鳥銜瑞草之文。(《行記》開成六年正月六日,第365頁)

(9) 剃髮,令著袈裟,作沙門形而煞之。(《行記》會昌二年四月,第416頁)

(10) 聞天子崩來數月,諸道州縣舉哀著孝訖。身體爛壞而崩

矣。(《行記》會昌六年四月十五日,p. 500)

(11) 即時脱舊衣,著敕賜紫衣。(《行歷抄》p. 31)

	衣	鵬	冠	著(著)
王梵志詩	4	1		19
杜甫全集	3			7
行記				32
行歷抄				1

【吃(喫)/食、飯、飲、餐】

表示“飲食”義的動詞,上古用“食”、“飯”、“飲”、“餐”等;到了中古,開始出現口語化的“吃(喫)”,但“食”、“飲”、“飯”、“餐”等同時存在。根據蔣紹愚先生的調查,《世説新語》中用得最多的是“食”和“飲”,“餐”、“飯”、“喫”偶見。李白詩中,“食”20 例,“餐”20 例,“飯”5 例,“喫”未見。與圓仁大致同時的白居易的詩中,“食”70 例以上,“餐”17 例,“飯”2 例,“喫”僅 6 例[①]。我們調查了基本屬初唐時期的口語化較强的作品《王梵志詩》,其中“食”、“飯”、“餐”共 26 例;“吃”共 29 例,“吃”占總數的 52%。處於中唐時的杜甫詩文集《杜甫全集》,因其用語較為典雅,故“食”、“飯”、“餐”的用例共 46 例;“吃”僅為 7 例,“吃”占總數的 13%左右。而在《行記》中表示“飲食”義的動詞,用“喫”的達 64 例,用“食”的 3 例,用“飯”的 1 例,用“啜(茶)”的 5 例,口語化的“喫”是總數的 87%,顯然占了絶對優勢。而且“喫”的物件不僅是固體(飯、果子、瓜等,不僅有一般食物,還有“人”、“眼肉”等),也有液體(酒、茶、漿)。如:

(1) 相公及監軍並州郎中、郎官、判官等皆椅子上喫茶。(《行記》開成三年十一月十八日,第 68 頁)

(2) 相公等引軍至堂後大殿裏喫飯。(《行記》開成三年十二

① 蔣紹愚《白居易詩中與“口”有關的動詞》,《蔣紹愚自選集》,河南教育出版社 1994 年版,第 134 頁。

月八日,第 84 頁)

(3) 未及曉明,燈前喫粥、飯。(《行記》開成三年十二月廿九日,第 89 頁)

(4) 請益僧違和,不多好,不喫飯漿。(《行記》開成四年四月十六日,第 149 頁)

(5) 共於食堂喫齋。(《行記》開成四年六月九日,第 167 頁)

(6) 四人每人喫四碗粉粥。主人驚怪:“多喫冷物,恐不消化矣。”(《行記》開成五年四月十一日,第 256 頁)

(7) 到清河縣界合章流村劉家斷中,喫榆葉羹。(《行記》開成五年四月十六日,第 259 頁)

(8) 衆僧上堂,喫粥、餛飩、雜菓子。(《行記》開成五年十二月廿五日,第 364 頁)

(9) 喫瓜,美熟。(《行記》會昌元年五月十四日,第 391 頁)

(10) 兩軍健兒每斬人了,割其眼肉喫。諸坊人皆云:“今年長安人喫人!”(《行記》會昌四年七月十五日,第 445 頁)

(11) 仇軍容兒常侍知内省事,喫酒醉顛,觸忤龍顔。(《行記》會昌四年九月,第 451 頁)

(12) 山村縣人餐物粗硬,愛喫鹽茶粟飯,澀呑不入,喫即胸痛。山村風俗:不曾煮羹喫,長年唯喫冷菜。(《行記》會昌五年八月十六日,第 490 頁)

而圓珍《行歷抄》中,幾乎全是用“吃”,共 10 例,“食”僅有 1 例。

(1) 上晨朝,上堂吃粥。……卯辰之間,上堂吃小食。(《行歷抄》第 16 頁)

(2) 只有舊基,曾無屋舍。於此吃齋。(《行歷抄》第 34 頁)

(3) 中路吃飯,飯後,到越州南郭門。(《行歷抄》第 36 頁)

(4) 十九日,到照應縣,吃茶。(《行歷抄》第 39 頁)

(5) 和尚喜歡,便領將去青龍寺西南角净土院和尚房,與茶飯吃。(《行歷抄》第 40 頁)

(6) 便於院中吃茶飯了。(《行歷抄》第 42 頁)

(7) 共到山階店東頭路南畠吃飯。(《行歷抄》第 57 頁)

(8) 拜見惠亮大德,便吃飯。又至愷和尚院,暫坐吃茶。(《行歷抄》第 59 頁)

	食	飯	餐	吃(喫)
王梵志詩	18	1	7	29
杜甫全集	25	8	13	7
行記	3	1		64
行歷抄	1			10

【住/居/止】

表示"住居",上古常用"居"、"止"。到六朝"住"才使用得多了起來。但在非口語性文獻中,"住"的使用還不普遍。經調查統計,在《王梵志詩》中,"居"、"止"共有 8 例;"住"共 9 例,口語化的"住"占總數的 52%。《杜甫全集》中,"居"、"止"共有 61 例;"住"共 7 例,口語化的"住"占總數的 10%。而《行記》中表"住居"義共 97 處,其中用"居"7 例,"住"90 例,口語化的"住"占總數的 82%以上。《行歷抄》中,"居"3 例,"止"1 例;"住"凡 6 例,口語化的"住"占總數的 60%。如:

(1) 申時,雷鳴。留學留僧等住東梁豐村。(《行記》開成三年七月十二日,第 12 頁)

(2) 右,請往台州國清寺尋師。便住台州,為複從台州卻來,赴上都去?(《行記》開成三年八月四日,第 28 頁)

(3) 大使更"留學僧暫住揚府。"(《行記》開成三年八月十日,第 32 頁)

(4) 兩僧及〔傔〕從等令住開元寺者。(《行記》開成三年八月二十二日,第 35 頁)

(5) 國清寺常有一百五十僧久住。(《行記》開成四年閏正月十九日,第 108 頁)

(6) 入開元寺,住於廚庫西亭。(《行記》開成四年二月廿四日,第121頁)

(7) 請益僧、惟正、惟曉、水手丁雄滿四人下船,留住岸上。(《行記》開成四年四月五日,第137頁)

(8) 共道玄闍梨入來客房,商量留住之事。(《行記》開成四年六月廿九日,第170頁)

(9) 到揚州,寄住開元寺。(《行記》開成五年三月二日,第222頁)

(10) 於中台頂冬夏不下,住三年也。(《行記》開成五年五月十六日,第276頁)

(11) 今到此間勾當事未了,不免停住十數日間。(《行記》開成五年七月廿六日,第322頁)

(12) 向大使請閒靜處過冬。本意擬住赤山院。(《行記》會昌五年九月廿二日,第495頁)

《行歷抄》及《在唐日録》中,表示"住居"義的詞本不多,不過也大多用"住",如:

(1) 得達前處。以無便船,暫寄住城山四王院。(《行歷抄》第2頁)

(2) 去唐興縣三五來里,宿住溪上。(《行歷抄》第13頁)

(3) 爾許多時在剡中住,曾不知越州事儀何以!(《行歷抄》第26頁)

(4) 和尚何久住店中。(《行歷抄》第44頁)

(5) 七月一日,珍移龍興寺,住净土院居院主房。(《行歷抄》第46頁)

(6) 爾住店中寫文書,恐街家所由勘責來由,事觸老僧。(《在唐日録》第65頁)

	居	止	住
王梵志詩	6	2	9
杜甫全集	55	6	7
行記	23		112
行歷抄	3	1	6

【説/言、語、道】

蔣紹愚先生指出:“言”“語”“説”在唐五代時都可以表示“説話”這個動作。但當時口語中最活躍的是哪一個詞?……“説”是當時口語中最活躍的[①]。他在比較了這一時期“言”、“語”、“曰”、“道”、“説”等與“言説”有關的詞後,又指出:“‘説’、‘道’都可以加助詞‘著’,‘説’還可以在後面加介詞‘向’,而其他五個詞都不能,説明‘説’和‘道’口語化程度比其他五個詞高。”[②]

經我們調查統計:《王梵志詩》中“言”、“語”、“曰”共23例;“道”、“説”共30例,口語化的“道”、“説”占總數的56%。《杜甫全集》中,“言”、“語”、“曰”、“云”共72例;“道”、“説”共37例,口語化的“道”、“説”占總數的34%。而《行記》中,“言”、“語”、“曰”共29例,“道”、“説”共69例,口語化的“道”、“説”占總數的70%。《行歷抄》中,“曰”共18例;“道”、“説”共21例,口語化的“道”、“説”占總數的53%。如:

(1) 説:“六年一度,例而有之。……”(《行記》開成三年十一月二日,第61頁)

(2) 説世間無常苦空之理,化導男弟子、女弟子。(《行記》開成三年十一月廿四日,第71頁)

(3) 弁咨問相公,前後三四度。咨説:“本國和尚往台州,擬一文牒,不審得否?”相公所説:“……”(《入唐求法巡禮行記》開成四年正月十七日,第98頁)

(4) 所以第一船隻隨“從此過海”之説,解纜擬發。(《行記》開成四年四月五日,第137頁)

(5) 子巡張亮據看船使説,便作“船已發,並不見”之狀。(《行記》開成四年四月六日,第140頁)

(6) 刺史姓顔名措,粗解佛教,向僧等自説。(《行記》開成四

---

① 蔣紹愚《關於漢語辭彙系統及其發展變化的幾點想法》,《蔣紹愚自選集》,河南教育出版社1994年版,第47頁。

② 蔣紹愚《白居易詩中與“口”有關的動詞》《蔣紹愚自選集》,河南教育出版社1994年版,第138頁。

年四月八日,第143頁)

(7) 諸人據後説,便擬進發。(《行記》開成四年五月廿七日,第162頁)

(8) 見舊老説,便得知之。……依新羅僧聖林和尚口説記之。(《行記》開成四年七月廿三日,第172頁)

(9) 依新羅僧諒賢口説記之。(《行記》開成四年九月一日,第180頁)

(10) 見説臺山等諸處,法教之根原,大聖之化處(《行記》開成四年九月十二日,第185頁)

(11) 人説不同,心裏進退。(《行記》開成五年正月廿一日,第204頁)

(12) 齋後,縣令、胡主簿、鄭主簿等共數十人入寺來,相看慰問,具説遠來留住之本意。(《行記》開成五年二月廿三日,第216頁)

(13) 尋問無人説其本由,(《行記》開成五年三月七日,第230頁)

(14) 申時到唐州城裏開元寺宿。見説:"中丞申節度使,於開元寺新開壇場,牒報街衢,令人知聞。"(《行記》開成五年四月十三日,第257頁)

(15) 一僧登禮座,先打蠡鈸,次説法事之興由。(《行記》開成五年五月五日,第272頁)

(16) 志遠和尚自説云:"日本最澄三藏貞元廿年入天台求法……"…… 遠座主聽説南嶽大師生日本弘法之事極喜。……盡盡經所説之事,皆捏為像也。(《行記》開成五年五月十六日,第276頁)

(17) 臘下及沙彌對上座説,一依書儀之制。沙彌對僧,右膝著地,説賀節之詞。(《行記》開成五年十一月廿六日,第360頁)

(18) 其人説打回鶻功能,不合殺之。(《行記》會昌四年八月中,第449頁)

(19) 往日臨行次,遇人説:"其僧等已往南州,趁本國船去。"(《行記》會昌七年六月九日,第509頁)

圓珍《行歷抄》中,"説"、"説道"也佔據了"言説"類詞的一半以上。

(1) 師願如新,功德難説。(《行歷抄》第 9 頁)

(2) 相共歸院,東道西説,無有香味。……“有人説,珍將來五千兩金。”(《行歷抄》第 9 頁)

(3) 當時珍向他説:“……”(《行歷抄》第 19 頁)

(4) 説道:“我在唐國已經多年,總忘卻日本語”云云。……入夜説道:“送牒與本國太政官,不因王敕,不令人來。”(《行歷抄》第 19 頁)

(5) 臨發之時,他説道:“……”(《行歷抄》第 20 頁)

(6) 從此以後,口中吐出本國言語,不可盡説。(《行歷抄》第 20 頁)

(7) 又入房坐,略説“五大種子”及以“手印”等。(《行歷抄》第 42 頁)

(8) 説云:“鄉賊與爾甚作妨難……”(《行歷抄》第 49 頁)

(9) 和尚説道:“者賊久在剡縣……”所説甚多。(《行歷抄》第 49 頁)

(10) 總是圓覺闍梨氣力,不可説也。(《行歷抄》第 46 頁)

(11) 至明旦,不向人説。……和尚感之,在後具説。一切事委曲知之,珍不敢説。(《行歷抄》第 49 頁)

	言	語	曰	道	説
王梵志詩	8	14	1	17	13
杜甫全集	13	20	39	20	17
行記	4	12	13	32	37
行歷抄			18	5	16

在圓仁、圓珍的筆下,不僅“説”、“道”這兩個晚唐開始特别活躍的口語詞出現的頻率有了大幅度提高,而且還有幾個特點值得注意:(1)“説”後直接帶賓語者多了起來。如“具説遠來留住之本意”;“無人説其本由”;“次説法事之興由”;“其人説打回鶻功能”

(2)“説”後直接帶引語者多了起來。如:“説:‘六年一度,例而有之。……’”;“咨説:‘本國和尚往台州,擬一文牒,不審得否?’”;“遇人説:‘其僧等已往南州,趁本國船去。’”(3)因“説”後帶賓語的逐漸增多,由介詞引進的“説”的對象已逐漸從“説”後的補語位置提到“説”前的狀語位置。如:“臘下及沙彌〔對上座〕説”;“當時珍〔向他〕説”;“不〔向人〕説”,這樣的句型已與現代漢語無甚差别。(4)雙音節的“説道”逐漸增多,在這樣的結構中,主要動詞為“説”,“道”已經弱化。

【看/觀、察、視】

表示“觀看”、“觀察”義,較古的形式是“觀”、“察”、“視”,“看”先秦一般表示“探望”、“問候”義。口語中表示“以視線接觸人或事物”義,似至六朝方見。不過在很長的一個時期,即使是較為口語化的文獻中,在表示“以視線接觸人或事物”義時,“觀”、“察”、“視”、“看”都在使用。如《王梵志詩》中“觀”、“察”、“視”共有例 13 例;“看”、“相看”共有 51 例。“看”、“相看”占總數的 80%。《杜甫全集》中,“觀”、“察”、“視”共有例 89 例;“看”、“相看”共有 119 例。“看”、“相看”占總數的 57%。而《行記》中,“觀”共 3 例;“觀看”、“看”、“相看”共 45 例,“觀看”、“看”、“相看”占總數的 93%,《行歷抄》則 14 例全用“看”、“相看”,可見口語化的“看”基本上取代了“觀”、“察”、“視”。如:

(1) 街里男女不憚深夜入寺看事,供燈之前隨分舍錢,巡看已訖,更到餘寺看禮舍錢。(《行記》開成四年正月十五日,第 97 頁)

(2) 相公宣云:“夜看風色。”(《行記》開成四年四月四日,第 136 頁)

(3) 其狀稱:“彼九隻船發未? 專到那島裏看定虛實,星夜交人報來者。”(《行記》開成四年四月六日,第 140 頁)

(4) 築立高垣,不交開看。(《行記》開成五年四月廿一日,第 262 頁)

(5) 便赴請入道場,看禮念法事。(《行記》開成五年五月五

日,第 272 頁)

(6) 看其花色,人間未有者也。(《行記》開成五年五月廿日,第 287 頁)

(7) 便開封看書。(《行記》開成六年四月十五日,第 385 頁)

(8) 天子駕幸觀裹,召百姓令看。(《行記》會昌四年七月十五日,第 445 頁)

(9) 看人滿於道路,天子時時看來,旗槍交横遼亂。(《行記》會昌四年七月十五日,第 445 頁)

(10) 天子坐銀台門樓上看。(《行記》會昌四年九月,第 451 頁)

(11) 拜南郊,儀仗威儀一似元年。不許僧尼看。(《行記》會昌五年正月三日,第 455 頁)

(12) 思已,行到南門看望。(《行歷抄》第 16 頁)

(13) 圓載座主共蘇州人施二十先入長安,看好店舍。(《行歷抄》第 39 頁)

(14) 呈《求法録》,一遍看過。(《行歷抄》第 59 頁)

作為表"探望"、"問候"義的"看",在《行記》中 2 見、《行歷抄》中 3 見,兩書中共僅見 5 例:

(1) 縣令:通直郎、守令李夷甫……相隨押衙來看,共僧等語話。(《行記》開成四年四月八日,第 142 頁)

(2) 押衙云:"三僧入州,略看大夫,便合穩便。"(《行記》開成四年四月八日,第 143 頁)大夫,指顔刺史。

(3) 上開元寺,略看綱維。(《行歷抄》第 5 頁)

(4) 於正月中愛遊寺觀,禮佛看僧。(《行歷抄》第 20 頁)

(5) 使相共看寺中徒衆並天臺座主良諝和尚。(《行歷抄》第 36 頁)

《行記》、《行歷抄》中表"探望"、"問候"義,大量使用的是新興的雙音詞"相看",《行記》全書共 18 例,《行歷抄》中共 11 例。其中的"相"已無明顯的指代意義,僅作為一個構詞語素而已。如:

(1) 暮際,僧正來,相看慰情。(《行記》開成四年一月廿日,第 103 頁)

（2）到海龍王廟，相看良岑判官、粟録事、紀通事、神参軍等。（《行記》開成四年四月八日，第143頁）

（3）未時，良岑判官出廟上船，僧等相隨上船，相看戒明法師及道玄闍梨等。（《行記》開成四年四月十日，第145頁）

（4）云："押衙潮落擬來相看，所以先來候迎。"（《行記》開成四年四月廿六日，第155頁）

（5）齋後，縣令、胡主簿、鄭主簿等共數十人入寺來，相看慰問。（《行記》開成五年二月廿三日，第216頁）

（6）州押衙姓何來寺中相看安存。（《行記》開成五年八月一日，第327頁）

（7）大使來到莊上，相看安存。（《行記》會昌五年十一月三日，第496頁）

（8）當日相看徒衆，安置道真杜陀房中。（《行歷抄》第5頁）

（9）齋後，國清寺都師元唐——俗姓周——到來相看。（《行歷抄》第14頁）

（10）都師共元璋闍梨相順入縣，相看官人。（《行歷抄》第14頁）

（11）禮拜大師影，兼相看衆。（《行歷抄》第14頁）

（12）珍便出門迎接，橋北相看，禮拜。（《行歷抄》第16頁）

（13）田口圓覺禪和從街西龍興寺到崇仁坊，相看鄉人。（《行歷抄》第44頁）

（14）其後載、珍到街西龍興寺，相看雲居院主。（《行歷抄》第44頁）

（15）齋後，入開元寺，相看良諝座主。（《行歷抄》第52頁）

（16）到夜入寺，相看寶座主、海闍梨。（《行歷抄》第53頁）

（17）相看梵釋寺洪大德、幽都師等。（《行歷抄》第57頁）

（18）相看慈叡闍梨。（《行歷抄》第57頁）

	觀	察	視	觀看	看	相看
世説新語	26	4	40		52	1
王梵志詩	11	1	1		50	1
杜甫全集	48	2	39		109	10
行記	3			2	25	18
行歷抄					3	11

【要/欲】

《行記》、《行歷抄》中多處出現助動詞"要",它的基本意義是表示做某事的意志,相當於"想"、"希望"。而在唐代以前中,表達這一意義的是"欲"。我們經過調查統計發現,在《王梵志詩》中,"欲"凡 15 例,"要"僅 1 例,口語化的"要"占總數的 6%。《杜甫全集》中,"欲"65 例,"要(不要)"共 10 例,口語化的"要"占總數的 13%。而《行記》中則"欲(不欲)"32 例,"要(不要)"14 例,口語化的"要"占總數的 30%。《行歷抄》中,"欲"1 例,"要"3 例,口語化的"要"占總數的 75%。如:

(1) 如要留住,是為佛道,不敢違意,要住即留。(《行記》開成四年三月五日,第 127 頁)

(2) 王訓等云:"如要住者我專勾當,和尚更不用歸本國"云云。(《行記》開成四年五月一日,第 157 頁)

(3) 如要慫急,此即專令所由奉送至縣。(《行記》開成五年二月十五日,第 209 頁)

(4) 第七遍捏作此像,更不裂損,每事易為,所要者皆應矣。(《行記》開成五年五月十七日,第 281 頁)

(5) 語曰:"如要持秘法,餘能知一城内解大法人。"(《行記》開成五年九月六日,第 348 頁)

(6) 侍御傳語云:"任和尚意。更有所要,即報來,與和尚取穩便。"(《行記》開成五年年九月十八日,第 354 頁)

(7) 我未曾聽《法華經》,所以今夏欲去湖州策闍梨處聽讀。若要聽無?(《行歷抄》第 26 頁)

(8) 闍梨若要聽法,珍相共隨喜。(《行歷抄》第26頁)

(9) 仍送書與載,要前發去。(《行歷抄》第37頁)

這類"要"自唐代方見使用,早於《行記》、《行歷抄》者,如:"老思筇竹杖,冬要錦衾眠。"(杜甫《送梓州李使君之任》詩)"若要添風月,應除數百竿。"(韓愈《竹徑》詩)""""要語連夜語,須眠終日眠。"(白居易《朝歸書寄元八》詩)"欲"表"希望"、"想要"義,先秦兩漢已屢見,而後才出現"要欲"、"欲要"同義連文的用法。如:"想足下鎮彼土,未有動理耳,要欲及卿在彼,登汶嶺、峨嵋而旋,實不朽之盛事。"(《全晉文》卷二二《王羲之雜帖》)"臣蠢,既有所啓,要欲盡其忠心。如無所納,伏願宥其觸忤之罪。"(《宋書·庾炳之傳》)在這些場合,"要"似乎還只是表强調語氣,"欲"才表"希望"、"想要"義,不過可能就在這種結構中,使"要"沾染上了"希望""想要"義。

《現代漢語八百詞》在"要"的這一義項下云:"表示否定通常不説'不要',説'不想'或'不願意'"①。與現代漢語不同的是:《行記》中這類"要"的否定形式不是"不想"、"不願",而是"不要"。如:

(1) 皇帝怪云:"朕只許一座具地,此僧敷一座具遍滿五台,大奇!朕不要共住此處。"(《行記》開成五年七月二日,第302頁)

(2) 從今以後,不要僧人入内。(《行記》會昌四年三月,第440頁)

(3) 皇帝宣曰:"不要你把棒勾當。須自擔土。"(《行記》會昌四年十月,第454頁)

	欲	不欲	要	不要
王梵志詩	15		1	
杜甫全集	65		9	1
行記	29	3	9	5
行歷抄	1		3	

① 吕叔湘主編《現代漢語八百詞》(增訂本),商務印書館1999年版,第592頁。

【邊/側、旁、畔】

"表示'在某物的旁邊'這個意思,先秦主要用'側',偶爾也用'旁'和'畔'……到了魏晉南北朝時期,'邊'開始出現並迅速增多……'邊'作為一個新興的辭彙成分,從兩個方面表現出它的特點:一是使用頻率迅速提高,到了《世説新語》裏,它已經遠遠超過了'旁'和'側'('邊'13 次,'傍'1 次,'側'7 次);二是用法靈活多樣,'旁'和'側'所有的用法它幾乎都具有,還出現了'左邊、右邊、頰邊、耳邊、燭邊'這樣一些説法;有些用法則是'旁'和'側'所没有的,如:天邊、東邊、北邊、南邊,這無疑跟'邊'的本義有關。"①《行記》、《行歷抄》中的"邊"與六朝時期的"邊"相比,雖然用法上没有出現新的樣式,但使用頻率卻大幅度提高。《行記》中表"邊側"義的"邊"共 30 例(其中"邊"用於"東、南、西、北"等方位名詞後的較後起的用法達 13 例),"側"僅 5 例。如:

(1) 掘決舶邊之淤泥,泥即逆沸。(卷一,開成三年七月二日,第 8 頁)

(2) 未時,泛艇從海邊行,漸覓江口。(同上)

(3) 近寺邊有其院。(同上,七月十四日,第 13 頁)

(4) 未死之前,纏裹其身,載艇送棄山邊。(卷二,開成四年五月二日,第 157 頁)

(5) 未申之際,到赤山東邊泊船。(同上,開成四年六月七日,第 166 頁)

(6) 掘家東南寶圖邊便得見者。(同上,開成五年二月十四日,第 208 頁)

(7) 路邊有王府君墓。(卷二,開成五年二月廿八日,第 219 頁)

(8) 中間一塔四角,高一丈許。在兩邊者團圓,並高八尺許……鐵塔北邊有四間堂。(卷三,開成五年五月廿日第 286 頁)

(9) 西邊有一天女,東邊有一菩薩。(同上,第 288 頁)

(10) 堂南邊有一小庵室。(同上,七月三日,第 307 頁)

---

① 張永言、汪維輝《關於漢語辭彙史研究的一點思考》,《中國語文》1995 年第 6 期。

《行歷抄》、《在唐日録》中表“邊側”義的“邊”共 6 例,傍 1 例(路傍蒿草滋蕪,第 34 頁)

(1) 望國清寺及禪林山大師墳邊松樹合掌頂禮。(《行歷抄》第 13 頁)

(2) 問珍身邊多少金。(《行歷抄》第 20 頁)

(3) 路邊有墳。(《行歷抄》第 31 頁)

(4) 北邊有石,名曰“石象”。(《在唐日録》第 63 頁)

(5) 過此,那邊名“羅漢寺”。(《在唐日録》第 64 頁)

(6) 渡溪到橋,大石那邊之山,頂禮聖靈。(《在唐日録》第 64 頁)

特别值得指出的是:在《在唐日録》中出現了“那邊”2 例。這種指示代詞“這(者)”、“那”與“邊”結合的形式是唐中晚期才見的新興現象。在整個晚唐五代用例還不普遍,目前見到的如:“冥搜太苦神應乏,心在虚無更那邊。”(唐方幹《宋從事》詩)“七千里路到何處,十二峰雲更那邊。”(唐釋齊巳《自湘中將入蜀留别諸友》詩)“者邊走,那邊走,只是尋花柳。那邊走,者邊走,莫厭金杯酒。”(前蜀王衍《醉妝詞》)“那邊禮佛聲遼亮,這伴金經次第開。”(《敦煌變文集·父母恩重經講經文》)“本來無心聽大乘,被種姓所排,者邊聞經,那邊受戒。者邊聞小乘,那邊聞大乘。”(唐棲復集《法華經玄贊要集》《續藏經》34—748c)“雙脚從床上,跳來這邊坐,又跳去那邊坐。故云跳行白衣舍坐也。”(後唐景霄纂《四分律行事鈔簡正記》《續藏經》43—334b)等。

雖然,在《行曆抄》及《在唐日録》中未出現與“那邊”相對的“者(這)邊”,但“者(這)”作為近指代詞卻已見到。如“和尚説道:‘者賊久在剡縣,養婦蘇田……’”(《行歷抄》第 49 頁)

	側	旁(傍)	畔	邊
世説新語	7	1		13
王梵志詩	1	4	2	8
杜甫全集	8	16	11	
行記	7		1	30
行歷抄		1		6

另如《行記》表"内、中"義共 212 處,其中用"裏"104 例,"中"63 例,"内"45 例,口語化的"裏"已占二分之一。

再者,有些口語化常用詞,雖然在六朝已經出現,但用法較單純,結合能力較弱。而在《行記》中我們可以看到它們的能力有了很大增强。

例如:"回"的"返、還"義,據考證,後漢已見於文獻,六朝已不罕見。但一般都是單用,而《行記》中作為同義複詞的"卻回"就有 5 例,另外還有"浮回"、"付回"等以"回"表趨向義的雙音詞,以及"回來"、"回去"這種"回"後加趨向意義的雙音詞。在用法上,不僅可以充當謂語,還可以充當定語,如"臨回之日,又附百金。"(第 307 頁)"回時付船卻歸唐國。"(第 495 頁)

再如"怕"的"畏懼"、"害怕"義,六朝已見。但大多只是作為不及物動詞單獨使用,後面不帶其他成分。而《行記》中作為同義複詞的"驚怕"就有 7 例,"憂怕" 有 1 例。更為重要的是,"怕"後已可帶複雜賓語。"師僧心鄙,怕見客僧。"(第 261 頁),這是"見客僧"這一動賓短語作"怕"的賓語;"怕船將沉,舍碇擲物。"(第 8 頁),這是"船將沉"這一主謂短語作"怕"的賓語。這些現象都說明了這樣一些詞在晚唐口語中使用面與結合能力都有了長足的進展。

二、《入唐求法巡禮行記》、《行歷抄》中語法的口語化傾向

志村良治先生在《中世漢語語法史研究》一書中,對中世漢語(指魏晉至唐末五代,其中包括了九世紀)新興的語法現象作了很好的概述①。下面也就《行記》、《行歷抄》中有關口語語法形式(包括語法化)的問題作一簡單介紹:

① 〔日〕志村良治著,江藍生、白維國譯《中國中世語法史研究》,中華書局 1995 年版。

(一) 關於第三人稱代詞“他”

郭錫良先生在“漢語第三人稱代詞的起源和發展”中指出:從先秦到東漢前期,“他”均為旁指代詞,為“别的”義。“東漢後期,‘他’字的用法開始發生變化。當時安息來中國的和尚安世高翻譯《佛説罪業應報教化地獄經》時,用‘他’字10次,全應作‘别人’解。”他全面考察了《搜神記》《法顯傳》《百喻經》《世説新語》這四部書,情況如下:

	别的(作定語)	别的(作賓語)	别人(作定語)	别人(作賓語)	别人(作兼語)
搜神記	14	4	1		
法顯傳	1				
世説新語	7	2			
百喻經	14		10	11	6

從《百喻經》可以看出,六朝後期“他”發生了較大的變化,由“别的”義向“别人”轉化,成為無定代詞,而且在賓語、兼語位置上的多了起來,已經向第三人稱代詞跨出了關鍵性的一步。

根據語法學界的研究,真正的第三人稱代詞“他”(所稱代的物件有定且明顯)要到唐代才出現,但使用還不太普遍①:

	他(别的)			他(别人)			他(三稱代詞)			渠	伊	之	其
	主	定	賓	主	定	賓	主	定	賓				
寒山子詩集		6		5	10	8			2	13	7	7	3
遊仙窟		1		2	2	4	2	1	4	18	1	10	
李太白全集		25					1			2		62	35
杜詩詳注	1	49	4			2	1			9		37	88

---

① 郭錫良《漢語第三人稱代詞的起源和發展》,《漢語史論集》,商務印書館2005年版,第22—24頁。

在《行記》中,“他”使用不多,總共出現 4 次,其中兩個表“別人”義:

(1) 國家兵馬元來不入他界,恐王怪無事,妄捉無罪人送入京也。(《行記》會昌四年七月十五日,第 445 頁)

(2) 打路府兵入他界不得,但在界首。頻有敕催,怪無消息。(《行記》會昌四年七月十五日,第 445 頁)

另外兩個是成熟的第三人稱代詞(他們),一個作賓語,一個作兼語。

(3) 臨留卻,所將隨身之物,並皆與他,空手駕船,但增歎息。(《行記》開成四年四月八日,第 143 頁)

(4) 見他殷重,不阻其情也。(《行記》會昌五年五月十三日,第 464 頁)

但在僅七千言的《行歷抄》中,卻出現了成熟的第三人稱“他”9例,如:

(1) 圓載不久合來。不用入房,且彷徨待他來。(《行歷抄》第 16 頁)

(2) 從袖裹抽出敕牒,過與圓載。當時珍向他説“……”(《行歷抄》第 19 頁)

(3) 或時圓珍對他試問天臺義目,曾無交接。(《行歷抄》第 20 頁)

(4) 修便上船發去,多日,事不著便。新羅卻來,曰:“趁他不著。”(《行歷抄》第 20 頁)

(5) 臨發之時,他説道:“我未曾聽《法華經》,所以今夏欲去湖州策梨處聽讀,若要聽無?”(《行歷抄》第 26 頁)

(6) 珍對他説:“遠來求法,要在聽讀。……”(《行歷抄》第 26 頁)

(7) 載曰:“彼僧向前與敬文得惠運十兩金,與他作惡文書,謗我宗。……”(《行歷抄》第 26 頁)

(8) 珍勸於他,意在勉學。(《行歷抄》第 26 頁)

(9) 同伴落後,在路未到。相待彼人,共他入城。(《行歷抄》

第44頁)

在以上句子中,除例(4)中的“他”是稱代“圓修”,例(7)中的“他”是稱代“惠運”而外,其餘的“他”都是稱代“圓載”,關係非常明顯,決不引起歧解。且例(5)中的“他”作主語,例(1)、例(9)中的“他”作兼語,其餘各例中的“他”均為賓語(動詞或介詞賓語),都充當句子的主要成分。而無一例是作定語的(某些作定語的“他”因帶有指示性,故最易引起歧解)。這也告訴我們,在晚唐時期的口語中,第三人稱代詞“他”已經成熟,只不過在一些受文言影響的文獻中未能如實反映出來罷了。

	他(别的)			他(别人)			他(三稱代詞)			
	主	定	賓	主	定	賓	主	定	賓	兼
行記					2				1	1
行歷抄		2					1		6	2

(二) 關於“頭”、“家”等詞的語法化

【頭】

帶尾碼“頭”的名詞,如表示方位的“前頭”、“後頭”、“上頭”等,在隋以前已經產生。這種類型的雙音詞,《行記》中大量湧現。不過《行記》《行歷抄》中的這類名詞也有著它自身的特色,首先,“東”、“南”、“西”、“北”後加“頭”構成的方位名詞普遍使用,全書共有“東頭”5例、“南頭”5例、“西頭”2例、“北頭”3例,共15例。如:

(1) 從此行半里,西頭有鎮家。(《行記》開成三年七月廿日,第16頁)

(2) 進行不久,到海陵縣東頭。(《行記》開成三年七月廿三日,第20頁)

(3) 唐國之風,乞晴即閉路北頭,乞雨即閉路南頭。(《行記》開成三年十一月廿四日,第72頁)

(4) 共到山階店東頭路南畠吃飯。(《行歷抄》第57頁)

這樣的方位名詞也多見於敦煌文書。如:“弟一但道上頭底。

弟二東頭底。弟三更道西頭底。”(《敦煌變文集·不知名變文》)“回頭乃報傳語去,卻發南頭事漢君。”(同上《漢將王陵變》)“卿昨日刈麥地南頭大桑樹下,有二人樗蒲博戲。”(同上,句道興撰《搜神記》)

其次,是在處所名及一般物名後加“頭”構成的雙音節處所名詞普遍出現,如:

(1) 監寺僧方起等於庫頭設空飯。(《行記》開成三年九月二日,第43頁)

(2) 砂金大二兩,於市頭令交易。(《行記》開成三年十月十四日,第53頁)

(3) 門頭騎馬軍八十疋許,並皆著紫衣。(《行記》開成三年十一月八日,第64頁)

(4) 自此山頭有陸路到東海縣,百里之程。(《行記》開成四年三月廿九日,第132頁)

(5) 在岸頭共戒明法師及粟録事、和録事辭别。(《行記》開成四年七月十四日,第170頁)

(6) 總過六重門,到使衙案頭。(《行記》開成五年八月廿四日,第344頁)

(7) 於東市北街堆頭斬之。(《行記》會昌四年八月中,第449頁)

這樣的名詞也見於敦煌文書。如:“董仲長到七歲,街頭由喜(遊戲)道旁。”(《敦煌變文集·董永變文》)“行至蕃漢界頭,遂見明妃之塚。”(同上《王昭君變文》)“樓頭才打三更鼓,寺裏初聲半夜鐘。”(同上《八相變》)“若説乘騎能結綰,曾向莊頭牧馬群。”(同上《捉季布傳文》)

更為引起我們注意的是“頭”附於時間名詞之後的用法,《行記》一書中,出現了大量的“晚頭”(15例)“夜頭”(16例)。如:

(1) 晚頭,開元寺牒將來。(《行記》開成三年八月廿三日,第35頁)

(2) 晚頭,請益、留學兩僧往平橋館,為大使、判官等入京作

别。(《行記》開成三年十月三日,第50頁)

(3) 晚頭,縣都使來云:……(《行記》開成四年四月六日,第140頁)

(4) 晚頭,西北兩方電光耀耀,雲色騷暗。(《行記》開成四年五月廿六日,第162頁)

(5) 晚頭,此新羅院佛堂經藏點燈供養。(《行記》開成四年十二月廿九日。第197頁)

(6) 晚頭,得押衙報。(《行記》開成五年正月廿七日,第205頁)

(7) 晚頭,直歲典座引向新羅院安置。(《行記》開成五年三月廿四日,第243—244頁)

(8) 夜頭,本國相公為遂海中所發之願,於開元寺堂裏點千盞燈,供養妙見菩薩並四天王。(《行記》開成四年三月三日,第126頁)

(9) 夜頭,請益僧送延曆寺消息一通。(《行記》開成四年三月廿三日,第130頁)

(10) 夜頭宿住否,為復尋村裏行?(《行記》開成四年四月五日,第137頁)

(11) 山頭望見泊舶處,九隻船並不見。便知夜頭同發。(《行記》開成四年七月廿三日,第172頁)

(12) 白日聽講,夜頭禮懺聽經及次第。(《行記》開成四年十一月十六日,第190頁)

而在《在唐日録》中,更有用於"五更"、"酉"、"申酉"等時間詞之後者:

(1) 歸寺,夜中五更頭東南有事。(《在唐日録》,第63頁)

(2) 至酉頭,到中丞亭子。(《在唐日録》,第64頁)

(3) 此日天陰而不雨,隨申酉頭歸禪林寺。(《在唐日録》,第65頁)

如果説用在方位詞、處所詞等後面的"頭"還帶有些許實義("裏"、"邊"之義)的話,那麽用在時間名詞後的"頭"就比較虚了,僅是一個語法成分。這類用法亦見於唐詩及敦煌文書,如:"上廟參天今見在,夜頭風起覺神來。"(王建《華嶽廟》詩)"夜頭早去阿郎嗔,日午齋時娘娘打。"(《敦煌變文集·佛説阿彌陀經講經文》)"白日起　無飯喫,夜頭擬臥没蓋眠。"(同上《不知名變文》)王力先生《漢語語法史》中"頭"附於時間名詞後的用例引王實甫《西厢記》第四本第四折:"則離得半個日頭。"

【家】

在漢魏六朝文獻中,"家"作為名詞尾碼,一般表示從事某種專門活動或具有某種專長的人,如"陶家"、"染家"、"屠家"、"田家"等;有時意義更加抽象,僅為"人"的意思,如"對家"、"怨家"等。總之所指是"人"。到了唐代,出現了置於某些表示行政機構的名詞之後的"家",即指這些機構。蔣禮鴻先生云:"唐人稱官府為家。"例舉:"遷者追回流者還,滌瑕蕩垢朝清班。州家申名使家抑,坎軻祗得移荆蠻。"(韓愈《八月十五夜贈張功曹詩》)"初見一人來喚,意是縣家所由,出門看之,便被捉去。"(《太平廣記》卷三三五"姚蕭品"條,出《廣異記》)[①]而《行記》中此類用法甚多,有"鎮家"9 例、"縣家"15 例、"州家"2 例、"府家"1 例等,如:

(1) 巡檢事畢,卻歸縣家。(《行記》開成三年七月九日,第 11 頁)

(2) 午時,射手大宅宫繼與押官等十餘人從如皋鎮家將卅餘草船來。即聞:大使昨日到鎮家。(《行記》開成三年七月十七日,第 14 頁)

(3) 從此行半里,西頭有鎮家,大使判官等居此,未向縣家。(《行記》開成三年七月廿日,第 16 頁)

(4) 緣朝貢使已發,不得領過,便報縣家去。(《行記》開成四年七月十六日,第 171 頁)

(5) 押衙取狀云:"更報州家,取處分。"(《行記》開成四年四月廿六日,第 156 頁)

---

① 蔣禮鴻《詞義釋林》,《蔣禮鴻語言文字學論叢》,浙江古籍出版社 1994 年版,第 59 頁。

(6) 官人具録其數,帖報州家。(《行記》開成四年五月十五日,第 159 頁)

(7) 出府,到萬年縣,府家差人送到。(卷四,會昌五年五月十五日,第 465 頁)

除"稱官府為家"而外,《行記》、《行歷抄》中,寺院可稱"寺家"(18 例)、"院家"(4 例),店鋪可稱"店家"(1 例),村莊可稱"村家"(1 例),城門可稱"門家"(1 例),街道可稱"街家"(1 例)等,這類"家"其實相當於"方"。

(1) 掘溝北岸,店家相連。(《行記》開成三年七月廿日,第 16 頁)

(2) 州押衙來於舶上,問舶上之人數,且歸村家。(《行記》開成四年五月十四日,第 159 頁)

(3) 為與崔押衙留狀一封,囑著院家。(《行記》開成五年二月十七日,第 210 頁)

(4) 續後,寺家催十個老宿、徒衆,教來廨宅迎接。(《行歷抄》第 14 頁)

(5) 飯後,到越州南郭門。門家報州。(《行歷抄》第 36 頁)

(6) 當日寺家報州。(《行歷抄》第 36 頁)

(7) 爾住店中寫文書,恐街家所由勘責來由,事觸老僧。(《在唐日録》,第 65 頁)

(三) 動量詞的廣泛運用:

動量詞的大量使用是唐五代漢語口語的又一特徵,在《行記》、《行歷抄》中,動量詞"下"、"回"、"度"、"遍"等得到了普遍的運用,且動量片語不僅可以在動詞後充當補語,也可以置於動詞前充當狀語。這與現代漢語已經沒有太大的差別。如:

(1) 側手三下後,申解白前,卒爾指申難,聲如大嗔人,盡音呼諍。(《行記》開成四年十一月廿二日,第 192 頁)

(2) 下帆之會,黑鳥飛來,繞舶三回,還居島上。(《行記》開成四年六月五日,第 165 頁)

(3) 乍驚落帆,桅角摧折兩度。(《行記》開成三年六月二十八日,第 5 頁)

(4) 大唐迎船十隻許來,一日一度運國信物至。(《行記》開成三年八月八日,第 31 頁)

(5) 沈弁書答云:“弁咨問相公,前後三四度。(《行記》開成四年正月十七日,第 98 頁)

(6) 大使到京三四度奏請,遂不被許。(《行記》開成四年二月廿日,第 115 頁)

(7) 此泊多有潛磯,每當浪漂,斷纜沉碇五六度矣。(《行記》開成四年四月廿五日,第 155 頁)

(8) 或時圓珍對他試問天臺義目,曾無交接。兩三度略如此。(《行歷抄》第 20 頁)

(9) 云此石函中有文書,是往昔賢者以文書納,大師一度開者也。(《在唐日録》,第 63 頁)

(10) 相公諸司共立禮佛,三四遍唱了,即各隨意。(《行記》開成三年十二月八日,第 84 頁)

(11) 唱經之會,大衆三遍散花。每散花時各有所頌。唱經了,更短音唱題目。(《行記》開成四年十一月廿二日,第 192 頁)

(12) 入宅不久,便供飯食。婦人出來,慰客數遍。(《行記》開成五年四月廿二日,第 263 頁)

(13) 皆唱“唯願慈悲哀愍我等,降臨道場,受我供養”之言。立禮七十二遍,方始下座。(《行記》開成五年五月五日,第 272 頁)

(14) 更見大鞋和尚影:曾在此山修行,巡五台五十遍。(《行記》開成五年五月十六日,第 276 頁)

(15) 入山行,即一日百遍逾山,百遍渡水。(《行記》會昌五年八月十六日,第 489 頁)

(16) 彼謂座主發願講《法華經》百遍,每年講過兩三遍。(《行歷抄》第 26 頁)

(17) 引徒履階,上到墳前,三遍唱名。頂禮既畢,更稱“釋迦”佛號,三度禮。次稱大師號,十度頂禮。三匝墳塔,方開外門。(《行歷抄》第 31 頁)

(18) 珍第二遍見和尚時,具知賊事。(《行歷抄》第 48 頁)

(19) 呈《求法録》,一遍看過。(《行歷抄》第 59 頁)

再如:《行記》中,大量作為准詞綴的"V 著"、"V 卻"、"V 將"、"V 取"、"V 得"格式,作為動補結構的"V 入"、"V 出"、"V 來"、"V 去"格式的出現。《行歷抄》中疑問代詞"爭"(怎)的使用:"珍曰:'爭違處分? 明朝便入。'"(第 342 頁);條件連詞"不論"的使用:"凡此國人,不論男女,於正月中愛遊寺觀,禮佛看僧。"(第 323 頁);假設連詞"可中"的使用:"珍可中蒙恩,到大唐國,見留學無時可相送。"(第 323 頁);時態助詞"過"的使用:"彼座主發願講《法華經》百遍,每年講過兩三遍。"(第 328 頁)疑問語氣詞"無"的使用:"若要聽無?"(第 328 頁)這些都帶有鮮明的時代色彩。由於過去的漢語史研究及語文辭書編寫,都未重視此類語料,所以在有些結論上還顯得不夠科學。

《行記》及《行歷抄》中的普通口語詞有數百,其他口語語法現象亦不少,由於篇幅的限制,不一一陳述。具體内容可參見拙著《〈入唐求法巡禮行記〉辭彙研究》[①]及拙文"評《行歷抄》校注"[②]。

(作者單位:南京師範大學)

① 董志翹《〈入唐求法巡禮行記〉辭彙研究》,中國社會科學出版社 2000 年版。

② 董志翹《評〈行歷抄〉校注》,《學術集林》卷一三,上海遠東出版社 1998 年版。

《新華嚴經音義》(大治本·金剛寺本)與漢字研究

梁曉虹

一、關於《新華嚴經音義》

日本奈良朝時期的佛教,不僅有“南都六宗”[①]創建之興,還呈現出濃厚的學問研究氣氛。以僧侶為代表的知識階層,大規模、全方位地接受來自隋唐的文化。在他們充滿激情地大量抄録的儒佛經典中,自然也包括為詮釋這些“經典”而用的工具書——音義。不僅如此,甚至還出現了抄寫者加筆添注的現象,“和風化”音義開始出現。古老的萬葉假名被用來記音釋字,此即所謂“倭訓”或“和訓”。這説明當時的日本僧人已經不再滿足於單純忠實地臨摹抄寫底本,而是在抄寫過程中,或標出某字的讀音,或添加自己的理解,或糾正某些訛誤,等等。他們已經開始用自己的筆記録下了他們對某些文字和語詞的理解。這就標誌著佛經音義這種訓詁體式在日本也得到了很大的發展。

華嚴宗是奈良朝時期“南都六宗”之重要宗派。著名的東大寺不僅為華嚴宗之大本山,更加之兼學六宗經論,故堪為當時學問之重鎮。隨著華嚴宗的發展與興盛,有關《華嚴經》之訓釋解説的各種資料自也逐漸增多。而以東大寺為首的華嚴學僧在中國所傳來

---

① 亦稱“奈良六宗”,指創立於奈良朝的六個佛教宗派:三論宗、成實宗、法相宗、俱舍宗、華嚴宗、律宗。

的音義書的基礎上,根據當時所傳之《華嚴經》[①],也開始編撰為日本人研讀《華嚴經》之音義。現存有以下兩種:

《新華嚴經音義》(以下簡稱《新音義》),作者不詳。現存大治本與金剛寺本。

《新譯華嚴經音義私記》(以下簡稱《私記》),作者不詳,現存小川家藏本。

以上兩種皆為八十卷本《新譯華嚴經》之音義。本文研究對象為前者《新音義》,然因兩種音義關係頗為密切,故在研究中,我們也會相互加以比較勘核。

《新音義》,現存兩種寫本:大治本與金剛寺本。大治本較早就公刊,而金剛寺本則近年才得以付梓,兩本皆具有較高的學術價值。

1. 關於大治本

大治三年(1128)四月至六月,法隆寺僧人覺嚴、隆暹等人書寫玄應《一切經音義》,共二十五卷七帖。後第二、第三帖亡逸,故現存五帖十九卷,為東京博物館所藏,被稱為"大治本《一切經音義》"。昭和七年(1932)由山田孝雄博士翻印公刊,後又被古典研究會收於《古辭書音義集成》第七、第八册[②]。山田博士曾指出:玄應《一切經音義》之刻本以北宋版為最古,南宋高麗二版相匹敵,乃其次。而大治本則應位居其間。然最能呈現有唐一代之實貌者,當為大治本。加之其他皆為彫版刻本,大治本卻實實在在為八百年前[③]筆寫之物,對於想瞭解其書風書體的人來説,,寫本具有刻本所没有的可貴特色[④]。

大治本為學界所矚目之另一重要特色即其卷第一之末所附

---

① 六十卷本、八十卷本新舊《華嚴經》當時皆已傳到日本。

② 汲古書院昭和 51 年(1976)版。

③ 山田孝雄博士 1932 年言此,今日我們再提,則已近乎九百年矣。

④ 參考山田孝雄《一切經音義刊行の顚末》(大治本《一切經音義》複製本附載)。

《新音義》。此乃對八十卷本《新譯華嚴經》加以訓釋之"卷音義",學界多稱之為"大治本《新音義》"。玄應《一切經音義》卷一雖收録對舊譯六十卷《華嚴經》所作之音義,然卻不載新譯八十卷《華嚴經音義》,故有學者認為:此蓋書寫大治本之際,為方便起見而將八十卷經音義添加於卷一之末。但此八十卷經音義或於大治本之前被添加,大治本書寫者又以該《玄應音義》為底本寫成大治本亦未可知①。

2. 關於金剛寺本

《新音義》過去一般被認為僅見於大治本。然隨著近年來天野山金剛寺所藏一切經的調查與研究②,人們在2006出版的《日本古寫經善本叢刊第一輯·玄應撰《一切經音義》二十五卷》③中,發現金剛寺本卷一之卷末也附有《新音義》。

金剛寺本《玄應音義》為卷子本,寫於鐮倉中期。根據卷末題記,此本之書寫年代應為嘉禎年(1236,1237)左右,晚大治本約一百餘年。金剛寺本卷一雖首尾齊全,然卻無大治本卷一卷頭所有的全卷目録。另外,從書寫格式上看,金剛寺本基本為字頭換行並擡頭,但字頭與音釋空格,音釋為雙行小字④。而大治本卻字頭並不換行,用大字標出,音釋用雙行小字。經學界考證,金剛寺本《玄應音義》可認為屬大治本系統。所以儘管從善本的角度,金剛寺本

① 參考岡田希雄《新譯華嚴經音義私記解説》,日本貴重圖書影本刊行會複製本附載。昭和14年(1939)。

② 天野山金剛寺位於大阪府河内長野市,為真言宗御室派大本山。寺内藏有多達四千卷的寫經資料,稱"金剛寺一切經"。學界認為其主要以自平安末期至鐮倉時代後期斷續書寫的佛經為主體而構成。

③ 2006年3月由落合俊典為首的國際佛教學大學院大學學術フロンティア實行委員會整理出版了《日本古寫經善本叢刊第一輯·玄應撰一切經音義二十五卷》,其中包括"金剛寺一切經本"、"七寺一切經本"、"東京大學史料編纂所藏本"、"西方寺一切經本"、"京都大學文學部藏本"五種古寫本。

④ 也間有字頭不換行的,字頭用大字。

有優於大治本之處①,然本文在以下研究中,仍主要以大治本《新音義》為代表,將金剛寺本作為參考資料。

3.《新音義》體例與內容

現存大治本《新音義》只是大治年間的一個寫本。其祖本之作者與年代皆不詳。山田孝雄在其《一切經音義刊行の顛末》中曾指出:"此《新音義》莫非為賢首大師於則天武皇后朝所述?賢首音義夙有所聞,然吾不知世間確有其傳本。若果為賢首所撰,則當屬稀世珍寶。即非如此,於他處無可尋覓之際,此處得以幸存,亦當為學界之大幸。"然此説並無證據。岡田希雄、小林芳規等學者皆認為此音義乃經日本人或日籍漢人之手而成者。三保忠夫在《大治本新華厳経音義の撰述と背景》②一文中對大治本《新音義》有詳密考證,認為其祖本之撰述年代應為天平勝寶③年間,撰述者蓋為中間階層學僧,而且撰述者及其撰述場所亦可考慮為是當時華嚴教學頗為隆盛的東大寺,或者是屬於東大寺系統的寺院。

大治本《玄應音義》卷一後所附此音義識記有"新華嚴經音義"之書名,而《玄應音義》卻皆只舉經名,不言"音義",其下有細注"八十卷、序字及天等文者並集後紙"。"天"乃則天文字之"天"字。此乃標明經序中文字與武后新字之音義,置於八十卷經文音義之末尾。故此音義實際可分為兩部分:前為八十卷經文所作音義;後為則天序等所作音義。後半部分又包含:(1)"序字天册"以下為則天序中部分字詞之音義。(2)三十五個正字條目,其中包括十六個則天文字,十八個俗字④。(3)正字條目後有《大方廣佛華嚴經》

---

① 參考箕浦尚美《玄應撰〈一切經音義〉書誌——金剛寺.七寺.東京大學史料編纂所.西方寺藏玄應撰〈一切經音義〉について》。

② 日本南都佛教研究會・東大寺編《南都佛教》第 33 號。1974 年 12 月。

③ 天平勝寶元年(749)—天平勝寶九年(757)。

④ 實際上應是 34 個正字條目,其中俗字條目 17 個。但因此音義將"鬧"之不同俗體分開立目,故總體為 35 條。

之經名,其下為舊經與新經之品名卷數等的對比説明。(4)解釋了在品名中出現的如“十住・十行・十無盡藏・十迴向・十地・十定・十通・十忍・十身相海”等類術語。此後作為《玄應音義》第一卷卷尾所題“一切經音義第一”之下還有“注水”、“虹”、“煌煜”、“程”四個字詞的音義。岡田希雄指出:此四條是否為《華嚴經》中之字詞,尚不明,至少不見於《慧苑音義》。何故有此四條?為何置於此處,難以判斷①。

此音義之前半部分,亦可稱之為正文部分,根據岡田希雄統計,共收録字詞307條②。這與共收録辭目約1300的《慧苑音義》相較而言,實屬篇幅短小者。其中雙音語詞佔絕大多數,計233條,單字計7條,三音語詞計12條,四音語詞計33條,四音以上短語計19條③。有個别辭目有卷數混錯的現象,如第五卷之音義末尾兩條“樹岐”與“庛暎”置於第六卷。而第八卷所出六條實際為第九卷之内容。相反,第九卷之“卍”(“卍”)字應在第八卷。也有註釋中混入别的辭目的現象④。如“卍”字注中又混進了“慣習”辭目及釋義⑤。但整個體裁與傳統的《玄應音義》相同,注音釋義,析字辨形,皆呈古風。

與《慧苑音義》相同,大治本《新音義》亦專為八十卷《新譯華嚴經》所作之音義,但兩種音義不僅在辭目數量的收録上有較大出

① 參考岡田希雄《新譯華嚴經音義私記解説》。

② 筆者也曾統計過,為305條。又三保忠夫亦計為305條。池田証寿統計為304條,俞莉嫻亦計為304條(俞莉嫻《慧苑音義研究》2009年5月,上海師範大學碩士學位論文)。

③ 參考俞莉嫻統計。

④ 此蓋統計不一之由。

⑤ 此亦蓋為統計數字稍有差異之因。岡田希雄做過詳細調查,本文尊其説。

入,而且即使條目相同,或有關聯,但音注和義注之不同之處亦甚夥[①]。三保忠夫在對兩種音義進行考證後得出大治本《新音義》與《慧苑音義》並無關係的結論。相反,大治本《新音義》祖本撰者參考了玄應的舊經音義,即玄應為六十卷本舊譯《華嚴經》所作的音義[②],而且並不僅僅拘泥於卷一的《華嚴經音義》,甚至從全二十五卷(或二十六卷)的《玄應音義》總體部分選出合適的内容並加以利用[③]。筆者曾撰文比較研究《慧苑音義》與《新譯華嚴經音義私記》之詞彙問題[④],也曾對大治本《新音義》與《玄應音義》進行過比較,發現確實有此現象。小林芳規《解題》指出:大治本《新音義》雖為《新譯華嚴經》之音義,但卻未見引用《慧苑音義》,應屬《玄應音義》系統。另外,《玄應音義》以釋複合詞為主,並兼備單字音義的性質,從大治本《新音義》,我們正可認識到此點,故而可以認為大治本《新音義》屬於《玄應音義》系統[⑤]。

《新音義》應是現存最早由日僧為八十卷《新譯華嚴經》所撰之音義,而且還是奈良時代另一八十《華嚴》音義——《新譯華嚴經音義私記》的主要參考資料[⑥],而後者已被定為日本國寶。儘管從數量到内容,《新音義》不如《慧苑音義》與《私記》,然作為早期日僧所

---

① 當然,相同之處並非不見。三保忠夫調查後就指出,音注方面就有二十例與《慧苑音義》一致。然從兩種音義的整體構成考察,不同之處居多,二者無關之結論應該是穩妥的。參見三保忠夫《大治本新華嚴經音義の撰述と背景》。

② 根據三保忠夫的研究,大治本《新音義》共305條,而玄應為六十舊經所作音義共有102條,其中有24條二本相同。因二音義所音釋對象不同,所以儘管數量看似不多,但綜合考察,可以看出大治本《新音義》撰者參考了玄應之舊經《音義》之總體部分。

③ 三保忠夫《大治本新華嚴經音義の撰述と背景》。

④ 見拙文《〈新譯大方廣佛華嚴經音義〉與〈新譯華嚴經音義私記〉之詞彙比較研究》;南山大学《アカデミア文学·語学編》第七九號,2006年1月。

⑤ 參考小林芳規《新譯華嚴經音義私記解題》;三保忠夫《大治本新華嚴經音義の撰述と背景》。

⑥ 一般認為《私記》的主要參考資料為《慧苑音義》與大治本《新音義》之祖本。

撰佛經音義,對研究古代奈良朝華嚴宗、《華嚴經》之性質以及古代佛經音義書皆有重要的參考意義。特别是此音義除用漢文註釋外,還保留有作為"倭言"萬葉假名的和訓十四項二十語。儘管不多,但卻體現了早期日僧所撰音義之特色[①]。川瀨一馬曾經舉出其中十一例和訓,認為其形式與被推定為信行所撰的《大般若經音義》(中卷,石山寺藏)相似[②]。三保忠夫就指出:古代佛經音義撰述集中出現,且其中多含有和訓,又大多為對《華嚴經》、《大般若經》、《最勝王經》、《法華經》等重要經典之音義,此應為奈良佛教文化特色之一[③]。這一點已深為日本國語學史、古籍訓點界所矚目。

然而,應該説如《新音義》等早期的音義,所謂"和訓",終究應是一種輔助性的注記[④],其大部分注文,皆用詮釋漢字形、音、義的漢文構成,與漢傳佛經音義體裁相同,所以同樣可以作為漢語史研究,尤其是漢字研究的重要參考資料。因為漢土所傳佛經音義作為漢語辭書的一種,本身就具有收録佛經中難讀、難解之字詞,辨音釋義,辨析字形的功用。本文即從漢字研究的角度,對《新音義》展開考探。

---

① 音義書在日本,起初自是傳自中國,多為漢籍與佛典音義。其後日本人開始仿此為範,編纂日本的音義書。其濫觴即起於用萬葉假名書寫所附的漢文注文。其後又開始用片假名。隨著時代遞進,假名的比重增加,遂繳漢文注消失,只用假名標註音訓體式之産生。

② 川瀨一馬《增訂古辭書の研究》第 42 頁。雄松堂,昭和六十一年(1986)再版。案:信行被認為是奈良朝法相宗行基(668—749)之助手,法相宗著名學僧,著有多部音義,住元興寺(飛鳥寺)。其生存年代被推測蓋為奈良朝末期至平安時代初期。(參考三保忠夫《元興寺信行撰述の音義》;東京大學国語国文学会《国語と国文学》第 6 期;1974 年。)

③ 參考三保忠夫《元興寺信行撰述の音義》。

④ 參考池田証寿《上代仏典音義と玄応一切経音義—大治本新華厳経音義と信行大般若経音義の場合—》;北海道大学国文学会《国語国文研究》第 64 号,昭和 55 年(1980)9 月。

二、《新音義》與漢字研究

前已有述,《新音義》篇幅並不長,共約三百餘條,若從漢字研究的角度考察研究,其價值主要體現於以下三方面:

1. 首次集中收釋"則天文字"

關於"則天文字"研究,近年來成果不菲。隨著出土文獻的大量湧現,學界多依據各類實物資料對武周新字進行多角度的梳理,其中石刻與敦煌寫卷成為最主要的載體。"則天文字"儘管流傳時間不長,然因當時唐朝與周邊國家,特別是日本、韓國等文化交流頗為密切,故"則天文字"自也隨著大唐文化而飄洋過海,來到東瀛,並受到朝野之喜愛①。

武則天崇尚佛教,尤其是華嚴宗。她親自參與組織了由實叉難陀主持的八十卷本《華嚴經》的翻譯,並為之作《大周新譯大方廣佛華嚴經序》。故而《新譯華嚴經》以及《則天序》中一定會有則天文字。儘管我們在現傳刻本中已不見有其蹤跡,但在古寫本中,如日本石山寺本《華嚴經》以及韓國"新羅白紙墨書"《大方廣佛華嚴經》②中皆能見到則天文字③。然而,我們在現存《慧苑音義》卻找不到相關內容,倒是在現存的日本奈良時期的兩種《華嚴經》音義,即本研究資料《新音義》與《私記》中,卻能見到集中收釋的則天文字。尤其是後者,則天文字內容非常豐富,共有約五十餘處出現則天文字④。這已成為《私記》在漢字研究上的重要特色之一。

① 參梁曉虹《奈良時代日僧所撰"華嚴音義"與則天文字研究》,中國社會科學院語言研究所《歷史語言研究編輯部》編《歷史語言研究》第四輯,商務印書館2011年版。

② 《新羅白紙墨書·大方廣佛華嚴經》,韓國文化財廳2001年版。

③ 梁曉虹《奈良時代日僧所撰"華嚴音義"與則天文字研究》。

④ 同上。

然而，應該注意的是：根據學界研究，《新音義》是《私記》的主要參考資料之一。也就是説，《新音義》成立應在《私記》之前①。而且，比勘大治本《新音義》與《私記》，我們發現，大治本《新音義》除《經序音義》中的則天文字以及"十住"、"十地"等品名以及末尾四條外，共計 307 條，遠少於《慧苑音義》和《私記》。然這 307 條中，與《私記》所同者計有 277 條②，佔 64%。《私記》所收條目共有約 1700 餘條，所以實際上更多的當然是參考了《慧苑音義》。但是《新音義》的《經序音義》部分卻基本為《私記》所吸收，特別是其中作為正字對象集中收録，起"一覽表"作用的 35 個俗字，其中有 16 個則天文字，更是全部被《私記》所收録。所以説，最早集中收釋《華嚴經》中則天文字的正是本研究資料《新音義》。《新音義》將《經序音義》置於經文音義末，而《私記》則按照原經順序，放在起首部分。

我們列表將《新音義》大治本與金剛寺本中的 16 個則天文字列表於下：

正字	大治本 1	大治本 2	金剛寺 1	金剛寺 2	備註
天		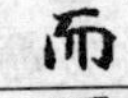			
君					
初					
聖					金剛寺本缺此"新字"
人					
證			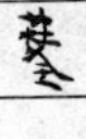		

---

① 儘管現存兩種寫本，大治本寫於平安朝，金剛寺本寫於鎌倉時代，然其原本應早於《私記》成立。

② 根據岡田希雄説。

續　表

正字	大治本 1	大治本 2	金剛寺 1	金剛寺 2	備註
地					
日					
月					
星					
國					二本正字皆為"國国"
年					二本正字尚有"季"
正					二本正字尚有
臣					二本詞條皆為"大臣"
授					二本詞條皆為"授記"
載					

由上表,可以看出以下幾點:

(1) 武氏共造新字 17 個,然以上二本所收字數為 16,無著名的"曌"字。35 個"異體字一覽表"中,有"照"之俗體"昭"。這是因為根據《唐大詔令集》卷四《改元載初赦》"……朕宜以曌為名",可知武則天是為自署而創制"曌"字,用作名字[1],而一般臣下需要避諱,自然盡量少用此字,故文獻典籍中"曌"字實際很少見。《華嚴經》中並未出現則天自稱的用法,此為二本不見"曌"字之因由。

(2) 儘管以上則天文字皆屬《經序音義》內容,然我們經過調

① 又據《資治通鑑》卷二百四〈唐紀二十〉記載:"天授元年十一月,庚辰朔,日南至。太后享萬象神宮,赦天下。始用周正,改永昌元年十一月為載初元年正月,以十二月為臘月,夏正月為一月。鳳閣侍郎河東宗秦客,改造天地等十二字以獻。丁亥行之。太后自名曌,改詔曰制。秦客,太后從父姊之子也。"也可知"太后自名"為"曌"。

查發現,實際上,16 個“新字”,《則天序》中共出現了 12 個,還有“臣”、“授”、“載”、“星”四字《序》中並未見。當然,短短幾百字的《則天序》中新字已經有 12 個,有的還多次出現,應該不算少數了。也正因此,《新音義》作者特意將其集中收録,並將 4 個序文中没有的“新字”以及其他 18 個經文中較常見的,作者認為有代表性的俗字[①]也一併收羅,臧中進認為是“《新譯華嚴經》所用異體字一覽”[②],甚為恰切。而這種集中收録俗字的做法實際也在某種程度上打破了傳統“卷音義”的體式,體現出《新音義》作者更為注重實用性的指導思想。此蓋則天文字以及其他疑難俗字多為當時僧俗不識,故需集中收録,以便認字。

(3) 二本所收録“則天新字”字數相同,共 16 字,只是順序稍有異。大治本“君”在“天”後,而金剛寺本則“初”接“天”。《私記》順序與大治本同。

(4) 金剛寺本缺“聖”之“新字”,且正字“聖”作小字與“初”並列。此蓋為書手之誤。

(5) 二本楷書化痕跡明顯。如“天”字。則天文字之“天”,實際是將楷書改為篆書。施安昌認為:這反映了封建社會的天命觀。天是至高無上的,能主宰萬物,皇帝只是替天行道的天子。因此,别的字可改,“天”字絶不可改。恢復篆字,恰是“上有依於古體”,也與武氏改號為周相合拍。篆書“”,手寫成“”。大治本前之“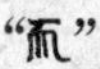”即屬此類,然金剛寺本的“”,則筆鋒稍顯堅挺,楷體折筆明顯。後之大治本“”與金剛寺本之“”則已經完全與楷書之“而”相同,其末筆不僅内收,而且已經如“而”字有了特意的竪勾。而造字本旨為“天大吉”之“君”字,大治本之“”以及金剛寺本之“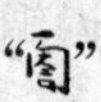”[③], 外部“天”正是楷書後“而”之外部。

---

① 二本《經序音義》共收録 34 組正字條目,因“照”字不為新字,故則天文字共 16 個。另外 18 個為一般俗字條目。

② 臧中進《則天文字の研究》,翰林書房 1995 年版,第 98 頁。

③ 為能明晰字形,我們特意放大或保留底色。

(6)“星”字“别有異體”。一般認為,“則天文字”屬於離開本字另構别體,字形與本字迥異,加之字形多繁雜,又兼有圓轉的篆書筆意,故書寫不異,異體多見。從以上表應已可窺見端倪。然而則天文字中也有一個字形簡單,從古文而來的標準的象形文字,即“星”。《説文·晶部》:“星,萬物之精,上為列星。从晶生聲。一曰象形。从口。古口復注中,故與日同。”則天新字寫成圓形,各書與石刻同為一圓圈,别無異體[①]。《私記》也作“〇”,且僅有一處。然而我們注意到大治本作“”,金剛寺本作“”,二本同屬一類。根據《新音義》二本字形,可知當時所傳《華嚴經》中有此寫法,這就打破了“别無異體”之説。此形尚未見於他處,其訛變理據,並不清晰,但卻很難解釋成是圓畫得不圓,而且“”與“”,且已有了明顯的楷化痕跡。《私記》後作“〇”,應是認其為誤而改寫。

(7)字形多有譌變。武則天改字主要為其武氏政權,為政治鵬務,故其字本身之構造違背了文字“約定俗成”的原則。字形多奇特,真篆相雜,自唐代以來就字形不確,[②]寫本文獻中訛誤比比皆是。從以上表中,我們可以發現,除幾個較為簡單的字形,如“人”,如“正”外,其他幾乎皆為譌變字體。如:金剛寺本中的“”,“天”之上部已譌作“十”,而中間的“大”“吉”也已難以體現。又如則天文字的“地”本是“山、水、土”為“地”之形的會意字,但大治本之“”與金剛寺本之“”,皆為訛字,且訛誤理據不明。“年”之新字,一般以《金石文字記》引唐君臣《正論》“千千万万為年”説。証以刻石,也確實象是上下兩千,左右兩万字。[③]《契苾明碑》中的“”[④]頗能証之。但左右的兩“万”字,多作“刀”或“力”字形。[⑤]大治本作“”、金剛寺本作“”,左右兩“万”皆作“刀”;上下兩“千”

① 何漢南《武則天改制新字考》;《文博》1987年第四期。

② 參考陸錫興《論武則天制字的幾個問題》;《中國文字研究》第十四輯,大象出版社,2011年版。

③ 何漢南《武則天改字新字考》。

④ 為能辨識字形,我們特意保留原色。

⑤ 同上。

也有變化："𠡦"上為"千"，下乃"十"，而"𠡦"上作"亠"，為點橫，實際可看作似"二"之手寫，藏中進認為是脱落"千"字第三畫，如《私記》"𠡦"、"𠡦"，而寫於天治元年(1124)的《新撰字鏡》也收有則天文字"年"，作"𠡦"，上半與金剛寺本同。又如金剛寺本中的"𢘑"也不符"一忠為臣"之本意。

以上字形，若逐一剖析，有助於則天文字的研究。二本《新音義》以及《私記》中的則天文字，並不屬於武周新字通行時期(689—704)，當為武周以後，且屬於寫本文獻，故字體不規範，同一字寫法不一，多有錯訛，這並不奇怪，恰正反映出則天文字在海外流傳的實貌。而且從這些字形我們也可以作出二本音義屬於同一系統的佐證，當然，進一步深入研究還必須結合同為奈良時期的《私記》。《私記》將《新音義》中《經序音義》的内容參考收入，故而也有 16 個則天文字，但是字形並不完全相同。這有書手的原因，也有《私記》作者當時所見《華嚴經》中則天文字不同之由。特别是《私記》在音義正文中或有專門收釋，或有隨文寫出，更能反映出當時則天文字在日本流傳的實況。

2. 原本《玉篇》及漢字研究的重要資料

前已所述，大治本《新音義》主要參考資料是《玄應音義》，然多位學者的研究皆已指出，其作者在音釋漢字形音義之際，還利用了原本系《玉篇》及《桂苑珠叢》等工具書。尤其是《玉篇》，被認為是此書輔助性的第二資料。井野口孝①、池田証寿②等學者皆有詳密論證。

① 井野口孝《大治本〈新華厳経音義〉所引〈玉篇〉佚文(資料)・其一》；愛知大學《国文学》第 32 號，1991 年 11 月；《大治本〈新華厳経音義〉所引〈玉篇〉佚文(資料)・其二》；愛知大學《国文学》第 33 號，1993 年 12 月。

② 池田証寿《上代仏典音義と玄応一切経音義—大治本新華厳経音義と信行大般若経音義の場合—》；北海道大学国文学会《国語国文研究》第 64 号。昭和 55 年(1980)9 月。

南朝梁顧野王所撰《玉篇》乃專門訓詁學字書,共三十卷,收字凡一萬六千九百一十七字。每字下先注反切,再釋字義,廣徵博引。不僅舉凡群經子史、訓詁音義①,且解説詳贍,每有"野王案",是為精華。誠如顧氏《玉篇序》所言"總會衆篇,校讎群籍,以成一家之製,文字之訓備矣!"《玉篇》被認為是《説文解字》與後世字書之間的橋梁,故而是漢字研究的重要工具書。

《玉篇》在唐宋間多次修訂、增補,流傳至今的《大廣益會玉篇》早已失其"本來面目"。特別是野王原本於音義的訓釋,徵引廣博,引證文獻極為豐富且精善,甚至胡吉宣氏以為"所引群書,皆出自梁宮善本",遠較宋重修《玉篇》詳贍……楊守敬於〈跋日本發現古本玉篇零卷〉一文中,即説到其目睹《原本玉片零卷》内容詳贍,遠超過宋重修大廣益本②。遺憾的是,如此卷帙浩繁的顧氏原本《玉篇》今卻只存殘卷,且皮藏日本。自清末年間,黎庶昌、罗振玉在日本先后发现部分《玉篇》残卷,日本所存相關《玉篇》資料,就愈來愈為學界所關注。其中,又以平安時代由空海③大師根據《玉篇》所編撰之《篆隸萬象名義》為最。《篆隸萬象名義》之分部列字與《玉篇》殘卷相合,所收字數亦與顧野王《玉篇》相當,注文中除僅取訓釋,不引經傳,與宋重修本相近外,其餘皆依仿原本《玉篇》。此書作為日本最早的漢字字典,為我們窺見顧氏《玉篇》原貌提供了極為重要的依據與參考,也成為學界研究《玉篇》原本的重要資料。

然而,在日本,除了《篆隸萬象名義》這樣幾乎可作為《玉篇》原本使用的珍貴資料外,值得注意的是:古代日僧所撰佛經音義,如

---

① 孔仲温《〈玉篇〉俗字研究》第14頁。臺灣學生書局2000年版。

② 同上。

③ 空海(くうかい,774—835)為日本真言宗開祖。延曆二十三年(804)入唐,向長安青龍寺惠果學習真言宗與《大日經》。大同元年(806)返日。翌年,在京都久米寺講授《大日經》,三年,敕許弘通真言宗。弘仁七年(816)敕賜高野山之地以建寺宇。後長年在高野山傳道弘法,時人則多稱"高野大師"。空海被認為是日文字母平假名之發明者,亦為著名書法家,與嵯峨天皇、橘逸勢共稱"三筆",著有《文鏡秘府輪》、《篆隸萬象名義》等。

《新音義》與其後的《私記》中也有原本《玉篇》之蹤跡,通過爬梳抉剔,亦可成為原本《玉篇》研究以及漢字研究的重要資料。井野口孝《大治本〈新華厳経音義〉所引〈玉篇〉佚文(資料)・其一》、《大治本〈新華厳経音義〉所引〈玉篇〉佚文(資料)・其二》兩篇大作,收集考證大治本《新音義》中所見原本系《玉篇》佚文共166條。池田証寿也有《上代佛典音義と玄応一切経音義—大治本新華嚴經音義と信行大般若經音義の場合—》一文,皆資料豐富,考證詳密,可為通過大治本《新音義》考察原本係《玉篇》的重要成果。本文以下内容則僅是在其基礎上從漢字研究的角度簡作歸納而已。

(1) 從所註字音,所釋字義考察

"辨音釋義"為傳統音義的基本特徵。佛經音義亦承此傳統,為佛典中的難讀、難解之字、詞標註音讀,釋其義訓。這也成為決定其質量高下的關鍵。傳統佛經音義一般多採用已有的成説定論,多為述而不作,根據自己的規範標準採取引經據典的方式標註字音,詮釋字義或詞義。《新音義》也同樣如此,只是多未標明所引出典,然通過比覈勘查,可發現相當一部分引自原本《玉篇》或《篆隸萬象名義》(以下簡稱《萬名》)。如:

例一,基堵:下都扈反。野王案:築庸之板也。(第十三卷)

○堵:都扈反。《萬名・土部》)

○:安堵:……顧野王云:堵皆築墻板數也。(《慧琳音義》卷九十二)

案:《新音義》釋文中直接出現"野王案"字樣者,僅此一例。這自然可証明其詮釋為直接引用。而通過比勘,可發現其字音與字義確應出自原本《玉篇》。

例二,如有生王宫而受餒与寒:餒音奴猥反。餒,餓之也。下經文作餧字,於為反。餧,飤也。(經第十三卷)

○餧:奴猥反。耕也[①],餓也,飤也。(《萬名・食部》)

○餧:奴猥反。《論語》耕也,餧在其中矣。鄭玄曰:餧,餓

① 此為《篆隸萬象名義》引證之誤省。見下《玉篇殘卷》引文。

也。……又音於僞反。《礼記》餧獸之薬。野王案:以物散与鳥獸食之。……《廣雅》:餧,飤也。(《原本玉篇殘卷》卷九)

案:《新音義》辭目雖長,但實際只釋其中"餒"字音義。"奴猥反"之"餒"與"餧"可互通,有飢餓與魚腐爛之義。《廣韻·上聲·十四賄》:"餧,飢也。一曰魚敗曰餧。奴罪切八。餒,同上。"而"經文作餧字"之"餧",實際音"於為反",應為以食飼之義。慧琳《一切經音義》卷十五引《考聲》亦云:"(餧)與食也。"《廣雅·釋詁》:"餧,食也。"王念孫書證:"字本作飤。"而"野王案:以物散与鳥獸食之。"更是精彩按語。由此可見,《新音義》中對"餒""餧"二字音義之詮釋正出自原本《玉篇》。

例三,其幢絢焕被俻衆色:絢音許懸反,遠也,採文成曰絢也。又文□也。……(經第十四卷)

○絢:許懸反。遠也。(《萬名·糸部》)

○絢:許縣反。《毛詩》……傳曰:絢:遠也。《儀禮》……鄭玄曰:採文成曰絢。《論語》……馬融曰:絢,文□也。(《原本玉篇殘卷》卷二十七)

案:《新音義》辭目為《華嚴經》卷十三中偈句,然實際也只釋其中"絢"字。根據《原本玉篇殘卷》卷二十七"絢"字釋文,可見《新音義》作者基本擇取原本《玉篇》中"鄭玄"、"馬融"等經學大家註釋經書之内容。

此類例不少。《新音義》所收録辭目本只有三百餘條,然現考證與《玉篇》有關的有一百六十餘條,由此可見,將《玉篇》定為《新音義》之第二參考資料,是有根據的。

(2) 從所録、所辨字形考察

漢字寫法複雜,佛經在傳抄中頗多訛誤,故佛經音義釋文中一般多有字形辨析内容,且多數採用《説文》説解。《新音義》自亦承此傳統,且因當時日本所傳不僅有唐寫本,還有日僧所傳抄本,字形更為複雜,故而正字辨形更是其重要内容。然與傳統音義不同的是,有相當一部分説解取自《玉篇》。如:

例1,庇□:……废……薄達反。与茇字同,草舍也。(經第六卷)

〇废:薄達反。草舍也。(《萬名·广部》)

〇废:薄達反。《毛詩》邵佰所废。傳曰:草舍也。今或為茇字,在草部也。(《原本玉篇殘卷》卷二十二)

案:《新音義》對"废"字的辨析,實際上是詮釋辭目上字"庇"時所出的解釋字:"上鄙冀反,废也……""废"字上似"山",應為"废"之訛寫。"废"則與《原本玉篇殘卷》"废"字形完全相同,而辨其同"茇"字,亦與《玉篇》同。

例二,瘖疣:……尤富反。病也。今亦䀭,頚贅之䀭字。(經第五十八卷)

〇疚:尤富反。顫摇頭也。疣,疚字。(《萬名·疒部》)

〇肬:有流反。贅也。腫也。(《萬名·肉部》)

案:"疚"為"疣"俗字,根據《萬名》,其音切相同,且二字可通。《新音義》中"䀭",左半為"目",乃"肉(月)"旁譌變。

例三,偉哉:上禹鬼、禹費二反。《説文》琦也。或作瑋字。重也。珍也。(經第十六卷)

〇偉:禹鬼、禹貴二反。奇也,或瑋。(《萬名·人部》)

案:段玉裁注《説文》:"奇也。莊子曰:偉哉夫造物者。从人,韋聲。於鬼切。十五部。玄應曰:《埤蒼》作瑋。"可見玄應所從《埤蒼》,"偉"、"瑋"二字可通,而根據所引音切,可知《新音義》出自《玉篇》。

例四,精爽:下所兩反。明也。敗也。傷也。(經第二卷)

〇爽:所兩反。《尚書》……孔安國曰:爽,明也。……《楚辭》……王逸曰:厲,列也。爽,敗也。楚人名美敗曰爽。……《廣雅》:爽,傷也。……(《原本玉篇殘卷》卷十八)

案:以《新音義》為主要參考資料之一而成立的《私記》中也收有"精爽",其"爽"之釋語即參考以上:"下所兩反。明也。敗也。"然"敗"字不明。根據《新音義》,可知當為"敗",即"敗"字。而根據《原本玉篇殘卷》,可知為王逸之釋。"爽"字不僅有"明、亮、明白、開朗、舒適"等義,尚有"損傷,敗壞"之義。《廣雅·釋詁四》:

"爽,傷也。"又《釋詁三》:"爽,敗也。"《老子道德經》卷上《檢欲第十二》:"五味令人口爽。"《楚辭・招魂》:"露雞臛蠵,厲而不爽些。"王逸注曰:"厲,烈也。爽,敗也。楚人名羹敗曰爽。"而這些正為原本《玉篇》所引,又為《新音義》所用。

當然,根據井野口孝的考證,《新音義》所引《玉篇》内容,仍以《篆隸萬象名義》為多。《萬名》作為原本《玉篇》的節本,註釋文字保留了原本《玉篇》的基本面貌。特别從字形結構看,由於《萬名》為日藏唐寫本,其中保存了大量的異體,這與奈良朝古寫經中漢字字形多有相同之處。而《新音義》又是收釋當時所傳《華嚴經》難字、難詞的單經音義,故而我們可從兩種辭書音義的比較考察中,研究漢字形體的歷史流變及在海外的發展。

以上,我們只是簡舉幾例,冀望能説明:其一,《新音義》多處參考並利用了顧野王的原本《玉篇》;其二,反過來,日本早期音義也就成為研究原本《玉篇》的重要資料。可研究的内容很多,《玉篇》作為可承繼《説文》的重要字書,在漢字研究上價值自不可忽視,而從日本早期音義中發掘有價值的資料,也應是研究内容之一。

3. 作為俗字研究資料

(1) 首次集中收釋《華嚴經》中俗字

《新音義》的特色之一是在其《經序音義》中有 35 個(組)正字條目。其中有 16 個則天文字,還有 19 個一般俗字。而此内容並不見於《慧苑音義》,其後的《私記》則完全參考了這一内容,將 34 個正字條目卻全部收入。① 可見《私記》作者也同樣意識到這些字需要辯正。二本音義《經序音義》所增加的正字辭目,有則天文字,也有"與宋元諸本不同"②的少見字形。前我們已將《新音義》大治本與金剛寺本中的 16 個則天文字列表標示,以下則將 18 個一般

① 《新音義》"閙"字分兩條,故為 35 個(組);而《私記》"閙"為一條,故 34 個(組)。

② 見小川本《私記》竺徹定之跋。

俗字同樣列表示出：

正字	大治本 1	大治本 2	大治本 3	金剛寺本 1	金剛寺本 2	金剛寺本 3
万①	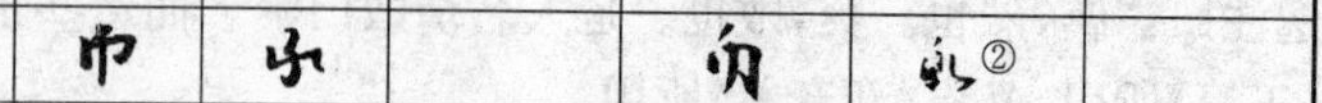					
真	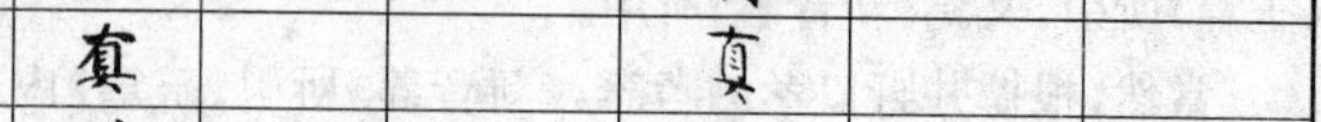					
華	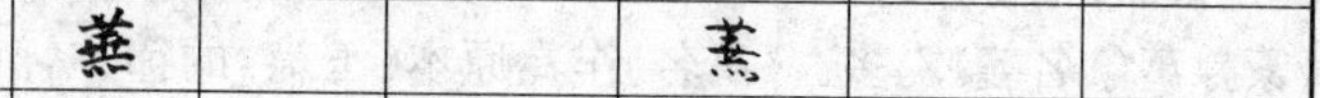					
照	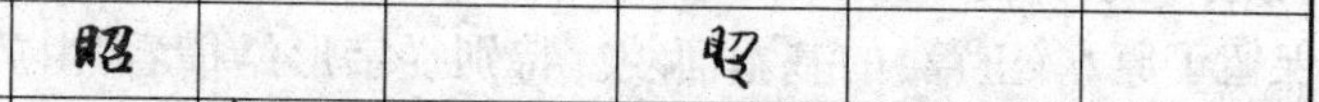					
喪						
慶	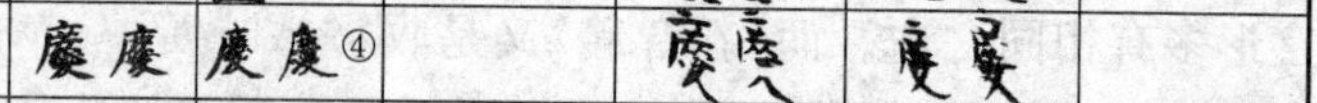					
彌⑤	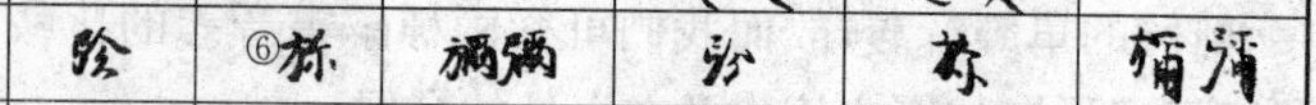					
繼屬	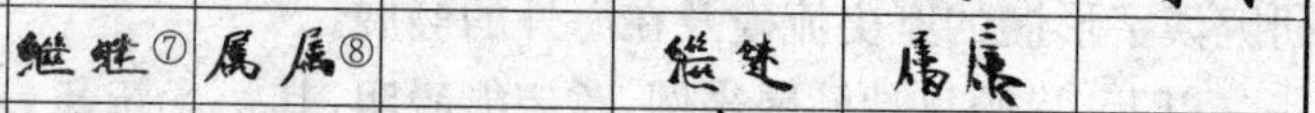					
鬧	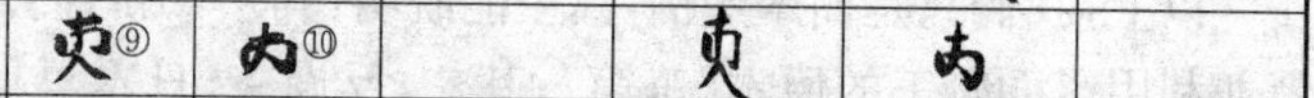					
窗	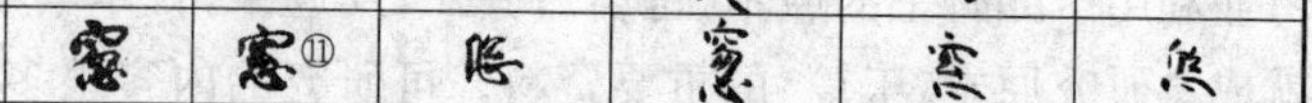					
牆	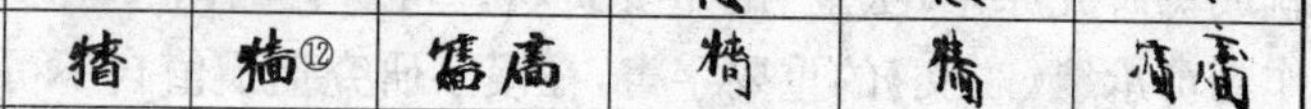					
驅	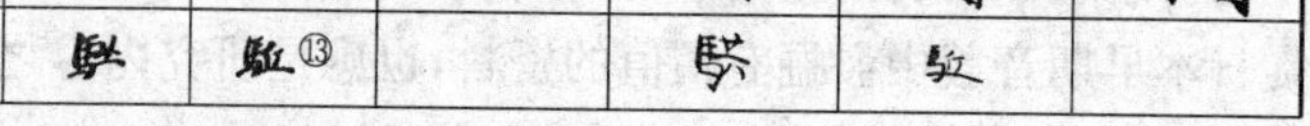					

① "万"字排則天文字"正"後。
② 為字形清晰,特意保留底色。下同。
③ 此二為解釋字。
④ 此二為解釋字。
⑤ 辭目為"須彌"。
⑥ 此後三為解釋字。
⑦ 此為解釋字。
⑧ 此為解釋字。
⑨ 《新音義》"**丙**"字分為兩條。其解釋字為别為:"**内**"與"鬧"。《私記》合併為一條。
⑩ 此為解釋字。
⑪ 此後二為解釋字。
⑫ 此後三為解釋字。
⑬ 此為解釋字。

續　表

正字	大治本 1	大治本 2	大治本 3	金剛寺本 1	金剛寺本 2	金剛寺本 3
撓①		②				
步		③				
法						
遭			④			
遷		⑤				
逆		⑥				

通過此表,可以看出以下五點:

其一,"異體字一覽"的内容可分兩部分:則天文字和一般俗字。如果根據"一覽表"的順序,《新音義》作者似乎是有意識將則天文字置前,而把一般俗字放在後面。然"万"字卻排在則天文字"正"字後。這似不應為排列之誤,而是作者將""與""也視為則天文字之故。其主要根據是:《翻譯名義集》卷六《唐梵字體篇第五十五》曰:"《華嚴音義》云:案卍字,本非是字。大周長壽二年,主上權制此文。著於天樞,音之為萬。謂吉祥萬德之所集也。……若卍萬萬字,是此方字。《宋高僧傳》明翻譯四例:……二翻音不翻字,如《華嚴》中字是也,以此方萬字翻之,而字體猶是梵書。……"一般皆認此為源自慧苑說。然我們查檢各版《慧苑音義》,儘管經卷第八"字之形"中有關於梵本""的解說:"今勘梵本字乃是德者之相,謂吉祥萬德之所集也。元非字也。然經中據漢本揔一十七字同呼為萬,依梵文有一十八相,即八種相中四種

---

① 辭目為"馬撓"。
② 此為解釋字。
③ 此為解釋字。
④ 此為解釋字。
⑤ 此為解釋字。
⑥ 此為解釋字。

相也。……""卐,梵書萬字,若佛胷前吉祥相,是万字者,何不作此字耶? 盖知魏朝翻《十地論》,譯人昧劣,錯謂洛刹囊為字,惡利攞為相,由此相字二音。按聲呼之,洛惡皆如鶴申,聲勢既其相近,故使一朝之謬,累代忘返也。"[①]然而皆無"因武周長壽二年,則天權制此字,安於天樞"這關鍵一句。我們不能就此否認慧苑没有説過這樣的話,然也查不到慧苑確實有此説。施安昌也指出根據慧苑以上注文,長壽三年("長壽二年"誤),武則天書榜"萬國頌德天樞"時,將"万"字寫作"卍",這是可能的,但尚無其他證明。也就是説,所謂慧苑説為"孤證",而此"孤證"我們也尚未在《慧苑音義》中得到證明。另外,施安昌還指出:"万"並無新字,因為:第一,"卍"隨梵文佛經傳入我國,早有流佈。言武周時所制,不妥。第二,從長壽三年以後的碑誌和卷子看,"万"字並未改寫。[②]

其二,以上表中有相當一部分解釋字也被我們列入。這是因為從我們今天的眼光眼光來看,這些字形也屬於俗字之故。然按照《新音義》體例,"異體字一覽"共收録 35 個(組)辭目,實際是為正字而用,故字頭下既不標音,也不釋義,只是於其下簡單標出"正字"。但正是這些所謂"正字",在今人眼中已為俗字,或者"疑難俗字",當然,這裡所謂正字,並不能用現今的觀念來判斷,準確地説,只能是當時日本的所謂"正字",或者説是通行字。因為很多用於解釋字的字形,於今而言,仍屬俗字。陳五雲指出:"正字的概念隨不同的時代而有所變化,但無論在什麽時代,正字總具備有常用(使用頻率高)、公認(流通地域廣),以及官方認可這樣三個特徵的。"[③]以上所列解釋字,説明這些字形在當時皆為通行體。從此側面,也可看出漢字在當時日本流傳概貌之縮影。

其三,通過"一覽表"的比勘,我們也可以得出二本屬同一系統

① 《磧砂藏大藏經》,第 54 册,第 286 頁。

② 施安昌《關於武則天造字的誤識與結構》,《故宫博物院院刊》1984 年第四期。

③ 陳五雲《從新視角看漢字:俗文字學》,河南人民出版社 2000 年版,第 19 頁。

的結論。因以上所列無論是被釋字還是解釋字,儘管抄寫者風格不同,故而筆鋒字形明顯有異,然字體筆畫等基本相同,[①]即使訛誤之處,兩本亦多同。如大治本"旀""㢱",本從"弓"卻已譌變成"方",金剛寺本亦同。而此類俗寫在日本寫本中常見。如以《新音義》為主要參考資料之一的《私記》中就有"旀(彌)"(《經序》)、"㫁(彈)"(經第八卷)、"㕛(發)"(經第五卷)等例。《佛教古文書字典·異體文字集》"弓"部下"引"有作"引";"弘"有作"㢭"、"㢭";"張"有作"㢮";"强"有作"㢮"、"㢮";"㢸"作"㢸";"疆"有作"㢮";"彌"有作"旀"、"㳽"等字者。而《同文通考·譌字》中本從"弓"之"弘"、"引"、"强"、"弥"字皆有從"方"作"㢭"、"引"、"㢮"、"旀"者。[②]《正楷録》中卷"引"字下有"引"字,並注:"倭。"如此"倭俗",我們從《新音義》兩寫本中也能追尋其譌變軌跡。

其四,以上18個俗字中,有一部分屬於疑難俗字。如:大治本的被釋字"㸦",金剛寺本作"㸦",後者雖有漫漶,但可看得出來左半譌似"牜",應為"爿"之訛,右半為"嗇",故即"牆"字。然大治本"㸦"卻字形不明,其左半也譌似"牜",右半則已成上似"求",下為"目"之組合結構。此字形為筆者首見,其譌變理據不明。

又如:"驅"之俗字"駆(大治本)","駆"(私記),字形相同,可見奈良時期《新譯華嚴經》中"驅"確有此俗形。但是金剛寺本此處作"䭾",卷六十六作"駆",字形並不與大治本同。前字形似右半似為"共",而後者右半似"区"。大治本《新音義》"步"的被釋字作"歩",應是隸譌之再訛,而金剛寺本則乾脆作"歩",但明晰可見中竪之筆是抄者有所猶豫而成連筆,故為再訛之再訛。《説文解字·步部》:"步,行也。从止少相背。"案:步字本當為從止少,象二趾相反形,但隸譌成"步",如《隸辨》指出:"步,楊著碑步出城寺。按:

---

① 當然也有不同之處,如金剛寺本之"憂""憂",已完全不見"从心从夊"之造字義,蓋為書手訛誤。

② 《異體字研究資料集成》第一期第一册,第291頁。

《説文》步从止少相背。碑變從少,今俗因之。”也作“步”。《五經文字·止部》“步”下注云:“薄故反。從上止,下少。少音吐葛反,相承以少為少者訛。”然《集韻·去聲·莫韻》、《四聲篇海·步部》皆作“步”。按:步下所從之“少”,楷化為“少”,或又與“少”形同化,故“步”或作“步”。又作“步”,《隸辨》引《衡方碑》“留拜步步校尉”。又作“步”,《隸辨》又引《孫叔敖碑》“行數十步”,按曰:“即步字,變止為山。”再訛則上部寫成山,如大治本《新音義》解釋字“步”。《碑别字新編·八畫》“步”引《魏奚智墓誌》作“步”。敦煌俗字有“步”①。《佛教難字大字典·止步》有“步”。

又如:“法”字,大治本《新音義》作“浤浤”,《私記》亦抄之,然只有一個“浤”字。後於經卷第一又出此字:“浤,法字。”竺徹定曾例舉《私記》中“法作浤”,證明是“音義與宋元諸本不同”。查檢《敦煌俗字典》,“法”之俗體不見此形。又廣收俗字的《高麗大藏經異體字典》亦不見此字形。然《佛教難字大字典·水部》“法”字下卻收有“浤浤”,應可與大治本《新音義》以及《私記》中之“法”之俗體相聯。尤其是“浤”,右脚下有⑭標號,根據編者“凡例”説明,標有⑭的字體為“寫經體”,即從古寫經中取出的字體。而“浤”則出自“碑别字”②。《金石文字辨異·入聲·洽韻》“法”字引〈隋鄧州舍利塔下銘〉:“歸依正浤。按:浤即法字。”漢字中有“浤”字,然根據《玉篇》等中古以後字書,此應為“户式切,露光也”。然根據《新音義》、《私記》等日本資料,可知“浤”字曾被用作“法”之異體。此並非只見日本資料,永昌元年《法如禪師行狀》,“法”字亦寫作“浤”。有學者將“浤”歸為則天改字,但施安昌認為《封祀壇碑》、《潘尊師碑》以及敦煌卷子《妙法蓮華經卷三》(斯 5176)、《藥師經》

① 見黄征《敦煌俗字典》第 32 頁。

② 根據編者凡例,“碑别字”取自羅振鋆·羅振玉《增訂碑别字》、羅振玉《碑别字拾遺》、羅福保《碑别字續拾》三書。

(斯 5005)等,“法”均不改寫,故“法”有異體而無改字。[①] 筆者同意此結論。以上“㳒”“㳒”均為“法”字之異體,宋元以後已不見。至於金剛寺本中的“𣳐”字,則應是書手將右半“缶”訛寫為似“垂”形所致。

⑤《私記》中有兩個避諱字“𥄉”[②]、“蕐”[③],然二本《新音義》中的“真”字,被釋字與詮釋字相同,實際應無必要特意列出。然考慮到二本《新音義》皆已為平安與鎌倉時期寫本,所以應該是其祖本中“真”作避諱字,後來二寫本中被書手所改,蓋經生已不識其為避諱字之故。至於“華”,大治本作“蕪”,金剛寺本作“蕪”,亦與《私記》明顯為避諱字不同。蓋有兩種可能:一是書者在書寫過程中將“華”字按正字書寫而發覺當避諱而把中竪戛然中止。並於其下添横(書作四點“灬”,)以示區别。另一可能是將避諱的“華”字誤認作“蕪”,故有此形。

(2)收釋《新譯華嚴經》中俗字

除了在《經序音義》中專列“一覽表”,收釋則天文字和俗字外,在經文音義中也多有俗字内容。其中突出的一點就是收録當時八十卷《華嚴經》中俗字為辭目,這對後人考察當時經本文用字實況頗具價值。此類例甚夥,我們簡舉以下四例:

例一,花蘃(第一卷;大治本);蘃(金剛寺本)

案:《私記》字形亦同此,作“蘃”,較以上二字清晰。“蘃”為“蘂”之俗字。《説文·心部》:“繠,垂也。从惢,糸聲。”朱駿聲《説文通訓定聲·解部》:“繠,假借為惢(蘂)。”[④]“蘃”則為“繠”的俗書

---

① 施安昌《關於武則天造字的誤識與結構》,載《故宫博物院院刊》1984年第四期。

② 避武則天母親之諱。武則天母楊氏號太真夫人。

③ 避則天祖諱,因武則天祖追尊顯祖文穆皇帝名“華”。

④ 根據段注《説文》等,“花蘂”之本字為“惢”。“橤”、“蘂”乃其“俗字”。後又有“蕊”字。《正字通·艸部》:“蘂,俗蕊字。從艸不必復加木。蘂、橤皆俗書增筆也。”“橤”、“蘂”和“蕊”實可謂後起字,多因其意符而通行,典籍中多見。

增筆,作"花蘂"解。如《偏類碑別字・艸部・蕊字》引《隋董美人墓誌銘》即作"⿰土谷"。《龍龕手鑑・艸部》"蕊"下就收有異體"蕋"、"蘃"、"蘂"以及"蘩"等。

例二,曩世(第二卷;大治本);曩世(金剛寺本)

案:二本字體稍有不同。大治本之曩[①],池田證壽認為是誤寫之字。[②] 然實應為"襄"字異體。《説文解字・日部》:"曩,曏也。从日,襄聲。"而"襄"字,隸變後多作"㐮"。《隸辨》卷六《偏旁》云:"ㅁㅁ,《説文》作ㅂㅂ,從二口,隸省如上,亦作ㅿㅿ、ㅿㅿ。"由此可知"襄"字而作"㐮"者,當為異體無訛。《精嚴新集大藏音・衣部》即云:"襄㐮,上正。"故"曩"作"曩",亦同此理。《碑別字新編》"曩"字下所收"曩"(隋賈逸墓誌);"曩"(唐隨求陀羅尼經幢)等亦當同此而又有譌變而成。至於金剛寺本"曩",則又為省略聲旁"襄"字中"二口"而成。

例三,飮縮(經第五十一卷;大治本);鈫縮(金剛寺本)

案:此條不見《慧苑音義》,《私記》也收録,且釋義參考《新音義》,然作"飲縮",與以上二本不同。

《華嚴經》卷五十一:"譬如大海,有四熾然光明大寶布在其底,性極猛熱,常能飲縮百川所注無量大水,是故大海無有增減。"據此,"飲縮"為是。"飲縮"不見辭書,也不見一般古籍,乃佛家語。"縮"有盡義。《慧琳音義》卷十四"拳縮"條引賈注《國語》:"縮,退也。盡也。""飲縮"即為"飲盡",以上《華嚴經》經文已能表意。又《賢首五教儀》卷一云:"又海寶飲縮喻云:譬如大海,有四熾然光明大寶布在其底,性極猛熱,常能飲縮百川所注無量大水。"[③]此喻即源於《華嚴經》。

大治本"飮"與金剛寺本"鈫",乃書寫時産生的訛字。"飲"字在《説文》中作"㱃","飲"為後起之類化字。這可能是當時抄經者

---

① 高麗藏本字形同此。

② 池田証寿《新譯華嚴經音義私記について一先行音義との關係》。

③ 《續藏經》第 58 册,第 634 頁。

在抄録"歆"字時用因字迹漫漶誤認左旁為"金",遂書作"欽"。

例四,崈峻(經第六十六卷;大治本);宲夋(金剛寺本)

案:大治本之"崈"與金剛寺本之"宲"為"崇"之俗。《偏類碑別字・山部・崇字》引《隋楊居墓誌》作"宗"。而《碑別字新編》"崇"字下録有"宲"(《齊高僧護墓誌》)、"宗"(《隋雍長墓誌》)皆上為山,下乃"宋"。

大治本之"峻"、金剛寺本之"夋"[1]為"峻"之俗字。《敦煌俗字典》"峻"之下"峻"[2]與大治本相似,聲旁上部為"山"。《偏類碑別字・山部・峻字》引《魏臨淮王元彧墓誌》作"峻"亦屬同類。

此類例甚夥。其中自然也包括二本書者所寫訛誤字。但經過仔細勘覈,可發現大多應為《新音義》作者所見經本文如此用字,故特意收録,加以辨析。這就從一定程度上反映出奈良至平安時期寫經用字的某些信息。

三、結論

1. 現存有大治本、金剛寺本的《新音義》,作為奈良時代日僧專為八十卷《新譯華嚴經》所撰音義,儘管不如《慧苑音義》以及其後的《私記》内容豐富,諸種訛誤亦多,但卻直接體現了早期日本華嚴學僧對《華嚴經》、對漢字的樸素認識與思考。

2. 因為《新音義》的作者似未見到《慧苑音義》,其參考資料主要是《玄應音義》和《玉篇》,故將其與《玄應音義》與《玉篇》相結合加以研究,對研究古籍佚文,特别是已經散佚的《玉篇》更是重要資料,即使從漢字的角度,也有一定價值。

3.《新音義》首創用"一覽"的形式,在《經序音義》中收録35個(組)正字條目。臧中進指出:可將其看作是"《新譯華嚴經》所用

---

① "夋"字左半"山"旁,寫在左上,實際一樣。

② 《敦煌俗字典》第217頁。

異體字一覽”①。特别是其中集中出現的16個“則天文字”,可謂佛經音義中首見。② 即使同為八十卷《華嚴經》音義的《慧苑音義》亦未見此内容。其後的《私記》將此内容全部收入,可見二音義作者均非常重視這一部分。研究《私記》的學者,皆特别强調其《經序音義》中的這一内容。然而,應該指出的是這一“首創”應為《新音義》作者。

4.《新音義》儘管篇幅不長,然而包含豐富的俗字内容,無論是《經序音義》中除16個則天文字以外的18個(組)俗字,抑或是辭目所收釋,引用《玉篇》、《玄應音義》等辨析對字形的内容,乃至於釋文中隨文信筆寫出的俗字,都生動地呈現出中古俗字在海外的流傳與發展的實況,甚至傳遞出日本漢字發展的某些信息。而這些都將成為今後深入研究的課題。

謝辭

本研究獲得日本學振興會(JSPS)基盤研究(C)22520477,2012年度科研費以及2012年度南山大學パッヘ研究獎勵金Ⅰ-A-2之贊助。本文為其成果之一。

(作者單位:日本花園大學)

---

① 藏中進《則天文字の研究》,翰林書房1995年版,第98頁。

② 當然並非其他佛經音義中無此内容,如《可洪音義》,但多為散見。

李白《獨漉篇》"繡"字試釋

駱瑞鶴

《李太白全集》卷四《獨漉篇》：

雄劍掛壁，時時龍鳴。不斷犀象，繡澀苔生。國恥未雪，何由成名。①

王琦校："繡，繆本作羞。"無説解。繆本，清姑蘇繆氏據宋刻本重刻之本。王琦自跋其書，敘太白集版本較詳，中有云：

會姑蘇繆氏獲崑山傳是樓所藏宋刊本，重梓行於時。其書字畫悉倣古刻，精整可玩。賈人漬染之，宛然故紙，翦去卷尾重刊諸字及弁首小序，僞作宋板以欺人，不知者多以重價購去。其本敘次先後、卷帙多寡，與蕭、郭二本稍異，而與陳氏所言蜀本相合，即非蘇本亦蜀本也（中略）兹本自二十五卷以前略依蕭本，雜文四卷略依郭本，而以繆本參訂其間。②

蕭、郭二本，宋元間蕭士贇刻本、明嘉靖間吴中郭氏重刻蕭士贇本。繆本與蕭、郭本稍異而與陳氏所言蜀本合，則所據之宋刊本當為宋時蜀本。陳氏即宋陳振孫。陳振孫《直齋書録解題》卷一六《別集類上》"《李翰林集》三十卷"下云：

---

① 《李太白全集》上册，第 221—222 頁，中華書局 1977 年版。上海書店 1988 年影印原世界書局本同，見其書第 109 頁。《全唐詩》亦同，見其書第五册，第 1689 頁，中華書局 1960 年版。

② 《李太白全集》下册，第 1688 頁，中華書局 1977 年版。

> 唐翰林供奉廣漢李白撰。《唐志》有《草堂集》二十卷者,李陽冰所録也。今案陽冰序文但言十喪其九,而無卷數。又樂史序文稱:"《李翰林集》十卷,别收歌詩十卷,因校勘為二十卷;又於館中得賦、序、表、書、贊、頌等,亦為十卷,號曰别集。"然則三十卷者,樂史所定也。家所藏本,不知何處本。前二十卷為詩,後十卷為雜著。首載陽冰、史及魏顥、曾鞏四序,李華、劉全白、范傳正、裴敬碑誌,卷末又載新史本傳,而《姑孰十詠》、《笑矣》《悲來》《草書》三歌行亦附焉,復著東坡辨證之語。其本最為完善。别有蜀刻大、小二本,卷數亦同,而首卷專載碑、序,餘二十三卷歌詩,而雜著止六卷。有宋敏求後序,言舊集歌詩七百七十六篇,又得王溥及唐魏萬集本,因裒唐類詩諸編洎石刻所傳廣之,無慮千篇,以别集、雜著附其後。曾鞏蓋因宋本而次第之者也。以校舊藏本,篇數如其言。然則蜀本即宋本也耶?末又有元豐中毛漸題云"以宋公編類之勤,曾公攷次之詳,而晏公又能鏤板以傳於世",乃晏知止刻於蘇州者。然則蜀本蓋傳蘇本,而蘇本不復有矣[①]。

此文言及李陽冰本(白集初本),樂史本,宋敏求本,曾鞏本,陳氏家藏本,蜀刻二本。依陳振孫説,再合上所引王琦所述,知清繆氏重刻時所據之宋本,為宋時之蜀刻本。此蜀刻本所據,又是北宋宋敏求、曾鞏先後整理之本。曾鞏整理后,由晏知止首刻於蘇州。晏刻本極古,萬曼《唐集敘録·李翰林集》以為"這可以説就是《李白集》的第一個刻本"[②],其説有據。

如上述資料可信,則宋本《李翰林集》之《獨漉篇》》,其文或作"繡澀苔生",或作"羞澀苔生"。繡澀、羞澀,自宋楊齊賢、宋元時蕭士贇至清王琦,皆無所解。今人重新編、注的李白詩,於詩原文,亦

① 宋陳振孫《直齋書録解題》,中華書局影印清武英殿本,《宋元明清書目題跋叢刊》第一册第 746—747 頁。

② 萬曼《唐集序録》,中華書局 1980 年版,第 80 頁。

或作"繡",或作"羞"。至於解釋,諸書多闕,如瞿蛻園、朱金城《李白集校注》[1],安旗《李白全集編年註釋》[2]等。今以寡聞,查得一種有説解者。葛景春撰《李白詩選》,詩文作"羞澀",注云:"'不斷'二句,謂犀象斬不斷是因寶劍生銹長苔之故。"[3]是解羞澀為生銹之意。唯"羞澀"無"生銹"義,故仍可疑。

今以為詩文作"羞",實誤,字當作"繡"。"繡"借用為"鏽",即今銹字。《李太白全集》卷一九《酬張卿夜宿南陵見贈》:"寶刀隱玉匣,繡澀空莓苔。""繡"字下王琦校:"繆本作鏽。"[4]查楊齊賢等注本,果作"鏽澀"[5]。作"鏽澀"雖得詩意,但其仍以作"繡澀"為長。唐時似無生銹之"鏽"字,作"鏽"當是宋或宋以後人所改。唐及唐以前,於金屬銹蝕、生銹之義,有鉎、鏉、鍽、鏥、澀諸字。唐玄應《一切經音義》卷一六《大比丘威儀》下云:"去鉎,所京反。《埤蒼》:'鉎,鏉也。'謂鐵衣也。"《隋書·經籍志》經部有"《埤蒼》三卷",原注:"張揖撰。"此張揖當是作《廣雅》者,三國魏人。《埤蒼》既有解釋,則鉎、鏉二字或出於漢末。宋本《玉篇·金部》:"鏉,山逅切,鐵鉎也。""鉎,所京切,鏉也。"所據當為《埤蒼》。《荀子·彊國》:"刑范正,金錫美,工冶巧,火齊得,剖刑而莫耶已。然而不剥脱,不砥厲,則不可以斷繩。"唐楊倞注:"剥脱,謂刮去其生澀。"楊注此"生"字宜讀作"鉎"。已鑄就之刀劍表面有氧化層須刮去者,其形如銹,故云鉎澀。《集韻·青韻》桑經切下又有"鯹",為"鉎"異體。《類篇·金部》:"鯹,桑經切,鐵衣。"

鍽字,始見宋本《玉篇·金部》:"鍽,力逅切,鏉鍽也。"此字鮮

① 瞿蛻園等《李白集校注》,上海古籍出版社 1980 年版,第 281—283 頁。

② 安旗主編《李白全集編年註釋·至德二載》,巴蜀書社 1990 年版,第 1404—1408 頁。

③ 葛景春《李白詩選》,中華書局 2005 年版,第 251 頁。

④ 《李太白全集》中册,中華書局 1977 年版,第 888 頁。

⑤ 楊齊賢集註、蕭士贇補註《分類補註李太白詩》卷一九《詶張卿夜宿南陵見贈》,《四部叢刊》影印明郭氏(雲鵬)濟美堂刻本。

見用於文章。鏥字,宋唐慎微《重修政和本草》卷二七《菜部上品·菘菜》原注:"陶隱居云:'菜中有菘,最為常食。(中略)其子可作油,傅頭長髮,塗刀劒令不鏥。'"①陶隱居即南朝梁陶弘景,《梁書》有傳。陶隱居説,應出自陶弘景《本草經集注》。《隋書·經籍志》子部"《神農本草》八卷"原注有云:"梁有《神農本草》五卷,(中略)《陶弘景本草經集注》七卷,(中略)亡。"陶書唐初既已不見,則《重修政和本草》注語所引陶隱居云云,或係輾轉引來,其中雖有"鏥"字,但難明"鏥"即出於六朝。宋本《玉篇》、《廣韻》都無"鏥"字,至《集韻》始有。

唐人言生銹,好用"澀"字。劉長卿《送李七之笮水謁張相公》詩:"後時長劍澀,斜日片帆孤。""澀"字下儲仲君箋注:"澀,言劍銹蝕。"②又《古劒》詩亦有"鐵衣今正澁,寶刃猶可試"之句。劉禹錫《砥石》賦序:"南方氣泄而雨淫,地慝傷物。嫗伏噫濕,渝色壞味,雖金之堅,亦失恒性。始余有佩刀,甚良,至是,澀不可拔,剖其室乃能出。"③其下文即言銹澀之狀。"澀"為銹蝕,"繡(鏽)"亦為銹蝕,故李白詩二字連用。《類篇·金部》:"鏥,,息救(救)切,鐵上衣也。或作銹、鏽、繡。"以"繡"為"鏥"異體之一,亦可為李白詩"繡澀"字佐證。

(作者單位:武漢大學)

---

① 唐慎微《重修政和本草》,全稱《重修政和經史證類備用本草》。此為影印文淵閣《四庫全書》本,紙本未校。

② 儲仲君《劉長卿詩編年箋注·未編年詩》,中華書局 1996 年版,第 512 頁。

③ 劉禹錫《劉夢得文集》卷一一,《四部叢刊》影印董氏影宋本。

《先祖事略》句讀、譯文獻疑

錢興奇

2007年湖北高考語文試卷(以下簡稱"湖北卷")將清王士禛《漁洋山人自撰年譜》節選删改為《先祖事略》,作為文言文閲讀試題。其後,《先祖事略》被諸多教輔書、高考復習資料引用,還有人把它譯成現代文,網路上出現得更多。然而,《先祖事略》有三處斷句錯誤,自它出現至今,未見有校正者,引用者均以訛傳訛;至於譯文,則是越譯越訛。因不揣固陋,擇其數端,試析其誤,就教於大方之家。

一、句讀獻疑

為敘述方便,先照録湖北卷的原文。

先祖事略

山人名士禛,姓王氏,字子真,青州諸城人。

始祖諱貴遷,濟南新城著籍焉,稱琅琊公。後避居新城之曹村,為某大姓傭作。一日大風晦暝,有一女子從空而墮,良久既霽,公於塵坌中得之。云即諸城縣初氏女也。晨起取火,不覺至此。時公方鰥居,女子年十八九。主人以為天作之合,遂令諧伉儷焉。

二世祖諱伍,有善行,稱善人公。琅琊公五子,善人最少,性醇謹,事父母諸兄皆得其歡心,尤好施予。歲時勤力治家,人產計口給食,餘悉以賑鄉里貧乏者。門前植槐一株,枝葉扶疏,時作糜哺餓者於其下。諸餓者以次受糜,紡其笠於槐,累累如也。鄉人呼之曰"王菩薩",而稱其家曰"大槐王氏善人"。

三世祖諱麟明,經官潁川王府教授,稱潁川公。潁川為善人次子,生而警穎强記,於書無所不睹。十四補博士弟子員,每試輒冠其群。數困棘闈,隨例應里選,官永平郡司訓,勸學興行,為多士式。最後遷教授潁川王府。既至,疾作,期年而卒。志傳稱公内廉行修,人倫醇備。事大父琅琊公至孝,遇諸兄弟門以内,蒸蒸如也。

高祖諱重光,字廷宣。潁川公卒,衰毁如禮,鵰闕除户部。當事以其能,晉秩僉事,守雲中。强直奉法,軍民賴之。尋晉參議,守上穀。條上穀機宜十二事,悉中窾要。以忤當事意,調貴陽。丁巳,肅皇新三殿,求大木,取辦貴竹。公至,彝人爭以所知異木走報公。公深入其阻,沖風瘴癘,勤事以死。事聞,特加恩恤,賜祭葬。壬戌秋,三殿告成,以公前績詔贈太僕寺少卿。公性孝友,為潁川公次子,方齔而母沈安人亡。三事繼母常、岳、盧,如所生。兩弟早夭,撫其遺孤,不殊己子。居鄉,恂恂退讓,君子也。遇事慷慨,不避艱險。及卒,無一語及家事。世廟諭祭文,有"忠勤報國"之褒,故稱忠勤公焉。

下面我們逐條討論。

【1】始祖諱貴遷,濟南新城著籍焉,稱琅琊公。

網路上有一篇文章《質疑與解惑:從咬文嚼字到緣情度理》①,文中有一個例子中就是討論這句話的,不妨照録:

"始祖諱貴遷濟南新城著藉焉"一句,"遷"字到底應該斷於前句還是斷於後句,單從本句是難以看出的,而且從"遷"字的兩個常用義項"搬遷"、"升遷"來看,似乎"遷"字也確乎斷於後句較為合適。然而,我們如果統觀前後文,即可發現"遷"的這兩個義項在文中都是行不通的。其前後内容如下:

> 山人名士禎,姓王氏,字子真,青州諸城人。
>
> 始祖諱貴遷濟南新城著藉焉,稱琅琊公。後避居新城之曹村,為某大姓傭作。一日大風晦暝,有一女子從空而墮,良久既霽,公於塵坌中得之。云即諸城縣初氏女也。晨起取火,不覺至此。時公方鰥居,女子年十八九。主人以為天作之合,

遂令諧伉儷焉。

如果按照"搬遷"之意理解,那麼此句意在介紹始祖後來搬遷於濟南新城。那麼,作者應該先介紹始祖的籍貫,也就是其搬遷之前家居何地。始祖作為家譜中的第一位介紹物件,其籍貫自然不能省略,然而文中卻並無介紹。文章首段"山人名士禛,姓王氏,字子真,青州諸城人"意指作者現在的居住地,並非其始祖户籍。

如果按照"升遷"之意理解,句意更是難以貫通。因為從後句得知,始祖"後避居新城之曹村,為某大姓傭作",可見,始祖並非仕途宦達之人,而是生活困頓的奴僕百姓。故"因升遷移居到濟南新城"的說法也理解不通。

"遷"字還有一個常用義項"放逐、流放",在此處當然也難以講通。因此,通過瞻前顧後,我們基本可以斷定"遷"在本句中並無"搬遷"、"升遷"抑或"放逐、流放"之意,故而"遷"字斷於後句不盡合理。那麼我們不妨將其斷於前句,句意為"始祖諱貴遷,濟南新城著藉焉",此處"貴遷"即始祖的名字而已,經過查證,的確如此。

注①見豆丁網:http://www.docin.com/p-18312724.html、語文軒 http://www.yuwen888.com/Article/Class23/45237.html

先要說明一下,作者的這段文字中有兩個地方混淆了概念:其一,王士禛自撰的是"年譜",而非"家譜";其二,"祖籍"與"户籍"不是一回事。還有一處說錯了,王士禛居住在濟南新城(今山東桓台縣),而不是諸城。

作者的"緣情度理"方法,也許在別處有用,但對《先祖事略》這段文字來說,是不能不合適,因為它是一段被删改過的文字。許多作者質疑的資訊,恰恰是被删改了的部分。《漁洋山人自撰年譜》中這句話的原文是:

山人名士禛,姓王氏,字子真,青州諸城人(〔自注〕即今諸城)。始祖諱貴,遷濟南新城著籍焉,稱琅琊公。

> 公居諸城,古琅琊地也。當元末白(一作花)馬軍亂,公祖擊之,殺一賊。度不能抗,乃避居新城之曹村……

補全了被湖北卷删去的文字,這段話的意思就很清楚:琅琊公王貴的祖籍諸城,遷到新城落户了。這也解釋了為何王士禛住在新城卻説自己是青州諸城人;王氏後代之所以稱王貴為琅琊公,實際上就是為紀念自己的祖居地。

【2】三世祖諱麟明,經官潁川王府教授,稱潁川公。

這句話看起來並無不妥,但稍作分析就會發現問題。“經官”怎麼解釋?按慣例應該是“曆官××、××”、“終官××”或生平職位最高的官名。王士禛是個大儒,決不會出現文法錯誤。其實這裏的斷句錯誤與上面相同,把“明經”分拆開了。如果换成“三世祖諱麟,明經,官潁川王府教授,稱潁川公”,就文從字順義通了。“明經”雖然不是科舉的高階,而且這個“明經”還是借用了前代的名稱,實際上只是個“貢生”;但對遷居新城的琅琊公一支來説,意義非同一般,因為從三世祖開始了讀書仕途。《漁洋山人自撰年譜》在始祖琅琊公條下有幾句話透出信息:“……遂令諧伉儷焉。三世至潁川公而讀書仕宦,四世至太僕公始大其門,二百年來科甲蟬連不絶,皆初夫人所出也。”

漁洋山人年譜

世系

始祖貴 遷濟南新城著籍稱琅琊公 二世祖伍 稱耆公 三世祖麟 明經官潁川王府教授稱潁川公

曾祖

高祖重光

祖象晉

父與敕

士祜

士禄

正因為如此,所以王士禛在介紹三世祖時要明確地寫上“明經”,而且後面的文字中也不憚自揚“家醜”:王麟雖“生而警穎强記,於書無所不睹”,但“數困棘圍”,只能“隨例應里選,官永平郡司訓”。

我們也可以用文獻資料來證明:三世祖名麟,而非麟明。

其一、《漁洋山人年譜》(見書影):

其二、陶也《〈山東新城琅琊王氏世譜〉的文獻價值和現實意義》:

新版《新城王氏世譜》第一册傳記篇詳細記録了本族歷史名人

的生活年代、文學交遊、生平業績等。所載人物包括琅琊公王貴、善人公王伍、潁川公王麟、讓德公王耿光、忠勤公王重光……(見http://blog.sina.com.cn/s/blog_4fbee0610100fib9.html 2009-09-20)

【3】鄉人呼之曰"王菩薩",而稱其家曰"大槐王氏善人"。

稱其家為"大槐王氏善人",此句的主語與謂語非同類,明顯的病句。問題在哪兒?查《漁洋山人自撰年譜》,發現仍是湖北卷删改者的斷句錯誤。原文是:

> 而稱其家曰"大槐王氏"。善人既多隱德,嘗夢神人以冠簪笏囊分佈於槐枝之上……

湖北卷明顯是把該屬下句的"善人"斷到上句去了。

以上三處斷句明顯錯誤,作為高考試題是不盡嚴謹的。

二、譯文錯誤舉隅

湖北卷出現以後,將這道題視為經典者大有人在。當今各類高考類比、練習等復習應考資料多有引用;還有將此段文字譯成現代文的。在網路上搜索"王士禎先祖事略",網頁比比皆是。但據筆者所見,無一例將這三處錯誤改正過來,反而是以訛傳訛,越傳越訛。比如《巨人作文網》網頁上的《先祖事略》,(http://news.juren.com/200804/88774.html)就有錯字10,脱字2,衍字1,標點相異處10。

問題最多的是翻譯。大概是為了幫助學生更好地理解文意,有些書籍和網頁將這段文字譯成了現代文。譯文都出奇地一致,説明譯者只是一人,其餘都是轉相引用。因為譯文中錯誤太多,只能擇其要者辨析。

【1】原文:始祖諱貴遷,濟南新城著籍焉,

譯文:始祖名叫王責遷,濟南新城藉人,

除了原封不動地承襲了湖北卷的斷句錯誤外,主要問題是錯誤地理解了“著籍”,把“著籍”等同於“籍貫”了。一個人的户籍與籍貫不同,在現代也是常見的事。

《漢語大詞典》釋“著籍”:③登記在户籍上。《三國志·蜀志·諸葛亮傳》“荆州北據漢沔,利盡南海”裴松之注引三國魏魚豢《魏略》:“今荆州非少人也,而著籍者寡。”《清史稿·食貨志一》:“凡民之著籍,其別有四:曰民籍;曰軍籍,亦稱衛籍;曰商籍;曰灶籍。其經理之也,必察其祖籍。”

譯文應改為:始祖名叫王貴,遷居到濟南新城,並在那裏登記了户籍,

【2】原文:時作糜哺餓者於其下。諸餓者以次受糜,紡其笠於槐,累累如也。

譯文:(善人公)時常在下面煮粥給饑餓的人吃,那些饑餓的人依次得到粥。(善人公)還在槐樹下編織斗笠,常常像這樣。

這段譯文看起來就很勉强,譯者為了自圓其説,把“紡其笠於槐”前面的標點也改了。

要譯這段話,有個關鍵字“紡”。現代漢語中有雙音詞“紡織”,但“紡”和“織”的内涵是不一樣的,所以有“紡紗”,有“織布”,但没有“紡布”。古代也是如此。斗笠之類的竹編器具,可以説“織”,也可以説“編”,但不會説“紡”。譯者也知道“斗笠”是“編織”而不是“紡”,所以更换了“紡”的主語。原文的主語是“諸餓者”,而譯文的主語是“善人公”,所以譯文中就没有了“其”字。

在這裏,“紡”究竟作何解?還是看《漢語大詞典》:

紡:①懸空綁著;捆縛。《國語·晉語九》:“獻子執而紡於庭之槐。”韋昭注:“紡,懸也。”《新唐書·酷吏傳·索元禮》:“或紡囚梁上,縋石於頭。”宋司馬光《上龐樞密論貝州事宜書》:“其望大軍之至,赦令之降,若墜塗炭者之待救,紡於樹者之求解也。”清黄生《義府·紡》:“案紡當讀為繃,古字通用。《説文》:‘繃,也。’今俗綁字(補項切)即繃音之轉,因轉音,故

字從而變耳。紡於庭槐,即綁縛之意。"

"紡其笠於槐"就是那些以次受糜的餓者,把他們的斗笠都系到樹上。

"紡"字解釋通了,"累累"也就好解釋了,就是"多貌,重疊貌,連貫成串貌"。現代詞語裏也有"碩果累累"。

【3】原文:志傳稱公内廉行修,人倫醇備。事大父琅琊公至孝,遇諸兄弟門以内,蒸蒸如也。

譯文:志傳上稱他為公内廉行修。他長幼尊卑分得極細。對大伯父琅琊公最孝順,遇到哥哥兄弟們很尊敬,天天如此。

譯文有點自説自話。"内廉行修,人倫醇備"都是志傳裏的話,原文已用句號點斷,可譯文卻把它們分隔開,後半段屬下層意思。"大父"是"祖父",不是"大伯父",輩分搞錯了。"蒸蒸"也没有"天天"的意思。此處的"蒸蒸",應當用《漢語大詞典》的釋義:蒸蒸:純一寬厚貌。"蒸蒸"與"烝烝"同義,所以《漢語大詞典》釋"烝烝"與"蒸蒸"同。

【4】原文:世廟諭祭文,有"忠勤報國"之褒,

譯文:祠堂祭文,有皇帝"忠勤報國"的褒獎,

譯者明顯没有注意到"世廟",或把"世廟"理解成"祠堂"了。既然上面的"肅皇"譯成"嘉靖皇帝",為何這兒忽略了?嘉靖皇帝朱厚熜,謚孝肅皇帝,廟號世宗。"肅皇"是"孝肅皇帝"的省稱。廟號世宗,又稱世祖廟,省稱"世廟"。這兒應當譯成:嘉靖皇帝的諭祭文中有"忠勤報國"的褒獎。而"祠堂祭文,有皇帝'忠勤報國'的褒獎"的意思只是王家祠堂的祭文中有皇帝所説"忠勤報國"的讚揚語。"諭"這個特定詞就没有出來。

(以上所引譯文,見百度百科
http://baike.baidu.com/view/2037989.htm)

(作者單位:江蘇教育出版社)

説“扁”

徐　山

提要:本文分析了“扁”字的字形構造特點,認為“扁”的本義為“用樹木編成的單扇的門”,進而梳理了“扁”的本義和引申義以及同源字之間的關係。

關鍵詞:古文字　扁　考釋

“扁”字,未見於甲骨文,而《詩經》已用“扁”字。《詩經·小雅·白華》:“有扁斯石,履之卑兮。”其中的“扁”指該石的形狀呈扁平狀。《説文》:“扁,署也。從户册,户册者,署門户之文也。”段玉裁注:“署門户者,秦書八體,六曰‘署書’。”《説文》訓“扁”為“署”,即認為“扁”的本義用如動詞,此説不確。段玉裁的注只解釋了《説文》中的“署門户之文”用的是“秦書八體”中的“署書”,並没有梳理“扁”字的本義和引申義之間的演變脈絡。馬敘倫《説文解字六書疏證》:“疑從册、房省聲。此‘篇’、‘編’之初文。‘署也’非本義,或非本訓。‘户册者’以下非許文。”馬敘倫認為“‘署也’非本義”,可從,然而進而質疑“扁”的形體構造為“從册,房省聲”的形聲字,則無據。

“扁”的字形為會意字,所謂“從户册”,可知“扁”的本義當和“户”有關。“扁”的字形由“户”和“册”兩個部件構成。《説文》:“户,護也。半門曰户,象形。”“户”即單扇的門義,而“册”的含義前人有不同的看法。《説文》:“册,符命也,諸侯進受於王也。象其劄一長一短,中有二編之形。”即《説文》以為“册”的形體為簡册狀。白川静《作册考》:“册字的古義大概就在扁字之中,册當即柵之初文,象扁門的扉形。考卜辭金文中的册字,其直枝有三條至六條的各形,而其長枝上部亦有稍呈圓狀者。至於横的二編,或兩端相連而成圓形,或一端相連一端上下分開,或兩端與長枝平齊……這些都是編木成扉的形狀,不可能是長短不齊的簡劄或龜板。”“册”的甲骨文為長短不一的形狀,這和竹簡的實際情況並不一致,所以“册”的本義不可能是竹簡。白川靜“册當即柵之初文”的看法可從。《説文》:“柵,編樹木也。”至於本義為“編樹木”義的“册(柵)”,其早期用途是將長短不一的樹枝捆綁在一起用作燎柴。而“册”的竹簡義,是文字出現以後的事情,是從燎祭用的編木演化而來的。[①]這樣再來看“扁”字“從户册”的“册”的含義,此“册”用的是“册”的本義,即“編樹木”義。“扁”字以“户册”會意,義在表明“扁”屬於“户”的一種形制,且以“册”狀為之,具體而言,“扁”為用樹木編成的單扇的門,用如名詞。因其形呈扁平狀,故引申出形容詞的“扁”義,如文前所引的《詩經》中的“有扁斯石”的用法。由於《説文》已不明“扁”字中“册”的本來含義而導致未能闡明“扁”的本義,所以把“扁”字繫於部首“册”之下,不確,“扁”字實應繫於部首“户”之下。

再來看一下《漢語大詞典》對“扁”字的處理情況。在“扁”字的第一個字頭下有七個義項,其中前三個義項為“扁”字在古籍中的主要用法,它們分别是:“① 在門户上題字。《説文·册部》:‘扁,署也。’《後漢書·百官志五》:‘皆扁表其門,以興善行。’……② 匾額。後多作‘匾’。宋楊萬里《真州重建壯觀亭記》:‘米元章嘗官發運司,迨暇則裴回其上,為之賦,且大書其扁。’……③ 謂物體寬而薄。《詩·小雅·白華》:‘有扁斯石,履之卑兮。’……”其第一個義項的設立承《説文》而來,其書證材料取自《後漢書·百官志五》,但引文不完整,在“皆扁表其門”之前尚有“凡有孝子順孫、貞女義婦,讓財救患,及學士為民法式者”這樣一段話。《後漢書》中的“扁表其門”的“扁”不是動詞,而是名詞,義為後出字形的“匾”,在句中充當狀語。所謂“扁表其門”,義即用“扁(匾)”來標誌其門,當然在“扁(匾)”上要寫上一些頌揚性質的文字。可以這樣説,“扁”字的早期用法中並没有動詞的用法。由於《説文》對“扁”字中的“册”的形體義理解不確,所以出現了“署也”和“署門户之文”的解釋,而前者"署也"為動詞義,後者"……之文"則為名詞義,可見其自相矛盾之處。上引《漢語大詞典》"扁"字的第一個義項"在門户上題字"應删,其《後漢書・百官志五》的書證材料則可併入後面的義項中,且置於"匾額。後多作'匾'"之後。

當然,從早期文獻的書面材料上看,"扁"字"用樹木編成的單扇的門"的本義用法並没有出現,但在方言中還可以看到一些痕跡。《漢語方言大詞典》"扁"字條下的第一個義項為:"〈名〉竹編屏狀物,可用以隔開内外。閩語。福建廈門①篾～。""扁"字在《廣韻》中為上聲,而福建廈門方言中"篾扁"的"扁"的調類亦屬上聲。"竹編屏狀物"之義和"扁"的本義"用樹木編成的單扇的門"兩者意義極近,在"屏狀物" 的作用上則是一致的。而早期文獻中"扁"的"匾額"義,則是"扁"的本義的引申義用法,即"扁"的本義"用樹木編成的單扇的門" 和引申義"匾額"兩者在扁平的形狀上是一致的。

再來看"扁"的同源字"篇"和"編"。《説文》:"篇,書也。一曰關西謂榜篇。"段玉裁注:"榜,所以輔弓弩者。此其引申之義,今之榜額標榜是也。關西謂之篇,則同扁。"朱駿聲《説文通訓定聲》:篇,"謂書於簡册可編者也。""篇"作為可"書"的簡册,其形狀和"扁"的本義"用樹木編成的單扇的門"相似,兩者都要經過編連而成。而《説文》"一曰關西謂榜篇",其"榜額"義則由"篇"的簡册本義引申而來,這和"扁"引申出"匾額"義為同步關係。《説文》:"編,次簡也。"段玉裁注:"以絲次第竹簡而排列之曰編。""扁"的本義是"用樹木編成的單扇的門",而編竹簡這樣的行為則為"編",兩者在"編連"義上則相同。馬敘倫《説文解字六書疏證》以為"扁"是"篇"、"編"之初文,不確,實因不明"扁"的本義而未能理清"扁"和"篇"、"編"之間的詞義派生關係。

(作者單位:蘇州大學)

---

① 參見拙著《漢語言的起源》,四川人民出版社 1998 年版,第 23 頁。

《四庫全書薈要提要》與《四庫全書總目》差異比較

江慶柏

本文分析《四庫全書薈要提要》(以下簡稱《薈要提要》)和《四庫全書總目》(以下簡稱《總目》)對同一部圖書評價的差異性。

根據我們的研究,《四庫全書》提要文獻可分為分纂提要、匯總提要、書前提要、總目提要等四種類型。這四類提要稿之間存在着一定的聯係。《薈要提要》屬於"書前提要"類型,即《四庫全書薈要》所收録各書書前的提要,其抄録時所依據的底本當是"匯總提要"。

通過比較可以看到,《總目》與《薈要提要》内容多有不同,而且《總目》有些説法具有明顯的針對性。但這種針對性是《總目》直接針對《薈要提要》説法的,還是針對《薈要提要》抄録時所依據的底本及"匯總提要"説法的,目前還難以判斷。為謹慎起見,本文根據行文方便,或稱之為《薈要提要》,或稱之為"《薈要提要》之類的説法"。

《薈要提要》和《總目》有着不同的評價角度,並由此得出不同的結論

以元陳櫟《書集傳纂疏》為例。《薈要提要》云:"其書於蔡傳有所增補,而無所駁正,亦猶孔氏《正義》於古注莫敢異同。蓋專門之學,例如是也。"《總目》云:"《自序》稱'聖朝科舉興行,諸經《四書》一是以朱子為宗,書宗蔡《傳》,固亦宜然'云云,蓋延祐設科以後,功令如斯,故不敢有所出入也。"顯然兩者評價的角度並不一樣。《薈要提要》是從注解體例的角度來看的,而《總目》則從學術背景的角度來看的。

再如《欽定書經傳説彙纂》,《薈要提要》云:"於制度、名物、道

里、山川,益加詳審,是萬古治世之大法,實備於此,固不僅為説經標準已也。"認為此書於治理國家、社會大有裨益,所論注重於實。《總目》云:"即一訓詁之學,而聖人執兩用中之道,大公至正之心,悉可以仰窺焉,又不僅為説《書》之準繩已也。"認為此書可見方法論意義,偏重於哲學意義的闡釋,所論注重於虚。

因為《薈要提要》和《總目》評價角度不同,所以對一些圖書的評價或認識,也不一樣。

如關於元俞皋撰《春秋集傳釋義大成》學術來源的看法。《薈要提要》認為其學來源於程、朱二家,提要一再説:"今觀其書雖兼採衆説,衷以己意,而分别義例,一以程、朱二家為宗。""皋能取裁程、朱以補其(指胡安國)所偏,不拘例亦不廢例,不泥傳亦不廢傳,庶幾能持其平者。"《總目》則認為俞皋之學源於程子一家,其提要也反復申明這一點,如謂:"觀皋《自序》,稱所定十六例,悉以程子《傳》為宗。又引程子所謂微詞隱義,時措時宜,於義不同而詞同、事同而詞不同者,反覆申明不可例拘之意。又稱學者宜熟玩程《傳》,均無一字及安國。蓋其師之學本出於程子,特以程《傳》未有成書,而胡《傳》方為當代所傳習,故取與三《傳》並論之。"

今觀其書,開首即列《程子朱子説春秋綱領》,引程子六條,朱子五條。書中也是常引程子在前,又引朱子在後。一些地方還將兩人並提,如隱公元年春王正月下云:"程子、朱子之意至甚明白,而諸説之謬可不待辯而自明,學者宜詳味之。"但從全書的情況來看,此書確實多宗程子。如所列"原序",即包括春秋三傳序及《程子傳序》、《胡氏傳序》。其"凡例"後按語也説:"愚今遵程子説,以事同義同辭同者定而為例十六條。"又全書注釋,引程子約二百三十多處,而引朱子不到四十處。由此可見,俞皋所取以程子為主,但也兼取朱子。如《薈要提要》説此書程朱二人並重,固非事實,但如《總目》説僅宗程子一家,也不確切。

《總目》對《薈要提要》之類説法的否定

《總目》有時對《薈要提要》之類的説法，多有明確的否定。

《薈要提要》和《總目》對《淮南子》一書書名的隸定，最能説明這一問題。高誘在《淮南鴻烈解序》中説：此書"其大較歸之於道，號曰鴻烈"。後世以《鴻烈》稱《淮南子》蓋始於此。《薈要提要》接受了這一説法，並據此將本書書名定為《淮南鴻烈解》。《薈要提要》的説法與《四庫全書初次進呈存目》相同。《總目》則强烈否定了這種説法，其文云："高誘序言此書大較歸之於道，號曰鴻烈。故《舊唐志》有何誘《淮南鴻烈音》一卷，言鴻烈之音也。《宋志》有《淮南鴻烈解》二十一卷，亦鴻烈之解也。而注其下曰淮南王安撰，似乎解亦安撰者。諸書引用，遂並《淮南子》之本文亦題曰《淮南鴻烈解》，誤之甚矣。"《總目》認為高誘《自序》所説的"鴻烈"不過是説本書的内容是"大明道之言"的意思，故號曰鴻烈，並不是説本書書名就叫"鴻烈"。但後人不解，遂以此作為本書書名，《總目》認為"誤之甚矣"。因此《總目》將書名仍稱為《淮南子》。《總目》對《薈要提要》之類説法的批評指向是非常明確的。

《晉書》，《薈要提要》云："何超有《晉書音義》，其書不傳。"《薈要提要》同文淵閣《全書》目録後案語基本相同。文淵閣《全書》目録後案語上於乾隆四十年九月，《薈要提要》上於乾隆四十一年二月，由此可以看到《薈要提要》就是使用了案語。令人不解的是，案語明明説："何超有《晉書音義》，間附本書。"(這也是兩篇提要唯一有差别的地方)也就是説，今本《晉書》附有何超《晉書音義》，自然是尚流傳人世的，何以《薈要提要》要説不傳。更令人費解的是，《薈要》本《晉書》即有《晉書音義》三卷附卷末，何以《薈要提要》未知？且《薈要總目》作"唐太宗御撰，東京何超音義"，是亦以何超音義存世，與《薈要提要》不同。《薈要提要》的説法與事實不符，所以《總目》説："《音義》三卷，唐何超撰。其審音辨字，頗有發明。舊本所載，今仍附見於末焉。"這實際也是糾正了《薈要提要》之類的説法。文淵閣本《晉書》後附《晉書音義》三卷,可證。

在漢趙曄撰《吴越春秋》提要中,《薈要提要》指出本書徐天祐(按:當作徐天祜)註,"於事迹異同,多有駁正,然如季孫使越子期私與吴為市之類,猶未詳辨也。"《總目》則説:"天祐注於事迹異同,頗有考證。其中如季孫使越子期私與吴為市之類,雖猶有未及詳辨者,而原書失實之處,能糾正者為多。其旁覈衆説,不徇本書,猶有劉孝標注《世説新語》之遺意焉。"《薈要提要》先揚後抑,對徐天祐(徐天祜)注否定較多。《總目》則相反,雖也指出了徐注的不足,但先抑後揚,對其肯定更多。《總目》稱"雖猶有未及詳辨者",可見這明確表示,正是針對《薈要提要》之類説法而言的。

《薈要提要》持肯定意見,《總目》則持批評意見

一些提要,可以明顯看到《薈要提要》和《總目》的評價是不一致的。兹以宋孫復撰《春秋尊王發微》為例。《薈要提要》對此書頗為讚賞,如其引朱熹語云:"朱子謂其雖未深於聖經,然推言治道,凛凛足畏,終得聖人意思。"並説:"故春秋家至今重焉。"又自加評論道:"復之學遂開南宋諸儒之先,亦可謂毅然自立矣。"對孫復能持獨立自見極為表彰,對其在開創南宋學術風氣方面的貢獻,尤為推重。而《總目》對此書則多持批評態度,如説:"復之論,大抵以深刻為主。而宋代諸儒,喜為苛議。顧相與推之,沿波不返,遂使孔庭筆削變為羅織之經。"又説:"過於深求而反失《春秋》之本旨者,實自復始。雖其間辨名分,别嫌疑,於興亡治亂之機亦時有所發明。統而覈之,究所謂功不補患者也。以後來説《春秋》者,深文鍛鍊之學,大抵用此書為根柢,故特録存之,以著履霜之漸,而具論其得失如右。"完全將孫復看作學術罪人,要對宋以後的苛刻之論等學術陋習負全部責任。

對宋朱震撰《漢上易傳》的評價,兩篇提要也有很大差異。《薈要提要》也批評此書有"不免於好異"的缺點,但總體上評價甚高,《總目》則對朱震此書頗多保留意見。如《薈要提要》稱其書"救晉

代清言之失，其功頗鉅"。《總目》雖然也肯定其書"救莊老虛無之失"的作用，但除去了"其功頗鉅"一語。又《薈要提要》稱其所論圖書授受源流，"頗為後儒所傳述"，《總目》則指出"其説頗為後人所疑"。此外《總目》還引用了陳善《捫虱新話》、晁公武《郡齋讀書志》、馮椅《厚齋易學》等宋人著作對朱震的批評。

元程端學撰《春秋本義》，《薈要提要》稱其"沈潛紬繹者二十餘年，會成而卒"，並説"其學有淵源，故立説具有本末"，評價極高。而《總目》則對此書批評很多，稱其"體例頗為糅雜。其大旨仍主常事不書，有貶無褒之義。故所徵引，大抵孫復以後之説。往往繳繞支離，横加推衍，事事求其所以貶"。又嘲諷道："端學乃事事皆云未知信否，則天下無可據之古書矣。"在元鄭玉撰《春秋闕疑》提要中，《總目》還將程端學此書與鄭玉《春秋闕疑》一比高低："昔程端學作《春秋本義》等三書，至正中官為刊行，而日久論定，人終重(鄭)玉此書。豈非以玉之著書主於明《經》以立教，端學之著書主於詆《傳》以邀名，用心之公私迥不同哉？"可見《總目》的立場是一貫的。

對宋鄭伯謙撰《太平經國之書》，《薈要提要》和《總目》的看法也很有分歧。《薈要提要》云："伯謙是書，惟致意於設官分職，反覆推詳，以見創制之精意，可謂得其要矣。夫文質殊尚，今古異宜，居後世而欲復古制，此亦儒生之迂。然六曹分掌，經萬世而不能易。因舊注而斟酌變通，師其意不師其迹，於經世之業，亦未必盡無補也。"如從一般意義上來説，《薈要提要》所説頗為通達，既可為治學者參酌，也可為治世者參酌。不過也可以看到編者似乎未能深究本書具體内容，故所説只是泛泛而言。《總目》則不然，它對本書内容有具體的分析，指出："然其間命意，間有不可解者。如《齊東野語》記韓侂胄之敗，殿司夏震尚聲喏於道旁。《梅礀詩話》記紹定辛卯臨安大火，九廟俱燬，獨丞相史彌遠賜第以殿司軍救撲而存。其時武統於文，相權可謂重極。而此書《宰相》一篇，尚欲更重其權。又宋人南渡之餘，湖山歌舞，不復措意中原，正宜進卧薪嘗膽之戒，而此書《奉養》一篇，乃深斥漢文帝之節儉為非，所論皆不可為訓。

毋乃當理宗信任賈似道時,曲學阿世以干進與?”除末一句為推測之詞,未可據以為信外,其餘所説均切中本書要害。“六曹分掌,經萬世而不能易”,固然為事實,但具體如何辦事,却是因朝、甚至因人而異。作者推究審察“設官分職”之意,除了要還原歷史的真實外,也還要求用來説明現時的狀況。鄭伯謙此書的問題在於,對於現時不可行之事,却在論證其合理性,所以《總目》要説“不可為訓”了。

再如對元汪克寬撰《經禮補逸》,《薈要提要》雖然指出其書“綴集之功多,討論之功少”的缺陷,但仍認為此書“尋求殘缺,補苴成篇,使先王典制釐然尚見其梗槩,要為異於空言説《經》者矣,亦治《禮》者所不可廢也”。給予很多肯定,尤其“亦治《禮》者所不可廢也”一句,幾乎給予了此書在禮學研究中的經典地位。而《總目》則幾乎通篇是否定意見。如説汪氏“於著書體例,亦不甚講”,使得全篇“參差無緒”。又稱“此書實考典文,非考故事”,即需詳細推究上古典章制度,而不是引證歷史事實。而此書“乃多載《春秋》失禮之事,雜列古制之中”,乃至僅僅“臚列其文,不置一語”。《總目》又多指出所説“不知何據”、“亦殊疏漏”等等缺陷。最後甚至懷疑此書的真實性:“或後人別得改竄之本刻之歟?”《總目》無奈,只好以“其元人舊帙,議論尚不失醇正,姑存以備一家焉”,作為選入《全書》的理由。

對宋郭茂倩編《樂府詩集》,《薈要提要》與《總目》評價都非常高,但對一些具體問題,兩篇提要也還有一些不同。例如同是“採詩入樂”的問題,《薈要提要》引明梅鼎祚對此書的批評,而指出:“梅鼎祚因是書作《古樂苑》,徒詆茂倩意務博覽,以詩溷入,不知古人採詩入樂,原不甚分。”對梅鼎祚頗不以為然。而《總目》則説:“明梅鼎祚《古樂苑》曰:郭氏意務博攬,間有詩題,混列樂府。”以下列舉大量例證來説明,最後説:“其説亦頗中理。”可見完全同意梅鼎祚的意見。

宋陳彭年等撰《重修廣韻》提要,也可以看到《薈要提要》與《總目》評價的差異。《薈要提要》概括介紹了本書形成的過程及本書所收的字數,最後説:"注文凡一十九萬一千六百九十二字,較舊本尤為詳博云。"《總目》可分為前後兩個部分。前半部分差不多與《薈要提要》完全相同,最後説:"注文凡一十九萬一千六百九十二字,較舊本為詳。"可以説,到此為止,與《薈要提要》並没有什麽區别。但下面緊承此句,話鋒一轉,展開了對《廣韻》的嚴厲批評:"而冗漫頗甚。如'公'字之下載姓氏至千餘言,殊乏翦裁。'東'字之下稱東宫得臣為齊大夫,亦多紕繆。考孫愐《唐韻序》,稱異聞、奇怪、傳説、姓氏、原由、土地、物産、山河、草木、禽獸、蟲魚,備載其間,已極蔓引。彭年等又從而益之,宜為丁度之所譏。潘耒《序》乃以注文繁複為可貴,是將以韻書為類書也。著書各有體例,豈可以便於剽剟,遂推為善本哉?"由對《廣韻》的批評連及對潘耒《序》的批評,其要點是指出其書的繁雜支蔓。《總目》這篇提要,不僅是從内容上,而且從結構上,都體現着對《薈要提要》的批評。這不是用偶然巧合可以解釋的。

關於《南史》的評價,《總目》和《薈要提要》的評價也完全相反。《薈要提要》對此書贊譽有加,説:"其所採輯往往出本書之外,而敘事更為簡徑。司馬光謂其可繼陳氏《三國志》,信不誣也。"而《總目》對此書則多持批評意見。《總目》批評其體例不一,"書成一手,而例出兩岐,尤以矛陷盾,萬萬無以自解者矣"。又指出其文詞上的缺點,"因其舊文,排纂删潤。故其減字節句,每失本意。間有所增益,又緣飾為多"。並進一步懷疑此書的價值:"延壽採雜史為實録,又豈可盡信哉?"這雖是針對《路太后傳》一篇而説的,但由此也不由不讓人懷疑整部書的可靠性問題。真實是史書最基本的要求,如果在這一點上不能完全做到的話,既有悖中國傳統修史精神,也將影響人們對此書的信任。

《總目》對《薈要提要》之類的説法予以間接批駁

有時對同一問題的看法,《總目》與《薈要提要》明顯不同,《總目》又不好明白駁斥《薈要提要》,於是就輾轉予以間接批駁。

例如關於郭象、向秀《莊子注》的主名問題,歷來有不同看法。劉義慶《世説新語·文學》説:"初注《莊子》者數十家,莫能究其旨要。向秀於舊注外為解義,妙析奇致,大暢玄風。唯《秋水》、《至樂》二篇未竟而秀卒。秀子幼,義遂零落,然猶有别本。郭象者為人薄行,有儁才。見秀義不傳於世,遂竊以為己注,乃自注《秋水》、《至樂》二篇,又易《馬蹄》一篇。其餘衆篇或定點文句而已。後秀義别本出,故今有向、郭二《莊》,其義一也。"按照這一説法,是郭象竊取了向秀《莊子注》。《世説新語》的説法又被《晉書》郭象本傳採用。後來的學者也大多接受這一説法。但《薈要提要》認為這種説法不可信。它通過對《經典釋文》所引郭象、向秀注的分析,認為郭象注"是固非全據向書",並由此得出結論説:"義慶所云,亦未必遂為實録。考史稱象受越親委,權灼内外,素論去之。或當時既遭衆惡,遂不欲使擅美茲書,故造斯言,義慶未核而採之,《晉書》又誤因之耶?况所稱補注三篇皆詞旨精深,與全書毫無同異,實出一手,又安知非惡象者剽取象書,託名向本復出也?疑以傳疑,固未可概以譚峭《化書》例矣。"

《總目》不認同《薈要提要》之類的結論,但又不好直接批駁。于是轉而尋找另外的方法。恰好錢曾《讀書敏求記》也認為《晉書·郭象傳》的説法"恐未必信然也"(卷三之上《郭象注莊子》)。於是《總目》巧妙地把話題引到錢曾身上。在《總目》提要中,有這麼一句:"錢曾《讀書敏求記》獨謂世代遼遠,傳聞異詞,《晉書》云云恐未必信。"我們如和《薈要提要》相比較的話,就可以看到,這一句是《總目》特意加上的。然後《總目》針對此進行批駁。耐人尋味的是,《總目》所用大量例證,恰好也都是出自《經典釋文》,但得出的結論與《薈要提要》正好相反:"是所謂(郭象)竊據向書,點定文句者,殆非無證。"更有意思的是,《薈要提要》和《總目》都引用了《秋水篇》"與道大蹇"句《釋文》注:"蹇,向紀輦反。"但看法却大相徑庭。《薈要提要》説:"使如《世説》所云,《秋水》、《至樂》二篇未注,此句向注何自而來。義慶所云,亦未必遂為實録。"《總目》則説:"則此篇向亦有注。併《世説》所云象自注《秋水》、《至樂》二篇者,尙未必實録矣。"《薈要提要》據此注認為向秀也有《秋水篇》注,因而指出《世説新語》的説法未必都可信。而《總目》據此注則認為既然向秀也有《秋水篇》注,那麽説《秋水篇》等注都是由郭象自撰的説法就不是事實。由於視角的不同,對同一例證就得出了截然相反的結論。《總目》根據自己的推論,仍回到對錢曾的批駁上:"錢曾乃曲為之解,何哉?"我們通過上文的比較可以看到,這明是駁錢曾,實是駁《薈要提要》。

但是由於一般人未能看到《薈要提要》,所以對《總目》的説法,都認為僅是針對錢曾所説的。例如章鈺就説:"四庫提要即據《釋文》證明郭竊向書,點定文句為有據。斥曾説謂曲為之解,其文極詳。"(錢曾著,管庭芬、章鈺校證:《讀書敏求記校證》,上海古籍出版社 2007 年版,第 224 頁)這是未能理解《總目》的真正藴意。

上面指出,《總目》批評《淮南子》一書書名不應稱為《淮南鴻烈》,從表面看,是針對何誘《淮南鴻烈音》等書而説的,但實際上就是批評的《薈要提要》之類的説法,不過也是轉了一個彎子。

(作者單位:南京師範大學)

《史記·屈原賈生列傳》讚語後二句臆解

楊新勛

摘要:結合《史記》的體例和《屈原賈生列傳》正文來看,讚語後二句是説司馬遷對賈誼作品的認識,賈誼思想有較濃厚的道家色彩,"爽然自失"實即《莊子·秋水》中之"奭然四解"之意。司馬遷客觀評述的讚語裏也寄寓了對賈誼的評價。

關鍵詞:司馬遷　賈誼　莊子　奭然

> 太史公曰:"余讀《離騷》、《天問》、《招魂》、《哀郢》,悲其志。適長沙,觀屈原所自沉淵,未嘗不垂涕,想見其為人。及見賈生吊之,又怪屈原以彼其材,游諸侯,何國不容,而自令若是;讀《鵩鳥賦》,同死生,輕去就,又爽然自失矣。"(《史記·屈原賈生列傳》)

有關這段話,歷來衆説紛紜,分歧主要在後面兩句。大多數人認為這兩句話是司馬遷在讀了賈誼作品後的感受,或云司馬遷自己思想的感觸與波動,或云司馬遷對屈原的評價産生了波動,或云司馬遷對賈誼的評價,不一而足。

筆者認為以上説法未免不實。

司馬遷向以意志堅强、是非分明和敢於堅持原則著稱,他於歷史秉筆直書,而於死生出處之大節尤其看重,其《報任安書》即是明證[①]。因此,説司馬遷因賈誼作品而有思想波動以至於"茫然不知所從",未免望文生義,失之膚淺。

《史記》有"想見其為人"讚語者僅孔子和屈原二人。前者為中

① 《報任安書》云:"人固有一死,或重於泰山,或輕於鴻毛,用之所趨異也。"

國文化的集大成,澤被後世,被司馬遷尊為“至聖”;後者“正道直行,竭忠盡智”以“存君興國”,終沉汨羅,司馬遷認為“與日月爭光可也”。兩人都是兩個領域的不世代表,令人景仰感佩。尤其從《史記》記載屈原的文字來看,全為肯定贊同之語,並無任何對屈原的不滿或貶抑,“怪屈原”、“自令若是”、“爽然自失”云云自然無著。

也許有人認為是司馬遷在讀了賈誼的《吊屈原賦》和《鵩鳥賦》後思想會轉變,而産生了對屈原的新評價。這種説法也難以成立。有關賈誼二賦的思想可參後文。這裏需要指出的是,《楚辭·離騷》裏的“余”並没有聽從女嬃“衆不可户説”“世並舉而好朋”的申申勸導,而是“阽余身而危死兮,覽余初其猶未悔”,意志堅定,這種思想在《卜居》和《漁父》中表現得尤其充分,可見屈原對與賈誼二賦主旨相近的“不凝滯於物而能與世推移”思想是有清晰認識的,但卻不能“以身之察察,受物之汶汶”,而是堅持原則毅然自沉汨羅。這正是屈原與賈誼的最大區别。《史記》傳文和讚語都提到《離騷》,尤其是傳文全文收録了《漁父》,説明司馬遷對屈原與賈誼的這種不同是十分明瞭的,其傳文和讚語的評價即含有對屈原堅貞思想的贊許。將《史記》所收《漁父》與《楚辭章句》的《漁父》加以比較似乎更能説明這一點:前者與後者最大不同是删去了“滄浪歌”部分,這有利於確立屈原正面形象,含有司馬遷的贊許,正證明司馬遷不可能因賈誼思想而動摇。因此,云司馬遷對屈原新評價之説也未是。

認為此二句是司馬遷對賈誼的評價,應該説大致思路上是正確的。但是,此説也有不足,主要在兩方面,一是自“及見賈生吊之”和“又怪屈原”來看,司馬遷所言並非專指賈誼,如果僅認為是對賈誼的評價,未免流於簡單,於意也有所偏頗;二是此説往往對文字理解有誤,尤其是誤解了“爽然自失”,最終不得其要。事實上,與前兩説相比,此説影響要小得多,不占主流。

筆者認為這兩句話是説司馬遷對賈誼作品的理解,表面上是認識到賈誼對屈原的認識和賈誼自己的思想,實質上寄寓了司馬遷對賈誼的評價。

要理解這兩句話,必須和《史記·屈原賈生列傳》所載賈誼的《吊屈原賦》和《鵩鳥賦》聯繫起來看。事實上,前哲時彦也大都看到這一點,並作了聯繫;但遺憾的是卻没有得出正確結論。這主要是受"見"、"怪"和"讀"這三個動詞和"及"、"又"這兩個連詞影響的緣故。受此影響,人們習慣上將後面的所有内容都理解為賓語,作為謂語動作的結果,認為是主語司馬遷讀賈誼賦後的感受,這就失之偏頗了。事實上,由於賓語内容與主語司馬遷的不合,也使上文的前兩種解説在語法和語義上都有些牽强。

應該説,"及"表明上下文的主語都是史家司馬遷,這一點,歷來並無異解。但是,筆者認為,司馬遷只是"見"和"讀"的主語施動者,"怪"和"讀《鵩鳥賦》"後面的内容似非司馬遷所為,而是"賈生"所為,是司馬遷"見"即認識到的内容。歷來人們習慣於將"又"字連接的前面内容理解為"及見"之前對屈原高度讚揚的言論,實際上是不確切的。詳審此傳,細繹此贊,這個"又"字連接的即"吊"字,是説"吊"和"怪"都是賈誼的行為,正如今語"看到某人愛吃又愛玩"一樣。顯然,接下來"讀《鵩鳥賦》"後承前省略了"見賈生",這就容易使人誤將"同死生,輕去就,又爽然自失"繫於司馬遷了,從而更易使人將司馬遷的整個原意完全弄混。

今天,作出這種分别的解釋有無道理呢?

細讀《史記·屈原賈生列傳》正文不難看出,司馬遷字裏行間洋溢著對屈原的無限景仰和讚賞之情,這些文字也寄託了作者的理想抱負和價值評判,甚至是寄寓了司馬遷個人遭際的感慨。一般來説,《史記》列傳的正文和讚語不應該有何不同,"余讀《離騷》、《天問》、《招魂》、《哀郢》,悲其志。適長沙,觀屈原所自沉淵,未嘗不垂涕,想見其為人",即是對傳文的申揚和昇華。

歷來研究《史記》的學者都認為,司馬遷設置合傳有一定的體例,那就是傳主必須在思想見解或行為遭遇上相似或相關。這樣,由於内容豐富,合傳讚語的寫法自然也不同於單人列傳。概括來看,大致有兩種體例:一是傳主行為、思想都相似的合傳,往往同時並列評價傳主,如《孫子吴起列傳》、《白起王翦列傳》、《范雎蔡澤列傳》、《張耳陳餘列傳》、《魏豹彭越列傳》等；二是遭遇相近而思想有别或思想相關而旨趣終異的合傳，往往分别評價傳主，如《管晏列傳》、《老子韓非列傳》、《樗里子甘茂列傳》、《平原君虞卿列傳》、《廉頗藺相如列傳》、《魯仲連鄒陽列傳》、《酈生陸賈列傳》、《袁盎鼂錯列傳》等。應該説《屈原賈生列傳》屬於第二類之遭遇相近者，這樣，贊語評價完屈原後的兩句話應該表達司馬遷對賈誼的評價才是，否則未免令人生疑。這是從形式上看，這兩句話應該主要與賈誼有關，而非司馬遷談屈原。

而就這兩句的具體内容來看，無疑，與賈誼《吊屈原賦》和《鵩鳥賦》的關係更為密切。

《史記》全文收録了《吊屈原賦》和《鵩鳥賦》，明顯有以之為賈誼代表作的用意[①]，這是兩篇能夠説明賈誼處境和思想的作品。《吊屈原賦》既讚揚了屈原的"鸞鳳"之質、"方正"之行，哀悼了屈原"遭世無極兮，乃隕厥身"的不幸，更表達了賈誼對屈原"騏驥係羈"的不解和不滿。"所貴聖人之神德兮，遠濁世而自藏"和"般紛紛其離此尤兮，亦夫子之辜也"正代表了賈誼對屈原的評價，折射出賈誼不同於屈原的思想觀念。蓋賈誼此賦既抒己憂又寓自我寬解和隱忍發憤之意。可見，此賦正是"賈生吊之，又怪屈原以彼其材，游諸侯，何國不容，而自令若是"之所指。《鵩鳥賦》是賈誼因鵩鳥入舍而傷悼、自廣所作。此賦在哲學思想上更近於《莊子·齊物論》、《大宗師》和《逍遥遊》，以"命不可説"、"道不可謀"、"天地為鑪"、"造化為工"理論為展開的基礎，發為道家"通人大觀兮，物無不可"、"至人遺物兮，獨與道俱"、"真人淡漠兮，獨與道息"和"德人無累兮，知命不憂"之論，較《吊屈原賦》具有更加濃厚的道家色彩，在寬解心緒方面也較《吊屈原賦》遠勝。此賦即"同死生，輕去就，又爽然自失矣"之所指。《鵩鳥賦》在文字上與屈原無關，在思想内容上更無與於屈原。事實上，賈誼這種思想正是屈原在《漁父》、《懷

---

① 《漢書·藝文志》載"賈誼賦七篇"，《漢書·賈誼傳》還收有賈誼的兩篇疏，篇幅長於二賦。

沙》等賦中所要批駁的物件,也是他在《離騷》中反駁女嬃的所指。對此,司馬遷不但知曉,而且也表示了對屈原堅貞思想的充分認可:“推此志也,雖與日月爭光可也”①。所以,賈誼二賦無論如何不能與屈原、尤其是司馬遷對屈原的評價混為一談的②。可見,司馬遷“讀《鵩鳥賦》”云云正是對賈誼作品思想的準確把握和理解,和屈原基本上没有多大關係。

《吊屈原賦》和《鵩鳥賦》抒發的是賈誼自己的思想,在思想性質和境界上都和屈原的思想明顯不同,更非模仿屈原之作,自然不會被劉向、王逸以及隋唐學者收入《楚辭》。朱熹始將之收入《楚辭》,未免只見其一而不及其他,可謂失察。

這裏,還需談談“爽然自失”,此語也歷來不得其解。余意此語即《莊子·秋水》中“奭然四解”之意。

首先,此語應與“同死生,輕去就”一致,表現的是賈誼思想達到齊萬物、體大道的老莊境界,絶非儒家的膠著於物或暫時的思想迷亂③。其次,具體就《莊子·秋水》來看:

> 公孫龍問於魏牟曰:“龍少學先王之道,長而明仁義之行;合同異,離堅白;然不然,可不可;困百家之知,窮衆口之辯;吾自以為至達已。今吾聞莊子之言,汒焉異之。不知論之不及與,知之弗若與?今吾無所開吾喙,敢問其方。”公子牟隱機大息,仰天而笑曰:“子獨不聞夫坎井之蛙乎?謂東海之鱉曰:‘吾樂與!出跳梁乎井幹之上,入休乎缺甃之崖;赴水則接

① 這種對屈原堅貞思想的認可也可從“屈原既死之後,楚有宋玉、唐勒、景差之徒,皆好辭而以賦見稱;然皆祖屈原之從容辭令,終莫敢直諫。其後楚日以削,數十年竟為秦所滅”的記敘中看得出來。

② 至於説到反映出賈誼與屈原思想的不同,那是自然;但這絶非司馬遷對屈原思想的評價。

③ 自《史記·老子韓非列傳》來看,司馬遷對老莊思想均有深刻的把握,並有自己的觀點,他於莊子一則云“《畏累虚》《亢桑子》之屬,皆空語無事實”,再則云“其言洸洋自恣以適己”,讚語又云“莊子散道德、放論,要亦歸之自然”,語調似均低於老子。則自然不會因賈誼賦而“茫然不知所從”。

腋持頤，蹶泥則没足滅跗；還視蚈蟹與科斗，莫吾能若也。且夫擅一壑之水，而跨跱坎井之樂，此亦至矣，夫子奚不時來入觀乎！’東海之鱉左足未入，而右膝已縶矣。於是逡巡而卻，告之海曰：‘夫千里之遠，不足以舉其大；千仞之高，不足以極其深。禹之時十年九潦，而水弗為加益；湯之時八年七旱，而崖不為加損。夫不為頃久推移，不以多少進退者，此亦東海之大樂也。’於是坎井之蛙聞之，適適然驚，規規然自失也。且夫知不知是非之竟，而猶欲觀於莊子之言，是猶使蚊負山，商距馳河也，必不勝任矣。且夫知不知論極妙之言而自適一時之利者，是非坎井之蛙與？且彼方跐黄泉而登大皇，無南無北，奭然四解，淪於不測；無東無西，始於玄冥，反於大通。子乃規規然而求之以察，索之以辯，是直用管窺天，用錐指地也，不亦小乎！子往矣！且子獨不聞夫壽陵餘子之學行於邯鄲與？未得國能，又失其故行矣，直匍匐而歸耳。今子不去，將忘子之故，失子之業。”公孫龍口呿而不合，舌舉而不下，乃逸而走。

這裏的“奭然四解”，正是合於大道所表現出來的精神狀態。“奭”有消散、消釋之意，陸德明《經典釋文》於此云“奭音釋”，正以“釋”釋“奭”。奭和釋都是書聲，奭，錫部，釋，鐸部，二字旁轉，義亦可通。《説文》“釋，解也”，《楚辭·惜誦》“紛逢憂以離謗兮，謇不可釋”，《招魂》“彼皆習之，魂往必釋些”，王逸均注“釋，解也”，即消解、消溶。“奭然”即“釋然”①，消解於大道、與物冥化的意思。“四解”和“奭然”同義，只是“四解”著眼於具體刻畫，“奭然”僅於描述狀態。這裏的“四解”也可以説是“自失”，二者意思相近，都有遺形之意：只是站在莊子的立場多用“四解”指合大道、返大通，而用“自失”來指迷失者受點化後遺忘了自己。這樣，自司馬遷的角度來

① 林希逸《莊子口義》卷六：“奭然即釋然也”，方以智《通雅·釋詁》卷八：“舍然、奭然，猶釋然。《秋水篇》‘奭然四解，淪於不測’，即釋然，《列子·天瑞篇》‘其人舍然大喜’，即釋然。”

講,“自失”和“四解”自然可通,用“自失”而不用“四解”來指稱賈誼大概也反映了司馬遷不同於莊子的立場和由此帶來對賈誼的一絲貶義。這樣,“爽然自失”正是“奭然四解”之意。

我們還有一個文獻依據:裴駰《史記集解》於此云“徐廣曰:‘一本作“奭”’”,正説明此處很可能作“奭”。“爽”“奭”字形相近,但“爽”無“釋”、“解”之義,此處“爽”實即“奭”之壞字。古人的這種改動既與他們對“奭”有消散、消釋之意的陌生有關,又與“爽”有傷敗、差失之意[①]有關,更與“爽然”一詞逐漸産生“茫然”意和《莊子》此處的“汒焉異之”與《説劍》的“文王芒然自失”有關。受此影響,古人反以“爽”為正字,而以“奭”為異文。但是,細繹《史記》讚語文意,絶非《莊子·秋水》“汒焉異之”和《説劍》“文王芒然自失”也,人們於此蓋多失察。今天借助全面董理正可作此訂正。

可見,司馬遷正是用閱讀這兩篇賦的認識,看到賈誼對屈原的評價的偏頗和之後賈誼的表現,來作為對賈誼的讚語。今天來看,這種處理手法,素材的選取可謂匠心獨運,切入的視角堪稱獨具隻眼,是史家大手筆,令人嘆膓。此處寓主觀評價於客觀敘述,可以説是史筆,又是文筆。這種寫法表面上没有直接評判賈誼的生平和思想,既委婉、含蓄地表達了司馬遷對賈誼的身世的同情、惋惜,其中也有對賈誼才能的認可,同時又在與自己對屈原讚語的對照中寄寓了對賈誼思想的評價。换句話説,是以屈原為最高標準,以賈誼對屈原的認識來見出賈誼的水準,以賈誼思想的前後變化和與屈原思想的差別來客觀放置賈誼的位置,是寓褒貶於不褒貶,可謂深矣、妙矣。

(作者單位:南京師範大學)

① 《老子》“五味令人口爽”,王弼注“爽,差失也。失口之用,故謂之爽”。《楚辭·招魂》“露雞臛蠵,厲而不爽些”,王逸注“爽,敗也,楚人謂羹敗曰爽”。

"驩兜"異形詞考誤

蘇芃

"驩兜",上古人名,傳説堯舜時四凶之一,見於《尚書》中《堯典》、《舜典》、《皋陶謨》及《孟子》《史記》等書,在古代典籍中其字形傳寫衆異,例如:

1. 日藏《玉篇》殘卷"放"字下書證引《舜典》作"鴅吺";①

2. 敦煌本 P. 3315《尚書釋文》作"鴅吺";

3. 《篆隸萬象名義》"肉"部"鴅"字,注"鴅吺,四凶";②

4. 《廣韻》有"鴅"、"鴅"二字,"鴅"字下注"鳥名,人面,鳥喙","鴅"字下注"鴅兜,四凶名,《古文尚書》作'鴅'";③

5. 《集韻》有"鴅"、"鴅"二字,"鴅"字下注"鳥名,人面,鳥喙","鴅"字下注"鴅吺,四凶之一,通作'鴅',今通作'驩'";④

6. 《古文四聲韻》:"兜:吺,《古尚書》。兜、吺,並崔希裕《纂古》"。⑤

《山海經·海外南經》:"驩頭國在其南,其為人人面有翼,鳥喙,方捕魚。一曰在畢方東。或曰讙朱國。"⑥

鄒漢勛《讀書偶識》:"驩兜(《舜典》、《孟子》)、驩頭、讙朱(《山

---

① 顧野王《玉篇》,《續修四庫全書》第 228 册,上海古籍出版社 2005 年版,第 377 頁。

② 空海《篆隸萬象名義》,中華書局 1995 年版,第 69 頁。

③ 《宋本廣韻·永禄本韻鏡》,江蘇教育出版社 2002 年版,第 35 頁。

④ 《宋刻集韻》,中華書局 2005 年版,第 42 頁。

⑤ 夏竦《古文四聲韻》,中華書局 1983 年版,第 32 頁。

⑥ 袁珂《山海經校注》,巴蜀書社 1996 年版,第 231 頁。

海經》)、鴅吺(《尚書大傳》)、丹朱(《棄稷》),五者一也,古字通用。”①

毛宗澄以為“驩兜”或即“丹朱”,童書業《丹朱與驩兜》又作補證:“驩丹朱兜並音近。‘驩兜’古文《尚書》作‘鴅吺’。(《神異經》引《書》亦作‘鴅兜’。韓愈詩:‘開弓射鴅吺。’)鴅字從鳥,丹聲。吺或作咮,或作味(《廣韻》),從口,朱聲。”童先生又據古本《竹書紀年》、《漢書·律厤志》、《荀子》、《鶡冠子》、《韓非子·説疑》、《莊子·盗跖》、《漢書·鄒陽傳》、《國語·周語》、《山海經·大荒北經》、《左傳》等相關記載,釐析排比,尋繹多種丹朱即驩兜的證據。②

袁珂《山海經校注》引鄒、童等説,指出《淮南子·墬形篇》有“讙頭國”,亦考驩兜、驩頭即丹朱,“讙頭國或讙朱國當即丹朱國”,又考“《南次二經》云:‘柜山有鳥焉,其狀如鴟而人手,其音如痺,其名曰鴸,其名自號也,見則其縣多放士。’即是丹朱神話之異聞。吴任臣云:‘陶潛《讀山海經》詩:“鵃鵝見城邑,其國有放士。”或云鵃鵝當即鴅鴸。’為鴅鴸正是也。”③

古代典籍中“驩兜”是否“丹朱”的史實姑且不論,然而據以上學者考證,“驩兜”“鴅吺”互為異文,可相通假。“鴅”從丹從鳥,從造字理據看,讀音與“驩”字合,字義與《山海經》記載驩頭國人鳥喙相合,而“⿰月鳥”“⿰丹曷”“⿰月曷”與此不合,“月”與“丹”、“曷”與“鳥”古寫本字形易淆,“⿰月鳥”“⿰丹曷”“⿰月曷”恐皆“鴅”字形訛。《大廣益會玉篇》“鳥”部有“鴅”字,全書無“⿰月鳥”字,可見宋人重修《玉篇》時已察前人之誤。

《説文》“吺,從投省聲”,查考“投”“頭”“兜”上古音,“投”“頭”全同,“投”“兜”音近。“⿱吅又”字從吅從又,疑為“吺”字之誤,“吺”字右半“殳”先俗變成““⿱几又”,字形作“⿰口⿱几又”,又訛為“⿱吅又”。

① 鄒漢勛《讀書偶識》,中華書局 2008 年版,第 40 頁。

② 童書業《童書業史籍考證論集》《童書業著作集》第三册,中華書局 2008 年版,第 68—70 頁。

③ 袁珂《山海經校注》,第 232 頁。

要之,“驩兜”本有異文“鴅吺”,後訛作“鴅芟”、“䳘吺”、“腸芟”、“腸吺”、“揭兜”等。這些字形訛誤及其中構件部分“丹”“鳥”之所以訛作“月”“曷”,恐怕關涉漢字隸變和古書傳抄過程中的字形訛變,古書尤其是古代字書、韻書中因字形訛誤而產生、著録的這類異體字、異形詞值得系統地研究梳理。

(作者單位:南京師範大學文學院)